DAS KAISERLICHE
DEUTSUCHLAND
Ichiro Igarashi

ドイツ帝国時代を読む

権威主義的国民国家の岩盤とその揺らぎ

五十嵐一郎 著

社会評論社

目 次

はじめに 9

第1章 ドイツ帝国時代の見取り図 ——————————— 13
  1．遣米欧使節団のドイツ訪問 14
  2．実感したドイツ的特性 16
  3．ドイツの地勢学的特徴 19
  4．ドイツ帝国時代の見方 21
  5．社会的断層線 23
  6．ドイツ経済の高度成長 25
  7．三極の文化・社会環境 27

第2章 強権的支配体制と忠誠心 ——————————— 33
  1．周辺部の複雑な民族構成 34
  2．偉容を誇る帝都の建設と「保守的再編」策 35
  3．社会民主党員に対する監視体制 37
   A．社会民主党地方大会の監視報告書（1889年） 38
  4．軍国主義プロイセンの将校と兵士 39
   B．メッツ騎兵駐屯地における新兵しごき（1911年） 41
  5．「試補主義」根性の横行 41
  6．プロイセン農村の選挙光景 43
   C．東エルベ農民の投票行動（1937年） 45
  7．ヴィルヘルム二世の「個人統治」 45
  8．醜聞の暴露と内政の紛糾 48
  9．皇帝発言の内容とその政治的危険性 49
 10．「個人統治」を補完する「無力な議会」 51
 11．少数野党の自由主義勢力 53
   D．「個人統治」を糾弾するオイゲン・リヒター（1897年） 53
 12．権威の虚構性 56
 13．前線と銃後の落差 56

14．遅ればせの忠誠心　57
　　　E．敗戦後の忠誠心（1935年）　58

第3章　生活苦にあえぐ大都市住民 ─── 67
　1．帝都の貧民街　68
　　　F．「兵舎アパート」に住むベルリーン民衆（1871年）　69
　2．帝国創建直後のバリケード戦　70
　3．劣悪な女性労働を糾弾するリリー・ブラウン　71
　　　G．家事奉公人の就労事情（1901年）　73
　4．苛酷な家事労働負担　74
　　　H．ある幼児死亡事件とその判決（1879年）　75
　5．世紀転換期における労働環境　76
　6．社会民主党のネットワークと底辺労働者　78
　　　I．家内縫製業で一家を支えた女工の人生（1931年）　81

第4章　「臣民」の培養装置 ─── 87
　1．忠良な臣民の振る舞い方　88
　2．予備役将校資格の威信　89
　3．軍服の象徴的効用　90
　　　J．「第一身分」の誇示（1927年）　90
　4．戦時における実用本位の軍服　91
　5．勲章と称号の社会的機能　93
　6．新貴族叙任の裏話　93
　　　K．山積状態の貴族叙任申請書（1912年）　94
　7．学校の兵営的共同体化　94
　　　L．「組織された大衆」の少年少女たち（1913年）　95
　8．ギムナジウムにおける臣民教育　96
　　　M．ギムナジウムの偏った教育内容（1912年）　97
　9．現実離れした学習内容　97
　10．脱学校教育の胎動　98

第5章 排除の壁を乗り越えた時 ―――――――――――― 107
1. 近代社会における女性差別 *188*
2. 女性解放運動の始まり *108*
3. 自らの道を切り開いたアニタ・アウグスプルク *110*
    - N. 女性だけで開設した写真スタジオ（1941年） *111*
4. 上流社会の壁 *112*
5. 結束する社会民主党員たち *113*
    - O. 社会主義者鎮圧法が廃棄された瞬間（1924年） *113*
6. 社会主義者鎮圧法時の労働運動と社会民主党 *114*
7. 女性解放運動の戦略的手掛かり *117*
8. 女性教育の開拓者ヘレーネ・ランゲの奮闘 *118*
    - P. 女生徒初のアビトゥーア受験（1922年） *118*
9. 女性教育運動への拒否感 *119*
10. 女性が学ぶベルリーン大学の光景 *120*
    - Q. 最初の女子大生たち（1899年） *122*

第6章 民族主義の偏見とそれへの警鐘 ―――――――――― 127
1. 身体の劣等感と文明の落差 *128*
2. デフォルメされた日本人のしぐさ *129*
3. 「黄禍」の扇動と「義和団」鎮圧の実情 *130*
4. 「陽のあたる場所」を求めて極東へ *131*
    - R. 「陽のあたる場所」演説（1897年）と「フン族討伐」演説（1900年） *132*
5. 大艦隊建造の戦略とその利害 *133*
6. 「社会帝国主義」の手法 *136*
7. 艦隊政策を弁護する歴史家たち *137*
8. 大ドイツ主義の扇動 *139*
    - S. ドイツの国境線はどこまでか（1912年） *140*
9. 大衆的扇動団体の跳梁 *141*
10. 社会ダーウィニズムの流行 *141*

11．「優生学」から「人種衛生学」へ　*142*
      T．優生学者の妄言（1926年）　*143*
   12．ドイツ嫌いの理由の考察　*144*
      U．ドイツ人の粗野な言動（1917年）　*145*

第7章　教養知識人に特有な思考様式 ——————— *153*
   1．「知識人」の登場　*154*
   2．ドレフュス事件の反響　*155*
   3．20世紀初頭における「知識人」論　*155*
      V．「知識人」の存在規定について（1902, 1903, 1916年）　*156*
   4．教養市民層という社会基盤　*157*
   5．大学総長閣下の呼び方　*159*
   6．多様な分野の「知識人」　*160*
   7．「文筆家」と「ジャーナリスト」の識別　*162*
      W．「文筆家連中」とはどのような人々か（1917年）　*162*
   8．第一次世界大戦のイデオロギー合戦　*164*
   9．トルストーイ・ブーム　*165*
   10．『モルゲン』誌上のゾンバルト　*168*
   11．ゾンバルトのアメリカ体験　*169*
   12．「文化人」ゾンバルトの矜持　*171*
      X．ゾンバルトの現代政治拒否論（1907年）　*171*
   13．自由主義陣営の支持基盤とその裂け目　*173*
   14．自由主義支持者の組織政党嫌い　*174*
   15．自治能力を欠く国民の問題　*175*
   16．教養人層の「政治的未成熟」　*176*
      Y．「ゲーテのドイツ人」を自負する官吏たち（1927年）　*177*
   17．教養世界という「非政治的」安住地　*178*

第8章　国民の政治的「成熟」への問いかけ ——————— *189*
   1．知識人層の戦争目的論争　*190*

2．ゾンバルトの反イギリス扇動　*192*
  3．大衆扇動団体に加入した人々　*194*
  4．教養ブルジョア層のイギリス観　*196*
  5．文化集会における亀裂　*198*
  6．若者の焦燥感　*199*
   　Z.「自由ドイツ青年団」集会への呼びかけ（1913年）　*201*
  7．ドイツ政治の隘路　*202*
  8．「国民国家を共に担う主体」とは何か　*203*

補　章：W. J. モムゼンのドイツ帝国時代史研究についてのスケッチ ―― *213*

  1．W.J. モムゼンの経歴　*214*
  2．学界デビューと歴史家としての立脚点　*216*
  3．歴史家論争における発言　*219*
  4．「社会史」の分析方法　*222*
  5．「権威主義」の社会構造とその自滅への道筋　*228*
  6．おわりに　*223*

ドイツ帝国史略年表　*235*

あとがき　*239*

人名索引　*243*

※各章の扉絵・写真は一部を除き次の書からの借用（[　]に引用頁を記載）である。DEUTSCHE GESCHICHTE, Band10, Bismarck-Reich und Wilhelminische Zeit 1871–1918, hrsg. von Heinrich Pleticha, LEXIKCTEK Verlag, 1984.

男性優位の社会——「決闘に応じる資格」の承認
（A・ブルンクの「決闘」スケッチ）［116頁］

はじめに

　本書はドイツ第二帝政時代の出来事を扱うが，通常の概説史とは異なって編年記ではない。とはいえ，全体としてみると，叙述が前半のビスマルク時代から後半のヴィルヘルム二世時代へと流れるようになっている。とりあげた資料は，当時生きた人々の回想録や体験談，またはその当時の出来事を分析した論文から抜き出した要所——当時の国家や社会の重圧と矛盾をストレートに伝え，今日も切実さを失わない箇所——であり，各章の見出しを裏書きするものである。それらの資料は，統治エリートから下層民に至る多様な社会層にわたり，幅広く時代を証言するものである。証言を書き残した人々は，無名の労働者と青年（I・O・Z），下級官吏（A），農民兵士（B），ジャーナリスト（F・H・Q），著名な政治家（C・D），女性解放運動家（G・N），作家（E・S），教育者（M・P），学者（L・T・U・V・W・X），支配層に連なる将校（J），高級官僚（K・Y），そして皇帝（R）である。

　個人の体験談は状況に拘束された限定的な性質をもつ。各資料の前に状況説明をつけたものの，不十分さは免れない。各章に掲げたテーマを意識して，興味ある資料から読んでいただきたい。1章では，ドイツ帝国初期の見聞記を手掛かりとして，強権的に創出された「国民国家」がどのような構造的特質をもち，どのような亀裂を抱え込んでいたか，その見取図を描こうとした（「補」のモムゼン論で補足）。2章では，忠誠心が実際どのように強要されたか，その実態と結末を示そうとした。3章は，庶民が日々どのような生活を送ったのか，具体性に富む資料を紹介した。4章では，「臣民」意識を刷り込む社会的諸装置の働きに焦点をあてて，国民統合の創られた側面を示そうとした。5章の資料は，その国民社会から排除された人々がその壁に立ち向かう姿を写しとったものである。6章は，体制側が支配民族意識を国民大衆に刷り込もうとす

る，イデオロギー的仕掛けを企む動きを拾いあげた。7章では，世紀転換期にドイツ知識人がどのような状況認識をもって帝政期の現実と向き合ったか，彼らの所属する教養人層の発言を集めて，その思考様式の特質を浮き彫りしようとした。8章は，第一次世界大戦時におけるドイツ知識人層の政治判断力の実態を示して，「政治的成熟」の言葉に込めたヴェーバーの意図を理解しようとした。

　利用した資料集は，主に『ドイツ史と社会 1870-1920』(ジョン・ゴードン編著，1885年）である[1]。7章は，もっぱら『ドイツ帝国の知識人たち』（ヴォルフガング・J・モムゼン／ガンゴルフ・ヒュービンガー編著，1993年）中の諸論文に依拠した[2]。前者はドイツ語文献からの抜粋集（全40編）であり，5部編成（政治的出来事・第一次世界大戦・日常社会・女性運動・イギリス印象記）からなるが，本書のテーマに従って文献を配置し直すとともに，著者の判断でほとんどを部分的引用にとどめたものである。後者はドイツ帝国時代の知識人層の動向を分析した11編の論文集である。当時の知識人の発言を各所で引用しているので，それを適宜引用ないし意訳した。これらを補強するため，『ドイツ社会史』（G・A・リッター／J・コッカ編，1977年）に抜粋された資料を各所で活用した[3]。この4部構成（時代の特徴・労働世界・農業と軍事・階級と階層，闘争）の13章からなる大冊は資料的価値の高い文献を多数載せているが，とくに第3章「市民社会とその限界」，第8章「軍事」，第9章「社会下層」，第11章「所有と教養」，第13章「解放と反発」の諸文献が有益であり，それらを活用した。さらに一部の資料は，G・A・リッター編の歴史読本『ドイツ帝国』[4]に掲載された諸文献と，ジョン・L・スネル『ドイツの民主主義』[5]の各所で引用されている諸資料で補った。

【註】

1) John Gordon, German History and Society, 1870-1920, Berg Publischers 1985, P.2.「上からではなくて下から見る」点を特色とする本書を，以下，GHS. と略記する。

2) Intellektuelle im Deutschen Kaiserreich, hrsg. von Gangolf Hübinger und Wolfgang J. Mommsen, Frankfurt a.M. 1993. 以下，本書を IDK. と略記する。

3) Deutsche Sozialgeschichte, Dokumente und Skizzen Bd. II :1870-1914, hrsg. von Gerhart A. Ritter und Jürge Kocka, München 1977. 以下，本書を DS. と略記する。

4) Das Deutsche Kaiserreich 1871-1914, hrsg. von G. A. Ritter, 3 Aufl. Göttingen 1977.

5) John L. Snell, Edited and Completed by Hans A. Schmitt, The Democratic Movement in Germany, 1789-1914, The University of North Carolina Press 1976.

第1章 ドイツ帝国時代の見取り図

20世紀初頭における古代ゲルマン時代への情念
(アントン・フォン・ヴェルナーによる油絵の木版画)［14頁］

1. 遣米欧使節団のドイツ訪問

　日独関係は幕末の万延元年12月14日（1861年1月24日），幕府とプロイセン間の修好通商条約・貿易章程をもって始まり，翌年，幕府遣欧使節団（正使竹内保徳）のドイツ訪問時にプロイセンも条約批准をおこなった。この「2つの新興国の出会い[1]」は日米（露・英・仏・蘭）修好通商条約に遅れることわずか3年であったが，まさにその「新興」たるゆえんを示すように，両国ともその時点で重大な歴史的岐路にさしかかっていた。プロイセンでは1862年9月30日に下院でビスマルク首相は軍拡予算を強行実施する「鉄血政策」を表明し，プロイセン憲法紛争に沸き立つ国内の反対勢力を3度にわたる対外戦争で押さえ込んだ。時を同じくして，日本では文久2年9月21日（1862年11月12日）に尊攘派は朝廷に攘夷決行を促して反幕運動の主導権を握り，西南藩閥連合の武力で戊辰戦争（1868～9年）を強行して新政府の樹立に漕ぎ着けた。プロイセンが軍事力を梃子に「上から」国民を統合し，国家主導下に先進工業国に伍する道筋をとったことを聞き知った時，明治藩閥政権の要人たちは異郷に先導の師を見る思いだったのではないだろうか。

　両国の国交成立から10年を経た1871年末，日本政府は条約改定交渉を名目とする遣米欧使節団（岩倉使節団）を先進諸国に派遣した。出立前に一行は，プロイセンが対フランス戦に勝利してドイツ帝国の盟主となったことを知らされていた。さらに，幕末以来の日独関係の発端がドイツの経済力以外のところにあった点も，使節団一行の共通認識であったと思われる。使節団に同行した久米邦武（1839～1931年）は，旅程中に詳細な「実録」と資料を集め，帰国後に自らの「論説」を添えて『米欧回覧実記』（1878年）を作成した。プロイセンについて，当初彼はこう記している[2]。「此国ノ名ノ我日本国人ニ知ラレタルハ，其政略ニ長シ，文学盛ンニ，兵制ヲ振ヘルヲ以テ，称賛セラル丶ノミ，其和親締約ノ主旨タル，貿易ノ管係ニ於テハ，猶漠然ニ付セルヲ免レス」。

　一行が先進諸国を訪問した実際の動機は，日本の近代国家づくりのモデル探しにあったといわれる。1870年代初期という旅行時期は，先進

諸国も工業化と国民国家に勤しんだ時であった。使節団一行は，いわばタイミングよく新規建築中の最新モデルを実地見学できたのである。『実記』は諸国産業の実態を数字をあげて詳細に報告しているが，諸国を比較できたことで，かの地がどこでも社会変動のさなかである，という事実をつかむことができた。一行はアメリカ，イギリス，フランスと同様にドイツ滞在中（1873年3月〜5月）も各地の工場・施設を熱心に見学し，輸出産業主体の先進工業国に比べてプロイセン経済がまだ農牧業中心であることに安堵した[3]。「其国是ヲ立ルハ，反テ我日本ニ酷［ハナハ］タ類スル所アリ，此国ノ政治，風俗ヲ，講究スルハ，英仏ノ事情ヨリ，益ヲウルコト多カルヘシ，抑［ソモソモ］欧洲ニ於テ，経済家ノ説ニヨレハ，国ニ農民ノ甚タ多キハ，美事ニアラス，其工業ニカヽル民口ト，比較イカンヲ察スヘシ」。農を100とすれば工は先進諸国で60〜70程度なのに，日本はまだ5〜6にすぎないが，「普国ハ1200万ノ農ニ，540万ノ工アリ［45パーセント］」と，中程度の発展過程にあると判断している。「普国ノ民，年年ニ村邑ヲ離レテ，都邑ニ住スルモノ，数ヲ増スコト，英仏諸国ト同シ」であることに鑑みて，経済発展につれてこの数字が変わるものであり，日本も追いつき可能だと，使節団一行は気を取り直したのではなかろうか。

　さらに一行は，帝国創立の立役者である宰相オットー・フォン・ビスマルク（1815〜98年）から招宴をうける機会があった。その席上，ビスマルクは「万国公法」が表面的名義にすぎないこと，国際政治を左右するものは軍事力と政略だと一行に諄々と説いたという。このビスマルク発言内容の重さに一行が圧倒的な印象を得たからであろう。久米邦武は，参謀総長ヘルムート・フォン・モルトケ（1800〜91年）が帝国議会で同趣旨の演説（1874年2月）ことを知り，それを『実記』に採録した。モルトケ演説のさわりは次の箇所である[4]。

　「法律，正義，自由ノ理ハ，国内ヲ保護スルニ足レトモ，境外ヲ保護スルハ，兵力ニアラサレハ不可ナリ，万国公法モ，只国力ノ強弱ニ関ス，局外中立シテ，公法ノミ是循守スルハ，小国ノ事ナリ，大国ニ至テハ，国力ヲ以テ，其権理ヲ達セサルヘカラス」。この一般論に加えて，

モルトケは軍事力による国家創立のためドイツが厳しい国際関係にさらされた点を強調する。「我国，幸ニ大捷ヲ得タルモ，適［マサ］ニ人ノ耳目スル所トナリ，我ヲ親愛スルモノ安［イズ］クニアルヤ，四隣ミナ我ノ強大ヲ畏レ憎ムコト，悪魔ヲ壁ニカケルカ如シ」。モルトケは四隣の対ドイツ戦略について，白耳義（ベルギー）・荷蘭（オランダ）・嗹馬（デンマーク）・露西亜（ロシア）・仏（フランス）の具体例を示した後，その演説をこう締めくくっている。「此太平ヲ管領シ，万国ヲシテ，独逸ハ欧洲ノ中心ニ位シ，全欧洲ノ太平ヲ保護スルモノナリト謂ハシメント欲ス，是軍備ヲ振整スルニアルノミ」。軍備の充実を国家存立の基本とする戦略論は政府要人たちを圧倒したはずで，「後年を期すべし」と覚悟を固めるしかなかった。彼らが帰国してからの明治10年代，政府派遣の留学生は行き先をドイツに選ぶものが多くなった。陸軍派遣の将校もプロイセン軍制に親近感をおぼえるものが目立つようになった。明治16年（1883年）に日本の軍事視察団がヨーロッパに派遣され，その結果，戦略・戦術や兵制がフランス式からドイツ式へと全面転換された。当時モルトケは85歳であったが，参謀総長として健在であった。彼の推挙をうけてプロイセン陸軍少佐メッケル（1842〜1906年）が陸軍大学校御雇教師として赴任したのは，明治18年3月である[5]。その道筋はすでに遣米欧使節団の訪問時につくられていたとみてよい。

2. 実感したドイツ的特性

他方で，『実記』の各所には久米邦武の―多分に同行者たちも共感した―直感的な印象（「論説」）も記されている。本書の2章以下で紹介する資料と関連する箇所が「伯林［ベルリン］府総説」中に散見する。幾つか拾い出しておこう[6]。

① 「日耳曼［ゼルマン］国人ハ，帝王ヲ尊敬シ，政府ヲ推挙スルコト，甚タ篤シ，故ニ本国使節ノ来ヲキヽ，留学書生ヘハ，其教師ヨリモ，故［コトサラ］ニ休暇ヲアタヘテ，其公館ニ伺候セシメ，在鄙ノモノモ，遠ク此府ニ集来シ，或ハ是ヲ怠リ，我事ニ関係ナシト

イフモノハ，反テ道ヲ知ラスト論斥スルニ至ルトナリ」。この文に続けて久米は，賓客の送迎に学生らを駆り出す行為は英米では嘲笑の的であると書き添えている。
（権威主義的心性に関連する資料はC，D，E，J，Kである。）

② 「近年頻［シキリ］ニ兵革ヲ四境ニ，人気激昂シ，操業粗暴ナリ，────此府ノ人気粗率ナルハ，第一ニ兵隊学生ノ跋扈スルニヨル，兵隊ハ数戦ノ余ニテ，左モアルヘキナレトモ，学生ノ気モ亦激昂ナリ，邏卒モ学生ニ対シテハ，権力ニ乏シ」。この文に続けて久米は，学生と学校の盛んな勢いは，フランス革命後の立憲政体樹立に向けた穏健な動きと国家経営の実務者を輩出してきた自負心の現れだと，ドイツ近代史の特性を的確に理解している。
（軍隊，学校教育と青年の問題に関連する資料はB，J，L，M，Zである。）

③ 「第二区ニ入ル，此ヨリ市塵密接シテ，生理最盛ナル地タリ，第一，第三ノ区，ミナ人家稠密ナレトモ，街路狭隘，且不規則ニシテ，運河縦横ナル地多シ，────此府ハ，新興ノ都ナレハ，一般人気モ，朴素ニシテ，他大都府ノ軽薄ナルニ比セサリシニ，繁華ノ進ムニ従ヒ，次第ニ澆季シテ，輓近殊ニ頽衰セリ，────倫敦［ロンドン］，巴黎［パリ］ヨリ，伯林ニ至レハ，其都府ノ外貌ハ，猶質素ヲ主トスルニ似タレトモ，奢靡淫侈ノ増長ハ，旧面目ニアラストナン」。演劇場内でも男女が平気で飲酒する有り様は英米とは異なると，久米はその欧州第一の飲酒量を示して批判的である。
（大都市住民の生活実態に関連する資料はF，G，H，Iである。）

④ 「伯林府中ハ，信教ノ念ニ甚タ乏シ，曾［カツ］テ府中ノ民籍ニヨリテ較セシニ，寺僧ニヨリテ婚姻ヲナスモノ，百人ニ十五人ニスキサリシ」。この記述は「文化闘争」と関係する問題であった。ちょうど使節団滞在中ビスマルクはカトリックを「国家の敵」として弾圧政策をとりだしたところであった。1971年11月に帝国刑法に新たな「教壇条項」を加え，聖職者の政治的発言を禁止した。73年の「五月法」は聖職者の資格取得に「文化試験」合格が必要

と定めた。そして74年に民事結婚を強制する法律，翌年には戸籍簿作成の権限を教会から国の役所に移す法律と，プロイセン政府は世俗化政策を実施した[7]。この「政府ト，羅馬法王トノ間ニ，不和ヲ生」じた件は，「普魯士［プロイス］国ノ総説」中でプロテスタントとカトリックの2大宗派があると記した箇所で取り上げられている。「一般ノ民風，宗教ヲ篤信スルコト，米英人ノ如クナラス，学者多ク羅馬教会ノ弊ニコリ，往々ニ之ヲ論シ，『モラルヒロソヒー』ヲ以テ，風教ヲ維持スルノ説アリ，----此他ノ風俗モ，英米トハ甚タ異ナル所モ多キ中ニ，婦人ヲ尊フ儀甚タ簡ナリ，伯林ニテハ婦人ト雖モ，亦米英ノ人力，婦人ニ卑屈スルヲ笑ヒテ，奇俗トスルニ至ル」。久米はすでに米英社会を見聞してきただけに，その尺度をもつて比較文明論的にドイツの風俗を位置付けることができた。

（女性運動の資料はN，P，Qであり，ドイツ市民社会の独特な有り様に言及した資料はU，V，Yである。）

⑤ 「普国ノ人民，----事ニ渋鈍ナレトモ，勤苦シテ事業ニ堪ヘ，孜孜トシテ倦マス，活発ノ気象ナケレトモ，縄墨ヲ守リ，順序ニ従ヒテ，粗漏ノ失ナシ，----其異種ノ民ハ，波蘭［ポーランド］人種アリ，東北波森［ポーゼン］州ヨリ「シレセン」東普ノ地ニ雑処スルモノ，二百三十万余ニ及フ，----墺［オーストリア］国ノ各州異族相雑［アイマジ］ルカ如クナラス，是ニヨリ政治上ニ於テ，大ニ障害ヲ免レタリ」。民族的性格の記述はその後の俗説のもとともなったように思えるが，それはともかくとして，国賓待遇の使節団一行には当然のことながら，ドイツ帝国におけるマイノリティーの存在や階級対立への視点を期待すべくもなかった。

　ちなみに，『実記』は1871年の人口（概数）を，プロイセン2469.3万人，アルザス・ロレーヌ630万人，バイエルン486.1万人，ヴュルテンブルク181.9万人，バーデン146.1万人と記す（現在の統計表では1871年の総人口4105.9万人）。
（社会民主党員に関する資料はA，Oである。）

3. ドイツの地勢学的特徴

　ところで，明治初期の日本人のほとんどは『米欧回覧実記』の記述と挿絵によって初めてドイツの地勢的特徴と国家の現状をイメージしたと思われる。「普魯士国ノ総説」は次の文をもって始められている[8]。「欧洲大陸地ニ於テ，中央ノ大原野ハ，独逸人種ノ住スル域ニテ，其全土ハ甚タ広ク，————独逸ノ欧州ニ関係アルコト，甚タ緊要ナリ，今モ全地ニ貴族多ク，侯伯数十国ニ分ル，————近年普魯士ノ勢益盛大ヲナシ，去ル一千八百七十一年ヨリ，南北日耳曼ヲ統一シテ，日耳魯聯邦ノ帝位ニ上リ，首府伯林ニ，聯邦ノ公会ヲ設ケタリ，故ニ外国ニ対シテハ，単ニ日耳曼ノ名ニテ交レトモ，内国ニ於テハ，旧ノ如ク各国ノ治ヲ分ツ」。

　ドイツ帝国は中欧の平原を領域とすること，そしてプロイセンのヘゲモニーのもとに政治統一されたものの，諸邦が割拠してきた歴史的経緯を踏まえて建国されたこと，つまり，国家体制は集権主義の統治をとるが，分邦主義の伝統と絡みあわされているという事情が的確に把握されているのである。最初の記述が示唆するのは，ドイツ帝国の領域が自然環境で区切られてはいないと了解される点にある。この点に関して，遣米欧使節団一行がどの程度切実に受けとめたかは不明である。国家主権が領域と国民の囲い込みによって成り立つ厳しい現実は，「楽浪の海中に倭人あり」とされた島国人の感覚を圧倒したのではないだろうか。ドイツ帝国は8カ国（領海線を含めると10カ国）の国境線で囲まれていた。北から時計回りで確認すると，デンマーク王国，（スウェーデン王国），ロシア帝国，オーストリア＝ハンガリー二重帝国，スイス，フランス共和国，ルクセンブルク大公国，ベルギー王国，オランダ王国，（イギリス王国）である。モルトケが議会で常時臨戦の覚悟を赤裸々に吐露したように，武力による国家創設の後始末は高くついた。EUの機軸国である現在のドイツ連邦共和国の四隣の（地続きの）国々は，ロシアに代わってポーランドとチェコが加わって9カ国となるが，ドイツ帝国時代のヨーロッパにおける「緊要な関係」は現在とはまったく別次元の緊迫した意味合いをもっていたのである。

ドイツ史を構成する地勢学的な要因として自然の境界線がないことに言及される場合がある。第二次世界大戦中ナチスの業火がイギリスに迫るなかで，歴史家A・J・P・テイラーは『ドイツ史の道筋』を執筆した。その冒頭で彼は神聖ローマ帝国（962〜1806年）の先例を年頭におきながら，ドイツの歴史的特性をこう指摘している[9]。ドイツ人は北ヨーロッパ平地に住み，自然の境界線をもたない人々である。そのため，ドイツの拡大には地理上の決定点が不在で，ドイツの縮小の場合も同様である。「1000年間の歩みをみると，地理上のドイツはアコーデオンのように伸び縮みした」，と。ここまでは歴史的事実の確認であるが，テイラーはさらに踏み込んで自説を展開する。

　ヨーロッパ中央部に居住したというドイツ人の民族誌的立地条件（ethnographical position）は，歴史上ドイツ人を「中間部の人々（people of the middle）」という性格をもたせた。すなわち，西方でローマ帝国やフランス文明に対面し，東方でスラブ人に圧迫されたことから，彼らは西側に向かっては「最も文明化された野蛮人」，「文明世界の端にある未開人」となり，東側では「背後に迫る未開人に対する文明の防波堤」となった。彼らは東西の中間部に居住したことから，常に異質な要素を同居させた二元論の宿命──そのため彼らには中庸と常識がない！──につきまとわれてきたが，古くから強い民族的意識をもって結合し，その手本をシャルルマーニュ大帝の帝国（Reich）に求めてその新版をつくろうとした。「シャルルマーニュが築いた帝国は最初からドイツ史の基調を整えた。」

　テイラーの本は1961年に廉価板が出され，米ソ冷戦体制のなかで大勢の読者を得た。同時期に出されたハンス・コーンの『ドイツの精神』も，西欧文明のヒューマニズムを軸にとって，それとは異質なナショナリズムに取り込まれたドイツの歴史を断罪した[10]。それから半世紀を過ぎた今日，ドイツに関する言説はまったく異なる状況にあるが，ドイツ帝国時代の人々が強い民族意識にとらえられていた点は否定すべきもない，特筆すべき現象である。

（民族主義に関する資料はR，S，Tである。）

4．ドイツ帝国時代の見方

　次に，ドイツ帝国（das deutsche Kaiserrich）の半世紀に及ぶ足取りを概観しておこう。

　ドイツ帝国は1871年の普仏（独仏）戦争の勝利で創立され，1918年の第一次世界大戦の敗北で崩壊するまで存続した国家である。帝政ドイツまたは第二帝国とも呼ばれるこの時代は，一般に2（または3）に分けて説明される。ビスマルクがドイツ帝国を創出・主導していった1860～80年代の前半の時期と，皇帝ヴィルヘル二世（1859～1941年）が「世界政策」を展開した1890年代から第一次世界大戦が勃発した1914年（またはドイツ革命で崩壊した1918年）までの後半の時期とである。キーワードで示せば，「国家統一」から「帝国建設」，そして「世界大戦」を経て「革命」となる時期区分である[11]。

　遣米欧使節団が滞在してから半世紀の間，ドイツは大きく変貌をとげていった。まずなによりも経済発展と技術革新による交通・通信手段の発達がめざましかった。軍事力の増強と植民地の拡大，そして世界強国としての発言力は国際政治の動きを左右した。さらに，数々の「メイド・イン・ジャーマニー」商品が日常生活に与えた影響力も見逃せない。ところが，その社会構造と政治体制は少数の統治エリートの特権を温存したままであり，彼らの意識や生活様式は伝統回帰スタイルであった。この構造的特性は第一次世界大戦の破局を呼び寄せ，ドイツ革命後は共和国憲法の外皮をかぶされたまま，ヴァイマル時代に持ち越されたと考えられる。たしかに，ドイツ帝国はモダニティ（近代文化の動因）の起点を認めることができる時代であった。その先進技術の開発と知識の蓄積は後発資本主義国の憧憬の的であり，多くの日本人留学生がその磁場に引き寄せられた[12]。しかしながら，その文化的・技術的な歴史超越性を過剰に強調すると，ドイツ帝国の強権的な支配体制という舞台背景（社会構造）とそこに生きた人々の生活実態が霞んでしまいかねない。その危うさを克服するためにも，ドイツ帝国時代の社会構造の仕組みを見据えるとともに，体制の枠組みのなかで苦闘した同時代人の人生

に思いを寄せる必要がある。同時代人の発言を手引きとしてドイツ帝国時代の実相に迫る方法を求めて、本書は資料解説のスタイルをとることとした。

　当時の全体状況を把握するため、本書は「権威主義的国民国家」の表現を借用している。それは歴史家のヴォルフガング・J・モムゼンがドイツ帝国の構造的特性を総括して用いた述語である。それを諸研究で補足しながら説明すると、およそ次のような構図となろう[13]。

　ドイツ帝国はビスマルクの巧みな政治的策略によって「上からの革命」で創出され、その壮麗な外観と派手な軍事力を誇示してヨーロッパ諸国民体制内における威信を享受した。ビスマルクは「帝国の敵（Reichs-feind）」——「外集団」たる国境周辺の少数民族だけでなく、「内集団」の政治的カトリシズム、自由主義派議会勢力、社会民主党、自由思想のユダヤ人を敵視する——を人為的に創り出す支配技術を駆使した[14]。「権威主義的（autoritär）」とはその強権的な統治方式に留意する形容詞である。実際のところ、その国民を分断する支配技術は「国民統合の未完成」を告知する性質のものであったともいえよう[15]。だが問題は、長期にわたる東部ポーランド人抑圧政策にみるように、その傷痕が権威主義的国家の頂点にあった王朝の崩壊後も癒えずに、第一次世界大戦後も残ったことである。たしかに、帝国の建設、とりわけプロイセン憲法紛争期から帝国憲法の制定過程にかけての道筋は、保守派と自由主義派の妥協の産物といえたし、国民自由党に代表される自由主義的ブルジョアジーは、帝国が進歩的進路を歩むことに期待をかけていた。しかし、権威主義的な身分原理に立つ統治エリートの牙城は揺るぐことなく、「工業化」の加速度的進展[16]や、それにともなう諸種の社会変動——市場志向的な資本原理による人口の流動化や身分制秩序の解体、自由主義的な制度的・法的な枠組みの定着や個人主義・能力主義原理の浸透、大衆的貧困状況の出現など——との矛盾を深めた。

5. 社会的断層線

　たしかに帝国議会は男子普通選挙制をとっていたが，合議制の中央政府は存在せず，プロイセン国王の代理として帝国宰相（プロイセン首相）が差配する行政機関が国政運営の主体であった。諸邦代表が集う連邦参議院も法制上帝国議会より優位な立場にあった（外見的または疑似立憲主義）。さらに権威主義的統治体制を補完した制度がプロイセン三級選挙法であった。差別的選挙制度はプロイセン以外でも実施されていて，統治エリート層がいかに既存特権の擁護に固執したかを語っている。ハンブルク市とザクセン州での具体例を示して，その実態を確認しておこう[17]。

　まずハンブルク市であるが，同市は世紀転換期に急速な人口増加にみまわれた。人口26.4万人（1875年）が32.4万人（1890年），93.1万人（1914年）に膨張した。この事態をうけて市議会は1896年に選挙制度を改革した。定数160議席中の40議席（4分の1）を「名士層」（現・元の司法・官吏層）に，同じく40議席を地主層に，8議席を周辺村落に，残りの72議席を25歳以上の男子（年収1200マルク以上）の全市民に割り振った。この制度下で1904年の市議会選挙で投票したのは6.9万人であり，帝国議会選挙投票者20万人の3分の1にすぎなかった（それでも社会民主党は13議席を得た）。さらに1906年，第一次ロシア革命勃発のニュースに刺激された同市は，市民層を2つの有権者集団に分ける是正策を突然打ち出した。年収2500マルク以上の2万8479人に48議席，それ以下の4万8千人に24議席を配分したのである。だが，954人の名士層と8731人の地主層が80議席を選ぶ体制を存続させたままの是正策は，反対運動がゼネストを呼びかけるなか，1月30日に議会で可決された。

　ザクセン州も人口急増地であった。1890年の350万人が20年後には480万人と，1.37倍の伸びを示した。ザクセン下院は1868年の選挙制度で，家持ちの，または年3マルク以上の直接税を払う男子を投票できる者としてきたが，1896年に納税額区分（300マルク以上と37マルク以

下）による三級選挙制を導入した。税金を負担しない者は無権利とされた。1901年まで社会民主党議員は選出されなかったが，1909年，82の下院議席中77を占める保守党と国民自由党は次の是正策で妥協をはかった。男子の25歳以上に1票，50歳以上に2票，年収2800マルク以上に3票，ギムナジウム卒業者に4票，という複票投票権である。さらに選挙区を農村48・都市43と，農村に有利に割り振った。その選挙結果は，保守と国民自由党が53議席の多数を占めたものの，社会民主党は26議席，34.1万票（得票率53.7パーセント）と健闘した。

　地方議会制度が多少なりとも改定を余儀なくされたのに対して，統治エリートの保守派は帝国議会選挙制度の改定に動こうともしなかった。小選挙区割りと単独過半数選出制は，多数の党員を住民に抱えた政党に有利であった反面，決戦投票で他党の協力を得やすい中間政党が政局の動向を左右するように働いた。また人口流動状態が加速すると，都市部の選挙区は農村よりも1票の重みが軽くなった。したがって，定数397議席の各党獲得議席よりも各政党の得票率のほうが世論の動きを反映していたといえる。その得票率一覧表から世論の大勢は次のように読み取れる。工業化の進展を反映して社会民主党が次第に躍進した反面，それと反比例するように1870年代末以降は自由主義派が，1880年代末以降は保守派が退潮した。さらに，ドイツ帝国最後の帝国議会となった1912年の各党投票率を選挙区の人口規模毎に区分すると，各党の地域的強弱や宗派への依存程度，地域の都市化の程度や社会経済構造の特徴がまだら模様に浮き出てくる。概略すれば，保守派は依然としてエルベ以東の農村地帯に根拠地をもっている。自由主義派はまんべんなく中小都市で支持されているものの，特定の支持地域をもたないのに対して，中央党は西部と南部のカトリック住民を支持基盤とする。民族的少数派は特定地域で支持されるにとどまるが，社会民主党はプロテスタント住民が多数を占める大都市や，その周辺部の物資補給地や労働者街で圧倒的な支持を集めている[18]。

　このようにドイツ「国民国家（Nationalstaat）」には各種の社会的断層線が走っていた。この事態に対して統治エリートは，プロイセン三級

選挙法の改正要求への対応にみるように，伝統墨守の立場を押し通すか，諸権益のおこぼれ策でとりつくろうかしかできず，その他の柔軟な対案を打ち出せなかった。安定した議会勢力を結集できなかった統治エリートは，国民統合の戦略として対外的強攻策，いわゆる「世界政策」を大々的に宣伝する方策に出た。90年代の「新航路」から「結集政策」への進路は，特定の帝国主義的な目標物を求めてというよりも，外交の成功で内政を安定させるための方策であった。こうして「1900年以降，外政は益々国内改革の代用物として用いられた」のである[19]。

6. ドイツ経済の高度成長

他方，経済指標が示すところによれば，ドイツ経済は1850年代に工業化への突破（離陸）を果たした後，帝国創立期の「会社設立ブーム」期（1871〜73年）後の第一局面（1873〜75年）において長期的な不況（「大不況期」）に陥った。それをくぐり抜けた第二局面（1895〜1914年）に至ると，新興の電気・化学工業の躍進をバネに先進工業国へと飛躍した。20世紀初頭の時点における国民所得と就業可能人口の比率を示すと，第二次産業はおよそ4割以上を占めて，2割半ばの農業部門を圧倒してドイツ経済の支柱となっている。1913年の工業生産高は1870年の5倍以上に増大し，同年の外国貿易量は1880年の3倍以上に膨らんだ[20]。ビスマルク時代（1871〜88年）が前工業化段階の残滓を色濃くひきずっていたのにたいして，ヴィルヘルム二世時代（1888〜1918年）は明らかに工業化段階の，より成熟した多様な文化を開花させた社会へと進展していた。議会を基盤とする政治活動が活力をそがれた憲法体制のなかで，ブルジョアジー，下層中産階級，小作農，女性らそれぞれの階層は，そして宗派的・地域的・民族的に分節化された国民各層は，ユンカーに代表される統治エリートの支配の壁を乗り越えようとエネルギーを傾けた。この活力が各種の運動体や利益団体を簇生させ，公式の制度から疎外された地点で諸種の文化活動や政治運動を噴出させたのである。

経済成長期であったドイツ帝国の約40年間（1871〜1914年）に，国民の数は4080万人——1816年の2480万人が倍増するのに約70年かかった——から6780万人へと急増した人口爆発期であった（およそ年平均10パーセントの上昇率）。農村の過剰人口を中心とする大量の国外移住者も存在したが，アメリカを主な移住先とする国際移動者数の増加は1990年代半ばで終わり，国内移動人口が多い時期へと激変する。農村から都市へと人々は新天地を求めて移住した。人口10万人以上の都市住民が総人口に占める割合は，1871年の4.8パーセントが1910年の21.3パーセントにまで高まった。その反面，農村人口の割合は同じく63.9パーセントが40パーセントに低下した。世紀転換期のドイツは半分以上が都市に住み，小家族を単位とする近代社会の様相を濃くした[21]。
　工業化の進展につれて諸経済部門の内部でも構造的な変化が生じた。全就業者中に占める自営業者の割合は，1882年の32パーセントから1907年の22パーセントへと減少し，とくに第2次産業の工業・手工業部門での減少——42パーセント（1875年）から18パーセント（1907年）へ——が著しかったが，それは企業体数の増加を反映していた。同部門で従業員6人以下の小企業数の割合は，1882年の59.8パーセントから1907年の31.2パーセントへと減少したが，同年に従業員1000人以上の大企業数は1.9パーセントから4.9パーセントへと増加した。これに伴い大企業内部では職員（Angestellten）——管理職と事務職——が増えた。工業・手工業部門全体で職員数は約9.9万人（1882年）から68.6万人（1907年）へと，ほぼ7倍に増えた。その他の商業・交通・銀行・保険業を合わせた職員層の構成比率（1907年）は，商業と一般の事務員が4分の3で，4分の1が技術職と管理職である[22]。世紀転換期のわずか25年間にあらゆる産業部門で事務業務が膨張した現象は，まさに社会の「官僚制化」の進行中という強い印象を与えたと思われる。「国民」はすでに静態的な諸社会層に属する者ではなくて，さまざまな利害関係の働きを意識せざるをえない階級社会の一員となっていたのである。
　労働力市場の変動の一端として，働き手不足に陥った東部農村地帯で

はポーランドなど東欧からの季節労働者で補填する動きが加速していった。これはプロイセン東部を基盤とする統治エリートの階級的基盤が弱体化したことを示すものであった。かのマックス・ヴェーバー（1864～1920年）が大学教授就任講演で，経済的な没落階級が国政の舵取りをするのは国民的利害に合致せず危険だ，と警鐘を鳴らしたのは，まさにこの人口移動形態が転換した90年代半ばのことであった。社会変動の兆候をキャッチしたヴェーバーの危機意識によれば，社会政策の目的は，「現代の経済発展が引き裂いた国民を，将来の苦しい戦いに備えて社会的に統一すること」にあるとされた。「ブルジョア階級の一員」を自負するヴェーバーから見ると，ヴィルヘルム時代の「国民国家」像は「神秘な薄明の中に置けばそれだけ神々しさが増す」ような古色蒼然たる遺物と化していた。1895年のドイツは高度経済成長期に入るとともに，日清戦争後における三国干渉にみるように，露英仏の中国蚕食に伍して極東支配に参入する姿勢を強めた時であった。ヴェーバーはこの社会変動と帝国主義というヴィルヘルム時代の現実を見据えて，経済的・政治的な権力利害関心を自覚することによって「ドイツ国民」を改めて「内面的統一」する必要性を訴えたのである[23]。

7. 三極の文化・社会環境

　こうして憲法・政治体制のレヴェルと社会レヴェルのズレが識者には明らかであったが，それにもかかわらずその断層線——前述したように，1912年の帝国議会選挙がその断層線を露呈させていた——を埋める手立てを見つけられなかったのが，ヴィルヘルム時代の一大特徴点をなした。一方には，伝統社会の貴族・ユンカーの統治エリートを主体とする権威主義的な構成要因，他方には，工業社会の大衆を主体とする市民社会的な構成要因，そのいずれかを重視するかで時代像は別な見え方をする。この二極対立に加えて，労働運動・社会民主党を主体とする社会主義的要因を加えた「三極対立」の構図でドイツ帝国時代をとらえねばならないとも言われる一方で，社会史研究の進展を踏まえて，ヴィル

ヘルム時代が「もっとブルジョア的・市民的な時代」と見なすべきであるという観点も強調されている。つまり，世紀転換期にブルジョア的な文化や趣味が社会全体に浸透し，権威主義的な要因は守勢に追いやられたというのである[24]。ドイツ帝国時代の文化・社会環境（ミリュー）について，モムゼンもドイツ帝国時代の文化を成長させた原動力が統治エリートから離れた各地の州都で生まれたことを前提としつつ，4つの文化環境（貴族階級・プロテスタント中産階級・カトリック・労働者階級）のなかでドイツ文化の主役は，「財産と教養」あるブルジョア階級であったと結論づけている[25]。

　以下，諸社会層の人々がさまざまな生活の場で残した証言を聞き取りながら，この「財産と教養」ある社会層がドイツ帝国時代になぜ政治的活動力をマヒさせていたのか，この問題への説得力ある答えに迫ろうと思う。

【註】

1）ウルリヒ・ヴァッテンベルク「ドイツ　二つの新興国の出会い」，イアン・ニッシュ編／麻田貞雄他訳『欧米から見た岩倉使節団』ミネルヴァ書房，2002年，153頁以下。遣米欧使節団が近代日本の進路に与えた影響力については次が詳しく論じている。田中彰『「脱亜」の明治維新』日本放送出版協会，1984年。同『近代日本の歩んだ道』人文書館，2005年。

2）久米邦武編，田中彰校注『米欧回覧実記（三）』岩波書店，1979年，308頁。

3）同上，298頁。

4）同上，340頁。

5）藤原彰『日本軍事史　上巻　戦前編』日本評論社，1987年，61頁。

6)『米欧回覧実記（三）』，301，304〜5，307，285，284頁。

7）成瀬治・黒川康・伊東孝之『ドイツ現代史』山川出版社，1987年，85頁以下。

8)『米欧回覧実記（三）』，265頁。

9) A. J. P. Taylor, The Course of German History, London 1961, p.1〜5.

10) Hans Kohn, The Mind of Germany, New York 1960.

11) 次のとらえ方を参照。西川正雄編『ドイツ史研究入門』東京大学出版会，1984年。木村靖二・千葉敏之・西山暁義編『ドイツ史研究入門』山川出版社，2014年。なお，高校の世界史教科書では，「国民主義の成立と欧米諸国の再編成（市民社会の展開）」の一部としてドイツ帝国創立の過程が，「帝国主義の時代」の主部としてドイツの世界政策と第一次世界大戦が，それぞれ別個に叙述されるのが一般的である。

12) 7章で紹介する『ドイツ帝国時代の知識人たち』に収録された「異国の学者たち」（ヴォルフガング・シュヴェントカー）は，1880年代後半から世紀転換期にかけてドイツに留学した経済学者の金井延（1865〜1933年），桑田熊蔵（1868〜1932年），福田徳三（1874〜1930年）の軌跡を追ったものである。金井は日本の社会政策学会の創立に寄与し，桑田は営業政策と工場立法の問題に関して影響力をもち，福田は通商政策をめぐって発言し，各人それぞれにドイツ経済学を日本に伝えた。1930年に福田がブレンターノに送った手紙にあるように，彼らにとってドイツは「尊敬の対象」であった。Wolfgang Schwentker, Fremde Gelehrte, in: IDK, S.197.

13) Wolfgang J. Mommsen, Imperial Germany 1867-1918, Politics, Cultute, and Society in an Authoritarian State,1995 Arnold (Der autoritäre Nationalstaat,1990), Preface.

14) ハンス=ウルリヒ・ヴェーラー，大野英二／肥前榮一訳『ドイツ帝国1871-1918年』未来社、1983年，145頁以下。

15) 伊藤定良『近代ドイツの歴史とナショナリズム・マイノリティ』有志舎，2017年，80頁。

16) ホブズボームの『資本の時代』(みすず書房, 1981 年) が「資本主義」の言葉が登場した1860 年代を主軸とする西欧先進地帯の叙述であるのに対して, 3 月前期から第一次世界大戦までの近代ドイツ史の「長い19 世紀」を「工業化の時代」とするのはメアリー・フルブロックである。高田有現・高野淳訳『ドイツの歴史』(創土社, 2005 年)。

17) John L. Snell, The Democratic Movement in Germany, p.373〜375. 人口の数字は次の注 (18) の統計資料による (S.43, 45)。

18) Sozialgeschichtliches Arbeitsbuch, Materialien zur Statistik des Kaiserreichs 1870-1914, Von G.Hohorst, J.Kocka, G.A.Ritter, München 1975, S.146〜147. 一選挙区の有権者数を, (a) 2 千人以下, (b) 2 千〜1 万人, (c) 1 万人以上 (d) 10 万人以上に分類すると, 保守党と帝国党の保守派は合計22.1 パーセントを得ているが, (b) 以下では一割以下となり, (d) では3.6 パーセントと惨敗している。国民自由党と進歩人民党の自由主義派は, 最小の (a) 21.6 パーセントから最大の (c) 29.4 パーセントまで, 選挙区人数にかかわりなく票を得ている。中央党は (a) が最大の20.5 パーセントで, 以下漸減して (d) では9 パーセントにとどまる。社会民主党は全体で34.8 パーセントの得票率であり, (a) の19 パーセントを最小として, (d) の大都市部では全体でも54.8 パーセントの最高得票率で圧勝している (ibid., S.179)。

19) Lynn Abrams, Bismarck and the German Empire 1871-1918, London and New York 1995,p.42 ff.

20) 前掲『ドイツ現代史』118〜9 頁。DS. S.12〜15. Sozialgeschichtliches Arbeitsbuch, S.64, 78, 85.

21) 矢野久／アンゼルム・ファウスト［編］『ドイツ社会史』(有斐閣, 2001 年), 38, 162〜4 頁。Sozialgeschichtliches Arbeitsbuch, S.19, 43.

22) Sozialgeschichtliches Arbeitsbuch, S.58〜59, 67, 75.

23) ヴェーバー, 中村貞二訳「国民国家と経済政策」,『マックス・ヴェーバー政治論集Ⅰ』(みすず書房, 1982 年), 51〜2, 57〜8, 61 頁。なお, ヴェーバーの国民思想は少数民族問題にかかわるにつれて変化していった点に留意が必要である。ヴォルフガング・J・モムゼン, 安世舟・五十嵐一郎・田中浩

訳『マックス・ヴェーバーとドイツ政治 1890～1920』I, 未来社, 1993年, 112頁以下。

24) 望田幸男「ヴィルヘルム時代」,『世界歴史体系　ドイツ史3』(山川出版社, 1997年), 31頁以下。

25) W.J.Mommsen, Culture and Politics in the German Empire,in Imperial Germany, p.119ff.

第2章 強権的支配体制と忠誠心

「国民をつくる学校の風景」
上:兵舎に向かう平服の人々／下:軍服で訓練中の初年兵たち
(ベルリーン:1901年)[100頁]

1. 周辺部の複雑な民族構成

　ドイツ帝国内には当初から異質な要素が存在し，ビスマルクの悩みの種であった。ドイツ南部と西部に濃密なカトリック教徒，周辺の少数民族，公式には19世紀初めに解放されたユダヤ人，そして社会民主党に統合された組織的労働者たちは，国民国家の熱狂的支持者たちと比べて国家への帰属感が薄かった。ビスマルクは彼らに「帝国の敵ども (Reichsfeinde)」のレッテルを張り付けて，帝国への忠誠を表す多数派との対立を煽る戦略をたてたものの，カトリック排斥を強行した「文化闘争」が失敗したように，強権的に創出された「国民国家」に対して少数派が帰属感情をもてないのは当然であった。ドイツ帝国の東部国境地帯に位置したポーゼン市（現ポーランド中西部のポズナン）に例をとって，その事態を見てみよう。

　歴史上，ポーランド平原地帯はドイツ人とポーランド人の境界をなしてきた。常にさまざまな住民集団が混住したが，カトリックとプロテスタント，そしてユダヤ教との宗教の違いが自覚されるようになったのは，18世紀後半から強行されたポーランド分割以降のことである。言語，学校教育，植民活動による「プロイセン化」の強行とそれに対するポーランド人の抵抗は，ドイツ帝国時代もやむことなく続いた[1]。ポーゼン市におけるプロイセン支配の実態を伝える社会政策学会のレポートによれば，1905年12月1日現在のポーゼン市民総数のうち，ドイツ人の約5.8万人に対してポーランド人は約7.8万人と多数を占めたが，市議会の議席配分は6分の1以下であった。双方の対立が表面化しない理由は，大ブルジョアのドイツ人と貧しいポーランド人との財力格差と三級選挙法による権力配分の格差とにあった。さらに状況を複雑にしたのは，所得税の4分の1がユダヤ人富裕層から調達されていたことによる。それにもかかわらず，ポーランド人はポーゼンの町に愛着を感じていたのに対して，ドイツ人，特に官吏や教授の多くが西方への移住を心待ちに暮らしていた。この住民意識を反映してか，日常生活において双方の民族はまったく別々な社会集団をなしていたという。「実際，ドイ

ツ人とポーランド人は今日のポーゼンの狭い空間で外国人のように通り過ぎている」、とレポートは断言している[2]。

2. 偉容を誇る帝都の建設と「保守的再編」策

　周辺部の民族構成が複雑であればこそ、中枢都市ベルリーンは帝王の座所として、その政治的威信を一直線の凱旋路や多彩な建築物で誇示されねばならなかった。帝国宰相官邸や諸行政庁舎、帝国議会などの国政機関、国民画廊や工芸博物館といった文化施設や大聖堂などの豪華絢爛な大建築物は、ドイツ帝国時代のネオ・バロック様式を代表した[3]。さらにビスマルク像やヴィルヘルム像など数多くの巨大な記念碑 (Denkmal) は、その「覚えておけ」という語義を示すごとく、伝説の記号化シンボルとして首都にかぎられず全国の要衝に建立された[4]。ヴェルサイユ宮殿におけるドイツ帝国創立宣言儀式はアントン・フォン・ヴェルナー（1843〜1915年）の巨大な細密画で書き留められ、その重々しい権威主義的雰囲気を伝えている。ドイツ国民史上の重大事件のみならず地域住民の歴史的場面を描く歴史画も、多くの都市のタウンホールを飾り始めた。当時の記念碑様式の指導者は、これらの芝居がかった歴史画の表現法について、「高貴さと美しさ、真実」を「人生の規範」として伝えるものとみなしたが、この趣味は中産階級にも受け入れられたという[5]。

　これらドイツ経済のブルジョア的転換を「上からの近代化」政策として主導したビスマルクであるが、1870年代後半になると矛先を変えて、社会主義者鎮圧法と保護関税政策を柱とする政策に転換した。「文化闘争」から撤収をはかり、西部のアルザス人にはいち早くドイツ語を学校教育の公式語とし、東部のポーランド人は80年代に植民法や言語条例で強権的に押さえ込んだ。反ユダヤ人主義は公式の政府政策ではなかったが、その組織活動や保守党の差別政策は容認された。この「支配体制の保守的再編[6]」によって、社会民主党こそが真正面から弾圧政策の標的とされたのである。「平等と民主主義という、ビスマルクのドイツに

は欠けていた価値を擁護する社会主義者は，縁故と利権供与にもとづく体制にとって潜在的脅威であった」から，ヴィルヘルム一世（1797〜1888年）の殺害事件が立て続けに起きた時，ビスマルクはそれを同党を弾圧する絶好の機会とした[7]。

　1878年10月19日，帝国議会は「社会民主主義の公安を害する恐れのある動きに対する法律（社会主義者鎮圧法）」を可決した。同法の適用対象は，第1条や9条，11条に繰り返されているような，「平時において既存の国家秩序及び社会秩序の転覆をめざす動き」とされた。犯罪行為が曖昧に規定された反面，違反行為は詳しく広範囲に記されて重い刑罰が課せられていた。11条は社会民主党の印刷物を禁止し，17条は同組織への加入と活動をおこなった者への罰金と禁固刑を，18条は同組織と集会への場所提供者への禁固刑を定めていた。22条には，有罪判決者の一定地域・村落への滞在（6カ月以上）を郡警察当局が拒否できるともされた。23条はその適用可能者をリストアップ（宿屋や酒場の主人，アルコール小売業者，貸本屋など）し，違反すれば身体拘束刑だけでなく営業停止にも処するとされたのである[8]。

　この法案審議に先立って，ビスマルクは帝国議会を解散して総選挙をおこなった（7月30日）。ビスマルクの扇動は効果を発揮した。国民自由党は128から99へ，保守党は40を59へと，議席数を変動させた。国民自由党右派は動揺し，かろうじて2年半という条件付き——したがって数年おきに議会で再審議する——で，221票の賛成票の側に回った。カトリック中央党，進歩党，社会民主党らの反対票は149票にとどまった。明らかにこの例外法は自由主義的な法治国家の理念に反し，「国民的統合にかかわる構造上の欠陥」を示す性質のものであった[9]。しかしながら，既成事実の重みは大きく，ひとたび施行されると例外法は例外ではなくなる。1884年には自由主義左派と中央党も賛成票を投じざるをえなくなったのである。

3. 社会民主党員に対する監視体制

　社会主義者鎮圧法が議会を通過する前から，行政現場では社会民主党員の取り締まりに躍起となっていた。プロイセン邦のゲルゼンキルヘン市長（現ノルトライン・ヴェストファーレン州のボーフム周辺）は，上司のアルンスベルク知事にこう問い合わせている。貧民救済募金を募る集会で歩行杖が使われているが，公的集会を厳しく制限する1850年のプロイセン結社法に照らして，それが武器にあたるとして没収してよいかどうか，と。これに対して県知事は，「事後，警察業務に関するすべての報告，とりわけ治安警察の領域に属する場合は，すみやかに郡長を介して提出されるものとする」と回答している[10]。行政当局の困惑ぶりを示す対応であった。

　社会主義者鎮圧法が期限切れとなる1890年9月末まで，社会民主党の組織活動はドイツ帝国内で禁止されていた。挑発を避けて「法の枠内で権利のために戦う」ため，社会民主党の集会はその名を隠しておこなわれた。筋金入りの機関党員（Vertrauensman）たちは労働組合や各種のクラブなどあらゆる場を党の宣伝活動に利用した。1905年にドイツを訪問して社会民主党員と親しく交わったバートランド・ラッセル（1872〜1970年）は，彼らの「驚嘆すべき気力と自己犠牲」に敬意を払っている[11]。集会では1人の警官（または警察の代理人）が演壇に座してメモをとり，報告書を作成した。彼が集会の違法性を判断すれば，直ちに集会の解散を命令できた。もちろんスパイも参加者の中にまぎれて情報をあさっていた。

　次の文書は，ボーフム近郊の町で開催された集会の監視にあたっていた官吏が上司に提出した報告書の一部である[12]。この監視員はプロイセン結社法を根拠として，女性と子どもが出席した集会で政治論議が交わされたことの違法性を指摘するとともに，周知の社会民主党員がそれを指導したと述べている。

※以下でA〜Zの表題に付けた年はその文書の出版年または出来事の起きた時である。

A. 社会民主党地方集会の監視報告書（1889年）

> さらに本官が気づいた点をあげますと、集会参加者の大多数は、1878年10月21日施行の法律第1条を擦り抜けるためにヴァイトマールで集会を開いただけでなく、同地で支持者を獲得するつもりでもありました。この点は受付係と新来者とが旧知の間柄であることから証明されます。新来者は握手で挨拶とし、目印として帽子に赤い羽根を差していて、委員会の設立に加わりました。この議題に入ったとき、詳しい指名理由を示さずに「フッカーマン」が満場一致で選出されました。彼はドルトムントからの道程をものともせず、ここヴァイトマールで集会の議長を引き受けるためにやって来た人物であります。そしてドルトムント警察署の報告によっても筋金入りの社会民主党員とされて、すでに何度も社会民主主義傾向の集会で議長を務めております。その後、副議長にボーフムのヴィーガントが、ハーゲン、ゲフェルスベルク、ドルトムント、ゲルゼンキルヘンなどからの参加者の再度の満場一致で選出されましたが、彼がボーフムの社会民主党の指導者であるのは周知のことであります。演説者はクレフェルトのティシュラー・ヴェシュですが、彼は社会民主主義の策謀で6カ月の監獄入り懲罰を受けております。彼の暮らしは、社会民主党の巡回演説者の活動と労働者としての稼ぎで支えられています。彼はもはや労働者たろうとする意欲をもちません。集会が解散した後、大勢の者たちが公然と反抗の意志を示して「必ずや一戦交えよう！」と叫びました。これは集会の危険な傾向を際立たせるものであります。
> ----

このような強権的支配体制に労働者大衆が好意を抱いたはずもなかった。そこでビスマルクが放った2本目の矢は、労働者医療保険法（1883年）、災害保険法（84年）、老廃疾者保険法（89年）と続く一連の社会保障政策である。この苦難の時期に社会民主党の指導部はスイスに拠点を移して秘密裏に党代表者会議を開くとともに、チューリヒで機関紙『ゾチアルデモクラート』を発行した。機関紙は密輸ルートで国内に送付され、各地の活動家を勇気づけた。ある事例（1887年）を示すと、スイス国境で急行列車の手荷物に詰められた新聞束が、主要都市——ベルリーン（1285部）、ハンブルク（765部）、ライプツィヒ（800部）など——で配布された。場合によっては図版がドイツ内の印刷所に送られ

たという。社会民主党が払った犠牲も大きかった。1878〜90年間，社会主義者鎮圧法によって解散させられた組織・団体は352，禁止された出版物は1299，逮捕者は1500人，強制国外退去者は893人にのぼった[13]。

しかしながら，ドイツ社会の仕組みは急激に変っていった。大ざっぱであるが，世紀転換期（ビスマルク時代後期の1882年からヴィルヘルム時代前半の1907年までの15年間），ドイツ全体の経済部門（農業・工業・商業交通）の職業地位上の変化をその総計比率で示そう。自営業は32から22.3パーセントへ下降した反面，職員は1.9から5.2パーセントへ，労働者は66.1から72.5パーセントへ上昇している[14]。1907年の就業者は約3150万人，そのうち1783万人（56パーセント）が工業・手工業労働者であり，1913年の労働組合員は最大の自由労働組合が約254.8万人である[15]。職業環境と生活形態の変化は強権的支配への意識を変えたはずである。とりわけ徴兵対象とされた若者は国家権力の圧力にどう対処しただろうか。

4. 軍国主義プロイセンの将校と兵士

国家の強権的支配を主に支えたのはドイツ皇帝を頂点とする軍隊である。その威信は軍事国家プロイセンの伝統を継承して，帝国を創立させた3つの対外戦争（対デンマーク，対オーストリア，対フランス）の戦功に発し，新帝国におけるプロイセン覇権の基盤をなしていた。軍部機構の中核に座っていたのは，多数の貴族出身者からなる将校団である。

ヴィルヘルム一世の名で発せられた「名誉裁判に関する命令」（1879年5月2日付）によれば，彼ら将校は「揺るぎなき勇気，断固たる決意，自己否定的な服従心，赤心からの誠実，厳格な機密保持」などの規範を担う存在とされた。しかも彼らは人の目にふれる公的な場では，「教養人としてだけでなく名誉とその身分の高い責務との担い手としてふるまう」よう求められた。つまり，国の柱たるべく市民生活においても将校の名誉心を忘れないこととされたのである[16]。そのため，市中でトラブ

ルになった時に制服着用の将校は警察官に逮捕されないという特権が認められていた（1880年の政令）。規律違反で将校と警察官僚が対立するよりも，後日の処理に任せることが優先されていた。とはいえ，これでは将校は息詰まるような態度を通さねばならない。当時よく読まれたというガイドブック『若い歩兵将校の服装と生活』によれば，通常は将校が市中に私服で出掛けることが許されなかったものの，制服ではどこでも見栄を張らねばならないので，経済的理由から私服着用が好まれたとその実情を暴露している[17]。

それでは，その将校と徴兵された一般兵との関係はどうだったのか。次は，農業労働者として生涯を送った人物が，1880年代末に騎兵隊に徴兵された時分を回顧した箇所である[18]。

徴兵された若者は入隊早々屈辱的なしうちをうけた。軍隊生活のイロハも分からないまま，昼食後に廠舎前に集合させられた新兵たちに向かって下士官はこう叫んだ。「さあ，仕事にかかれ！堆肥を集めろ！あー，お前たちはここにはシャベルがないと思っているだろう。そうさ，釘もないのだ。それをここでは手でやるんだ。とにかくそうなってんだ。」

農村出の主人公は手慣れたもので，ワラ束をこっそり盗んで馬糞をかき集めたが，商店員の新兵はまごついて下士官に見つかり，足蹴されて顔中を馬糞まみれにされた。騎兵曹長は新兵の鼻の種類に興味をもつ奇癖の持ち主であるが，特に彼による新兵の暴行は日常茶飯事であり，著者も上官の騎兵曹長から数々の悪罵を浴びせられたり，平手打ちや足蹴された。後には脱走を考えるほど彼は思い詰めたという。つまり，将校と兵隊との間には古参の下士官がいて，兵隊の一挙手一投足を差配する大きな権限が認められていたのである。

なぜ下士官の新兵いじめを上官は放置していたか，その秘密を解くかぎは閲兵時の光景にあった。「パシャ」とあだ名された騎兵隊長の騎兵大尉は，新兵をしごく悪役の騎兵曹長とは対照的に「父親らしい親身」なそぶりを演出できたからであった。

B. メッツ騎兵駐屯地における新兵しごき（1911年）

　「整列，点呼！」と，下士官はそこで命令した。新兵全員が営庭に2列に並んだ。いまマントをまとって近づいてくるのは，制服を着用する分厚い本，騎兵隊の最重要人物，騎兵曹長殿である。騎兵大尉は少尉たちを伴って現れた。彼らは将校として彼の上に「そびえ立つ」はずであったにもかかわらず，兵隊の目にはひとりの騎兵曹長に向き合っていると映った！いくらなんでも権力当局が彼に「騎兵中隊の母」という異名をつけたわけではない。母なるものを私は彼に認めることはなかったし，他の者もそうだった。騎兵中隊で彼は一般に「アスムス（Aßmus）」のあだ名で通っていた。————
　「アスムス」は堂々と正面を閲兵し，各新兵を鋭く点検した。彼は天性のあら捜し屋のように思われた。たいていの者に彼は難癖つけたからである。————「気をつけ！」の命令が突然出された。2人の将校が正面入口から兵隊のところに歩み寄った。騎兵大尉と新兵教育係の少尉である。「アスムス」は彼らを出迎えて，拍車をガチャつかせて不動の姿勢をとり，「新兵全員を現認」と報告した。————
　本来の兵役訓練は主に兵の身体的器用さと精神的才能にかかっているが，他方で，それは「その後にくるもの」，いわば盲目の幸運頼みでしかない。というのも，これらすべての職務では上官の純個人的な好みにまかせるしかないからである。部下がなんらかの理由で上官のお気にめさないと，彼に当たり散らす機会が千回も現れる。かくして彼の胸には一物もないことになり，兵隊はそもそも決して「先頭を走ら」なく，お望み通りきちんと仕事するものである。
　廐舎と兵舎は，兵の人生を惨めなものにする絶好の場所である。二番手に考慮すべき所は練兵場としての営庭である。なによりもひどく面倒な掃除の際に騎兵はあらゆる種類のいやがらせと知り合いになるが，それらの在庫品は下士官が，そして主に騎兵曹長が持ち合わせているものである。「騎兵中隊の母」はそこで兵隊の悪霊と化した。

5. 「試補主義」根性の横行

　「アスムス（Aßmus）」とは「Assessorismus」の略語であろう。直訳すれば「試補主義」となる。「試補」とは行政・司法関係の高級官僚に採用される前の身分を指す。大学卒業後に国家試験をうけて合格すると

1年間の「試補見習い」となり，その後に「試補」として3年間を無給で実務修業に励むことになる。4年間は給与も日当もない不安定な地位であったが，そのコースに乗ると大きな威信を約束させる行政官の身分が待っていた。ただし，志願者は貴族と伝統的支配層の利害観念と行動規範を自らのものとしなければ出世は約束されなかった。プロイセン＝ドイツ官僚特有の非政治的（実際は保守的）なあり方の根源はここにあった[19]。

　この「試補主義」の気質をブルジョアジーの気概喪失と関係づけたのがヴェーバーである。1904年，プロイセン政府が土地の細分化を防ぐために新たな世襲相続財産制（Fideikommiß）法案を提出したとき，彼はそれが国家官僚に「成り上がり者（Parvenü）」根性を与えようとする企てとして批判した。ヴェーバーによれば，世襲財産制度はその財産保障機能において，学生組合所属者の「決闘資格証明（Satisfaktionfähigkeit）」や予備役将校資格と同じく，「下には『態度がおおきく』上には『言いなりになる』，無節操な『試補主義』」を扶植する性質のものであった。その結果，現官僚たちは「あらゆる内実ある目標をもたない純形式的な『国家護持』」の気質に染まるのであった[20]。これを参考にすれば，軍隊内における「アスムス」とは，将校——究極的には皇帝——の権威を笠に着て新兵を無責任に酷使する「下士官根性」と，上司の意向を忖度するのに汲々する「小役人根性」とを併せもつ性格——上に卑屈で下に横柄な，俗に「自転車のり（radfahrer）」と仇名された人物——に該当するだろう。

　こうした無責任な権力代行の風潮は，「真空地帯」と異名をとる旧日本軍の内務班だけの専売特許ではなかったのである。しかし，社会民主党が帝国議会に進出し，兵士虐待の事実を告発するにつれて，その数は減ったという。とはいえ，徴兵該当者が農村出身者よりも都市部の工場労働者が多くなるにつれて，権力側が「国民の訓練所」として期待した軍隊の役割について，権力側の不安感は静まらなかった。たとえば，1891年，ビスマルク更迭後の高揚した気分のままに新帝のヴィルヘルム二世は，徴兵された新兵が社会主義の「策謀」家に対して，命令され

たならば「自分の親戚，兄弟，両親でさえも射殺しなければならない」，と宣誓することを求めた。その後この文言は社会民主党の集会で数千回も引用され，若者を国王忠誠派とすることに逆効果だったという[21]。

6. プロイセン農村の選挙光景

それでは，国王忠誠派の牙城であるプロイセン農村部はどうであったか。その一端を「東エルベ」の住民が選挙時にどのように行動したか，その挙動から探ることにしよう。この東部地域は，エルベ川東部に広がるプロイセン地方（現ドイツのメクレンブルク＝フォアポンメルン州からポーランド西部にかけての地域）をさし，しばしば農業の「後進性」の象徴，農民たちが自らの利害を「お偉方」のそれと同一視する「封建的習俗」の濃厚に残る地帯，「攻撃的な軍国主義」の巣窟の代名詞であった。保守派の帝国議会議席数は，帝国党（自由保守党）と保守党を併せて，1878年の116（29パーセント）を最高に，1890年の73（23パーセント），1907年の84（21パーセント），1912年の57（14パーセント）へと漸減した。それにもかかわらず，プロイラン邦議会選挙では，三級選挙法のおかげで両党は1879年の161議席，1893年以降は200以上を占めて，過半数に迫る勢いを維持した。議員の78パーセント（1897年），87パーセント（1912年）は「古きプロイセン」出身者であった。その保守党は常に第三級の下層民から約12パーセントの得票を集めることができたという[22]。

次の文献は，ジャーナリストで自由主義左派に属したヘルムート・フォン・ゲルラハ（1866～1935年）が，大土地所有者が牛耳る故郷の東エルベのメクレンブルク州の雰囲気を記した箇所である。同地はブランデンブルク北方に広がる低地・湖沼地帯であり，バルト海沿岸部にハンザ同盟に属したロストクやヴィスマルなどの港町を除けば，辺鄙な農村集落が点在する地帯である。19世紀にはメクレンブルク公爵家の末裔，シュヴェリーンとシュトレーリッツの両家の統治下に622騎士領と32自治体が存在した。人口は約55万人（1875年），58万人（1890年），

64万人（1910年）と停滞した後進地帯である[23]。青年期の回想であるので，1880年代の情景と思われる。ゲルラハはフリードリヒ・ナウマン（1860〜1919年）とともに国民社会協会（1896年）を創設した。この当時彼は，ヴェーバーから「慈悲心主義（Miserabilismus）」を云々されたように，倫理道徳論をもって政治を語るような現実認識の甘い立場をとっていた[24]。しかし，次第に軍国主義反対の立場を鮮明にし，最後はヒトラー政権を逃れてパリで客死することになる，自由主義の立場を守り抜いた気骨ある人物である。

　彼の生地は三級選挙法を基盤とする保守党の黄金選挙区であった。今日は公式の投票用紙以外を使用することは考えられないが，1914年以前のドイツ帝国では，事前に政党が候補者の名前にバツ印をつけた紙片を用意して，投票はそれを投票所で手渡すことで終了した。ちなみに，入隊時の文盲率調査（小学校卒業の有無）によれば，19世紀末にドイツではほとんどの若者が読み・書きができたはずであった。メクレンブルク州でも小学校教育を受けなかった者の比率は，1875年に1.09，195年に0.15であり，文盲率は皆無といってよかった[25]。

　ゲルラハは，一度自由保守党を名乗って若い牧師が立候補した時に，奴はかつて家庭教師として生計をみてやった恩義知らずだ，と地域有力者が新聞に暴露した仕打ちを記している。ほとんどの選挙区は「少数の貴族仲間の用件」だったのであり，市民階級の投票立ち会い人と認められたのは，教区監督・郡医官・ギムナジウム校長など僅かであった。プロイセン結社法によって野外集会は禁止されていた。屋内集会を予定したパブは，大地主の警察区長が宿屋の営業許認可権を握っていたので，その意向でいつでも閉店できたから，閉店時間は「警察時間（Polizeistunde）」と表現された。もちろん，東エルベ農村地帯にも自営農村落があったが，それは「大きな保守的砂漠にある小さなオアシスでしかなかった」という。その投票当日の様子は，次のようにリアルに伝えられている。

C. 東エルベ農民の投票行動（1937年）

>　――――農業労働者たちは当時はまだ自分の意志をもたず従順であり，ずばり言って無批判そのものの投票者であった。当然にも，公の邦議会選挙で彼らの投票のただひとつも無駄とされなかった。だが帝国議会選挙でも事は申し分なく成就された。ご主人様が選挙監視人として上座に座っていたからである。そして昼休みに労働者は，直接畑から監督と管理人に連れられて投票場に行った。外で彼らはそれぞれの「正しい」投票用紙を右手に握らされた。ご主人様とその家来の監督下で別の用紙と取り替えようとする者は誰もいなかった。
>　一度だけモンクモッツシェルヴィツ［選挙区］で間違いが起きた。何かの理由で私の父が投票当日にベルリーンに旅立たなければならなかった。父は投票日ひどく興奮して私のところにやって来た。「まあ考えてもごらん。我々の所の選挙はまったくひどかった。我々の作男たちは自由主義派に投票したと思った。奴らは愚鈍すぎる。人がそこにいないと，奴らはとにかく口先のうまい男に引っ掛かった。しかしこれは私にひとつの教訓となったよ。再び選挙日に留守にはしないからな！」作男たちがその人生で騙されたのは初めてではなかったことを，善良なパパは感づかなかったのである。

7. ヴィルヘルム二世の「個人統治」

　ヴィルヘルム二世はとかく失言の多い統治者であった。即位直後は，老練なビスマルク宰相の放つカリスマ的重圧に対して若輩の皇帝が虚勢を張ったためとみられないこともなかった。ビスマルク死去後に母親宛に書かれた手紙（1898年9月）によれば，彼は自らの任務について，国民的人気を誇る宰相が王座に有害な影響を及ぼすことを阻むことにあると語っている[26]。ヨーロッパと全世界は「ドイツ皇帝が何を言い，考えているか」と聞き耳を立てるのであって，宰相の意向ではありません！「永遠に私は，この世にはただ1人現実の皇帝，つまりドイツ皇帝が存在すると確信致します。そしてそれは，その個性またはその特別な資格認定によってではなくて，千年に及ぶ伝統の権利によってなのです。そして皇帝の宰相は服従すべきなのです！」だが，「男らしさ」を装う大

言壮語とパフォーマンスが続くと，彼の精神的不安定さは人格的な疑いがかけられるようになっていった。

1897年に『カリグラ』と題する諷刺書が現れた[27]。たちまち30版を重ね，数多くのコピーも出回ったその著者はクヴィッデ（1858～1941年）である。彼は帝国議会文書編集にあたる中世史家であり，『ドイツ歴史学雑誌』を主催するとともにローマの「プロイセン歴史研究所」の責任者でもあった。正真正銘のプロの歴史家であるが，同時に彼は南ドイツの自由主義派のドイツ人民党にも加入し，自ら日刊紙『ミュンヘン自由通信』を創刊（1894年），発行したジャーナリストでもあった。カリグラ（小さな軍靴）とは第3代ローマ皇帝ガイウス（在位37～41年）のあだ名であり，醜聞に事欠かないため暗殺された皇帝第1号である[28]。「性急さ」「大向こうを狙った見せかけ」「海への偏愛」「おしゃべり好き」「側近グループの道徳的退廃」などの批判的表現は，支配者の存在だけでなく，その存在を許容している社会にも向けられていた。ヴィルヘルム二世の名はどこにも記されてないものの，すぐさま読者はドイツ皇帝をあてこする代物だと気づいた。アントン・フォン・ヴェルナーが描く若き皇帝の肖像画（31歳，1890年）は世に出回り，その画像から滲み出る仰々しい身振りのなかに虚栄心の強い性格は周知のものであった。

すでに1896年の初頭，南アフリカ・ケープ植民地のイギリス義勇軍がオランダ系ブーア人のトランスヴァール共和国で撃退された時，皇帝は同国首相クリューガー（1825～1904年）に祝電を送ってイギリスの国民感情を逆なでしていた。さらに翌年から海軍長官ティルピッツ（1849～1930年）がイギリス海軍に対抗する艦隊増強政策（艦隊法は第一次が1897年，第二次が1900年に議会で可決）を展開し，1905年には，主権国家モロッコをアピールするため皇帝自らがスルタンを訪問するデモンストレーションをおこなった。これらの尊大なパフォーマンスはイギリスにドイツ世界政策への警戒感を強めただけであり，対外関係への配慮を欠く拙劣なものであった。こうしたドイツ皇帝の「個人統治（das persönliche Regiment）」の問題は，1908年の英国紙デーリー・テ

レグラフの報道記事によって世界中に知れわたるところとなった。皇帝の軽はずみな人格的欠陥は類例のない外交的失態となって，ドイツ政治の危険性を明らかにしたのである[29]。

彼の統治は一握りの側近たちに補佐された疑似絶対主義的な性格をもち，しかもその取り巻き連中は「男色家（Kinäde）の奸臣房[30]」と揶揄されたようなスキャンダラスなものであった。元来，国法上の意味において帝国（Reich）を舵取りしたのは単一の政府（regierung）ではなくて，「連合政府（die verbündeten Regierungen）」であった。皇帝，連邦参議院，帝国議会（帝国宰相と帝国諸官庁），及びプロイセン諸官庁がそれぞれの憲法規定上の役割をこなすことによって，一体としてドイツ政府を構成したのである[31]。それだけに，皇帝の失態は個人だけの問題にとどまらず，ドイツ政治全体の威信を低下させるものとならざるをえなかったのである。

この事件に至るまで，ヴィルヘルム二世時代の政治はおよそ次のように推移した。

カプリーヴィ政権（1890〜94年）下の「新航路政策」は，内政面においては中央党を含むブルジョア諸政党との関係改善を軸とする穏健な自由主義路線をとったが，輸出拡大をめざす貿易協定政策は，工業国または農業国を国策の軸とするかという政策選択の論争[32]を越えて，穏健な自由主義化か伝統的な権威主義的統治かという議論へと発展した。1893年，大農場主たちは自らの利害団体として農業家同盟を結成し，議会勢力や社会民主党に対抗した。次のホーエンローエ政権（94〜1900年）が皇帝側のクーデタ計画に抵抗した後，ビューロー政権（1900〜09年）はこの内政危機を保守・中道勢力を結集して乗り切ろうとした。他方，その「世界政策」はドイツ人の大国意識を高めて政権基盤を固めようとして，その大衆迎合的な帝国主義進出の先鋒の役割を皇帝に振り付けるものであった。その結果，ヴィルヘルム二世の「世界政策」は宣伝色を色濃くするとともに，議会外で大衆的圧力団体の台頭を許し，無責任なナショナリズムを横行させるものとなった。従来の名望家中心の議会勢力は，この急進的ナショナリズムに吸収されていく流れ

に対抗する術を知らなかった[33]。

8. 醜聞の暴露と内政の紛糾

さて，かの「男色家の奸臣房」は，第一次モロッコ事件でドイツの外交的孤立が明らかとなった時点で，その「軟弱政治」の根源として糾弾されるに至った。皇帝と側近フィリップ・オイレンブルク伯爵（1847～1921年）との親密な関係は雑誌『ツクンフト』で暴露された。その雑誌の購読者は2万人以上（1900～14年）に達し，世論形成に大きな影響力をもっていた。この雑誌の特徴は，「まったくの超保守派というよりも，概して『わざと意地悪な』スタイル」をとる点にあった。世紀末に起きたドレフュス事件を伝える穏健な『フォス新聞』のパリ報道に対して，「ドレフュス組合派に仕えるために雇われた猟犬の群れが，遠吠えしてわめきたてる」とかみついたりしていた[34]。主催者のマキシミーリアン・ハルデンことフェリクス・エルンスト・ヴィトコフスキ（1861～1929年）は，「心底からの君主主義者」であった。ただし，ビスマルクを礼讃していた彼は，その引退後に治世を舵取りしたヴィルヘルム二世に批判的であった。というのも，ハルデンは，皇帝が立憲主義の制限で活動すべきであって，英雄的な振る舞いが愚行につながる立場にあることを理解すべきだと考えていたからである[35]。

その『ツクンフト』が醜聞を伝えた結果，伯爵は刑法違反に問われて逮捕された。同性愛者は平和主義者であり，決断力を欠く存在だと宣伝されたことに，当局もあらがえなくなったからである[36]。それは1908年4～5月のことであり，デーリー・テレグラフ事件の約半年前の出来事であった。この時の政権は，前年に総選挙（西南アフリカ駐留軍費をめぐる「ホッテントット選挙」）を仕掛けて勝利した保守・自由の連合（「ビューロー・ブロック」）であった。だが，宰相ベルンハルト・フォン・ビューロー（1849～1929年）の与党は異質な諸集団であって，内政面でしばしば内部で対立した。ちょうど4月は新しい帝国結社法（Vereinsgesetz）が議会を通過した時であった。ようやく旧来の市民権

制限を撤廃させ，連邦共通の団体法の制定にこぎつけたのであるが，同時に政府は実質的な市民活動を監視できる――政治集会の24時間以内の事前届け出，集会におけるドイツ語以外の使用禁止，18歳以下の集会政治組織加入禁止など――ようになった[37]。当然にも社会民主党と自由主義左派はこの法案に反対した。しかし，とくにその反ポーランド言語条項への対応をめぐって自由思想家連合は混乱した。テーオドール・バルト（1849〜1909年）やゲルラハといった有力政治家が脱退しただけでなかった。労働者保護の立場を一貫して説き続けたルーヨ・ブレンターノ（1844〜1931年）も，同党に決別する旨の手紙を送った。「私は労働者の集団交渉権獲得のために人生を捧げてきた者ですが，いまやわが友人たちがその成果を危うくする動きを黙認しているのだと思います[38]」，と。

他方で保守派もビューロー政権に憤った。相続税の拡大政策は，農地売却を余儀なくされる保守派にとっては文字どおり「死税（death duty）」と映り，「自由主義左派への政治的媚び」であった。さらに皇帝は10月20日――イギリス新聞紙上での失言記事の8日前――にプロイセン下院で演説をおこなったが，ビューローに示唆されその演説は，プロイセンの経済・教育・愛国心・国家責務感などの「有機的発展」に見合う選挙改革を約束した。選挙改革派を宥めるための曖昧な約束だったが，保守派が動揺するには十分だった[39]。醜聞の発覚に続く内政上の混乱の中で，皇帝はそれれだけ益々自らものごとを動かす権勢者として，その男らしい存在感を対外的にもアピールしなければならない立場となった。イギリス新聞紙上で失言する伏線はすでに敷かれていたのである。

9．皇帝発言の内容とその政治的危険性

ヴィルヘルム二世はイギリス人スチュワート・ウォートレイ退役大佐と会見し，その記録がイギリス大衆紙『デーリー・テレグラフ』（1908年10月28日）に掲載されるのを許可した。その発言のどこに問題が

あったのだろうか。次にドイツの保守系新聞の記事によってその概要を記すが，これは社会民主党の出版物に転載されたものである。当然にも皇帝には敵対する立場をとりつつも，その報道内容は客観的であり，皇帝発言の問題点を次のように要約している[40]。

① 皇帝はイギリスの政治家に向かって，自らがドイツ国民の多数とは違ってイギリス人の友人であると説明した。
② ドイツ参謀本部が作成したブーア戦争に関する作戦計画案を，皇帝は1899年12月に祖母のイギリス・ヴィクトリア女王に贈ったと語った。
③ 1899年，イギリスにブーア戦争を終結させるフランス・ロシアの共同提案が皇帝に伝えられたが，皇帝はそれが「屈辱を与える」ものだとして拒否したと証言した。
④ 対日本・中国に関するドイツ・イギリスの太平洋利害を共同艦隊で護る用意がある，と皇帝はイギリス人に促した。

これらの発言は，ドイツ皇帝が世界各国を敵として認識していることを公言するに等しかった。現に国際情勢は，艦隊増強策（1898年）をとったドイツが列強の包囲網中にあるかのようだったからである。ロシア，フランス，イギリス間の友好同盟関係は，1907年のペルシア勢力分割に関する英露協商をもって完成していた。そしてスキャンダル報道が現れた1週間後の11月5日，オーストリアは突如バルカンのボスニア・ヘルツェゴヴィナ併合を強行したが，これは宗主国たるトルコのみならず，セルヴィアの後ろ盾ロシアを強く刺激した。内外情勢が危機的事態に陥った時の発言だけに，皇帝忠誠派の面々も驚愕した。保守系新聞も事の重大性を率直に認めた。牧師向け新聞『ライヒスボーテ』にはこう書かれている。「イギリスの暴露記事は，その他の報告にもあるように，全体として主要点において正しく，ドイツ政治にとって重大な打撃である。----いま帝国議会でドイツ政治を個人的性癖から守る制度について議論されているのも，いぶかしく思われるほどである。というのも，これまでドイツ国民は誤った政治の結果を甘受し，長年耐えてき

たからである。」全ドイツ連盟の機関紙『ライニッシュ゠ヴェストフェーリッシュ・ツァイトゥング』は,「皇帝が勇敢な同族のブーア人を全滅させる戦争計画を作成したとは,ドイツ人の心をその奥底から憤慨させた」と書いた。極右新聞でさえ「感情に流される政治(die Gefühlspolitik)」に呆れ果てた。

政府系御用新聞『ノルトドイッチェン・アルゲマイネン・ツァイトゥング』は,皇帝の公務を補佐する政府側に落ち度があった点を認め,およそ次のような事実確認をおこなっている。

「イギリスの私人がイギリス・ドイツ友好関係に資すような一連の会話を集めた論説を出したいと願い出たので,皇帝はそれを認可してその草稿を受けとった。皇帝は論説原稿を帝国宰相に送付し,宰相はそれを外務省で審査するように指示した。外務省が疑念なしと報告したので,それは公表されることとなった。帝国宰相ビューローはデーリー・テレグラフ紙の発行後にその論説内容を知ったので,皇帝にこう弁明した。『私自身は論説の草稿を読みませんでした。もく自分で読んでいたならば,疑念を抱いて公表を思い止まるよう助言したことでしょう。』しかし,宰相は事件の唯一の責任が自分にあると考えて,その指揮下の省庁と官僚を庇った。それと同時に帝国宰相の地位を辞することを皇帝に申し出た。皇帝はその請願を却下したが,皇帝への不当な攻撃の根を断つために,今後は宰相が事前チェックする態勢とするという申し出に同意した。」

10.「個人統治」を補完する「無力な議会」

ビューローの議会演説(11月10日)の後,またも不可解な醜聞が伝わった。軍事参議院長がバレリーナの衣装のまま突然死したというのである(15日)。「個人統治」と官僚政治を正す絶好のチャンスが到来したはずであった[41]。

地主貴族の政党である保守党が,君主権を制限する議会改革に賛成するはずもなかったが,カトリック中央党も,その名の通り真ん中から情

勢を見極めつつ，自由・保守のブロック政治に代わるチャンスを待っていた。国民自由党は自由主義的な態度を保ちつつ，保守的に行動することを常とした。同党指導者のエルンスト・バッサーマン（1854～1917年）は議会演説で「個人統治」の予測不可能性を攻撃しながらも，宰相の補佐如何を追及する「空弾」を放っただけであった。ビューローに改革を期待した進歩党陣営からは，議会主義責任内閣制と首相任命時の帝国議会協賛権を求める法案が提起されたが，党内の討議では「この問題は帝権と議会の権力争いとなる」という意見集約で否決するとともに，議会では，宰相の議会責任制は連邦参議院の諸権限と両立できない」と表明した。これらのエピソードは，明らかにブルジョア諸政党に議会主義政府を樹立しようとする権力意志がないことを示すものであった。

　社会民主党にしても，国民向けの声明を出そうという党中央派のゲオルク・レーデブーア（1850～1947年）の提案を党内で否決し，待機主義の姿勢をとった。名うての詮索屋ハルデンが皇帝の悔恨をポーズだけだと断言したように，少数の側近に頼る皇帝の独断統治は揺るがなかった[42]。自由主義左派を後方支援したマックス・ヴェーバーは，自派議員たちの軟弱さに憤慨し，こう言い切った。君主の権限を制限する決断のできない人民は，自らに政治的未成熟さを宣告するものだ[43]，と。彼の激しい憤りは僚友ナウマン宛の手紙に滲み出ていた。社会民主党がビール・ボイコットの際にとった行動のように，あらゆる新聞の紙面でこう宣伝すべきだ。保守派が「男らしい行動」と賛美するのは，「ひとりのディレッタントが政治を牛耳る」事態にすぎなく，ドイツの現状は世界政策を不可能とする絶望的なレベルにある。「ホーエンツォレルンの王朝は権力の伍長（Korporal）の形態しか知らない——号令，服従，気をつけ，大法螺。」それを望んでいるのが保守派だ。とはいえ，社会学者の冷静な分析力も残されていた。「皇帝の人物（Person）が取り沙汰されているが，罪はむしろ政治構造にある。」つまり，ドイツ皇帝の虚栄心は「体制（System）の結果であって，人物のせいではない」，と念押ししている[44]。

12. 少数野党の自由主義左派勢力

　実は，この「個人統治」と補佐体制の危うさにかんしては，すでにホーエンローエ宰相時代の帝国議会で指摘されていた。次に紹介するのは，自由主義左派の闘将オイゲン・リヒター（1838〜1906年）が帝国議会でおこなった演説の一部である。リヒターは北ドイツ連邦帝国議会に進歩党議員として当選して以来の古参議員であり，経済的自由主義の立場から「恩恵を施す」官憲国家の法案と対峙し続けた[45]。1884年，国民自由党分離派（自由主義者連合）と合同してドイツ自由思想家党を結成するも，1893年に軍事予算の賛否をめぐって分裂した。彼は左派の自由思想家人民党を率いて，議会の予算審議権を武器にして艦隊法に反対した。引用する演説がなされた時（1897年5月18日）は，農産物関税の引き上げ（大農業）と戦闘艦隊の建造（大工業）の利害を一致させる「結集政策（Sammlungspolitik）」の開始期にあたっていた。その政策を実質的に指導したのはプロイセン蔵相ミーケル（1828〜1901年）であり，彼のリーダーシップの下に自由主義派と保守派の提携がはかられた。議会勢力でいえば，保守党・帝国党に国民自由党を加え，さらに中央党を含み込む連合勢力――総議席数246（63パーセント）――の上に立つ体制擁護勢力である。この政治勢力を基盤として海軍長官ティルピッツは第一次艦隊法を同年11月30日に議会に提出した。リヒターの自由思想家人民党は24議席，自由主義左派全体でも48議席にすぎず，社会民主党44議席を入れても議会内では少数野党に甘んじる勢力であった[46]。とはいえ，このリヒターの弁舌力は内相を更迭させるだけの威力を発揮した[47]。

D.「個人統治」を糾弾するオイゲン・リヒター（1897年）

> 　それでは今日まとまった，目的を意識した意志はどこにあるのか。それは個人的な衝動に動かされるのではなく，常に思慮と洞察をもって目標を追うことを知るものです。
> 　　　　　　　　　　　　　　（その通り！左方）

それではお飾りものの新大臣はどこにいるのか。
　　　　　　（笑い声，左方）
　紳士方の後ろで振る舞うようにされているとでもいうのか。貴殿は幅広く目を走らせているが，如才ない佞臣，上からの見解に従う以外の何者でもない！昇進したお役人，または果敢な軽騎兵，
　　　　　　（その通り！左方）
　これがそのような政治の自由に用立てられるものなのだ。
　　　　　　（賑やかな喝采，左方）
　下働き（手下），だが，その言葉の通常の意味で！
　　　　　　（大歓声，左方―拍手喝采）
　我々は今日も連邦国家に暮らしているのであって，統一国家プロイセンではまったくない。
　だが，我々は次のことも思い起こそう。ドイツ帝国はそのようなものとして先祖伝来の王朝をもたないこと，ドイツの帝権は帝国議会よりも古くないこと，以上である。
　　　　　　（その通り！左方。議長の振鈴）
議長：私はここで弁士の演説を中止しなければなりません。
　　　ちょうど私に，2度拍手喝采が表明されたことが通知されました。しかもここ，この演壇にです。それがもう一度起きるならば，私はこの演壇を降りることになります。
　　　　　　（ブラヴォー）
リヒター議員：フォン・カルドルフ議員は――私にとって注目すべきは次の点であります――，ドイツにおける君主主義的，国民的信条の減退について語られた。議員は減少の始まりを――さらに次の点に注目すべきである――皇帝フリードリヒ三世の崩御からと言われました。諸君，私は共和主義者ではなく，幻想政治家ではなく，実際の，与えられた事態を考慮する者であります。まさにドイツで君主主義体制がヨーロッパのどこの国よりも末長く継承権をもつ，というのが私の考えであります。なぜならば，君主制はここでは国制自体の生成と成長に密に結び付いているからであります。さらにそれは，実に意義ある，多大な功績を残された過去の国王の輝きが現後継者にも注いでいるからでもあります。だがそれだけに私が残念に思うのは，カルドルフ氏が適切に言われたように，本当に君主主義的信条が10年来増えないだけでなく，その信条が元手から食い尽くされていることであります。
　　　　　　（その通り！左方）
10年前にはあり得ないと見なされていたようなやり方で，
　　　　　　（賑やかな喝采，左方）

> おそらくそれは社会民主党の扇動のためではない。そうではなく，議会討議を拒む諸事件のためであります。
> 　　　　　　　　　　(その通り！左方)
> それらの事件はブルジョアジーのなかでだけでなく，官僚層から将校団においても深刻な批判を引き起こしています。ドイツは君主制立憲主義の国であります。しかし，次の綱領――「我が欲するところ，我が命なり。王の意志は至高の法なり（sic volo, sic jubeo ―― regis voluntas suprema lex）」――によっては，おそらくまだ一時はロシアで統治できるだろうが，ドイツ国民はそれで長く統治されはしないのだ。
> 　　　　　　　　　　(賑やかに続くブラヴォー，左方)

　さて，ビューロー政権は1907年に総選挙に打って出て，両保守党・国民自由党・自由主義左派からなる議会多数派（「ビューロー・ブロック」）を作り出していた。この時はリヒターが死亡していたが，自由主義三派――自由思想家人民党・自由思想家連合・ドイツ人民党の49名（得票率12.4パーセント）――は統一院内会派を結成した。たしかに，左派は進歩人民党（1910年）へ合流する前段階の，一歩前進といえる行動をとった[48]。こうした動きを議会主義政府実現への一歩とする見方がある一方で，そもそも自由主義運動が分裂した理由が帝国主義への対応如何――たとえば植民地政策をめぐる立場の相違――にあった点を重視する見方もある。自由主義を支えた中産階級の社会的構成が変化し，さまざまな利害関係から帝国主義の問題を異なって受けとめるようになったからである[49]。そして文化闘争時の残滓を拭い去らないでいた自由主義左派がビューローの操作戦術の罠に落ちたものだとする見方もある。ビューローはブルジョア諸政党のアンチ・カトリック気分を利用して，自由主義勢力を穏健な体制支持の位置へ引き寄せたいと考えていたが，帝国財政改革をめぐる問題（相続税の拡大と消費税の新規導入）では，保守的農業家勢力との根深い敵対心を修復する見込みをつけられなかった。この1909年の時点で，「ヴィルヘルム体制の潜在的危機を防ぐために以前に用いられた策略はほぼその効力をなくしていた」，というのがモムゼンの判断である[50]。

12. 権威の虚構性

　ところで，森鷗外（1862〜1922年）がドイツに留学した時（1884〜88年）は，ビスマルク晩年からヴィルヘルム二世への権力交替期であった。鷗外の『かのように』（1912年）は権威に仕える者の立場から，ヴィルヘルム二世と神学者アードルフ・フォン・ハルナック（1851〜1930年）の親密な「君臣の間柄」を具体例にとりあげている。君主が「学者を信用し，学者が献身的態度をもって学術界に貢献しながら，同時に君国の用をなすという面から見ると，模範的だ」と，それは称賛に値する間柄だと論じている。ドイツの保守的なプロテスタンティズム，なかでもルター主義の歴史は，領主の支配領域と一体化した関係を築いてきたものであった[51]。

　小説『かのように』の背景には，権力側が社会主義者・無政府主義者を処刑した大逆事件と，天皇制の正統性をめぐる南北朝正閏論争があった。鷗外は元老山県有朋邸での歌会「常盤会」の幹事を務め，さらに教科書用図書調査委員会の「修身」部会の主査でもあった。軍医総監官の立場と小説家森鷗外という権力者と表現者の狭間にあった事情を考えれば，鷗外は折から生じた事件への対処に苦慮したはずである。彼は大逆事件の裁判記録を入手し，当局と被告たちの関係事情を知ることができたと推察される。したがって，彼は被告らの活動に共感できず，「御国柄」の天皇制秩序における自らのあり方を論じたのだろうか[52]。他方で，彼は社会主義に関する文献に通じていたとの証言もある[53]。「かのように」疑制の権威を祀る立場を描いた鷗外は，ドイツ皇帝の「個人統治」の問題状況を把握できなかったようだ。

13. 前線と銃後の落差

　そして第一次世界大戦の勃発はこの事件の数年後であった。その血まみれな戦場体験を読者にリアルに実感させたのがレマルク『西部戦線異常なし』（1929年）である。第一次世界大戦の苛酷な戦場の現実は，王

朝の権威主義統治のヴェールを無造作に拭い去った。レマルク（1898〜1970年）の分身とも思える主人公の少年兵は，一時休暇を得て故郷に戻ったところであった。その時，前線と銃後の雰囲気があまりにも違うことに愕然となった。命のやりとりをしたばかりの少年兵は，連隊区司令官に申告し終わって兵舎を出たとたん，少佐に欠礼を咎められた。「ここで戦場の習慣をやろうとしても，そうはさせないぞ！」なんとか許してもらった主人公は，家に帰るや軍服を脱ぎ捨て背広に着替えて，気を静めることができた[54]。

　第一次世界大戦はナショナリズムの高揚を梃子に，頑健な身体と自己管理された精神を結合させた「男らしい」イメージを宣伝した。塹壕から「新しい男」が誕生したという神話である。1917年の戦時公債ポスターに描かれた戦闘服の兵士は，有刺鉄線を背景にガスマスクをさげ，ヘルメットの下に眼を輝かせている。この厳しく鍛えられた表情こそが「本当のドイツの顔」だとされた[55]。強固な意志と服従心，仲間同士の連帯と犠牲を説く「男らしさ」の神話は，銃後で強烈に作用した。それに抗する術もなく，レマルクの主人公は私的な場に逃げ込み，戦場で死を迎えるしかなかったのである。

14. 遅ればせの忠誠心

　この種の権威主義があえなく崩れ去った事態を次のノンフィクションが描いている[56]。著者のエミール・ルートヴィヒ（1881〜1948年）は入念な調査を踏まえて，ゲーテやナポレオン，ビスマルクなど歴史的人物を描いた伝記作家として知られる。1906年からスイスに移住し，反ナチスの立場をとった。ドイツ革命時に軍人と国王一族の振る舞いに焦点をあてて，旧支配層の忠誠心の成れの果てを皮肉ぽく描いた箇所を引用する。

E. 敗戦後の忠誠心（1935年）

革命から数年後，プロイセン皇太子は家財を競売にかけ，フリードリヒ大王のフルートも売りに出された。ポツダム将校の一団はこの聖遺物をホーエンツォレルン家に留めようと決議し，セリ売りに加わった。そしてある者が皇太子にこう語った。「我々はこの貴重な宝物が凡人の手に渡ることに我慢なりません。我々は全員が大王のフルートの前に1人の男として立ちたいと思っております。」

皇太子は彼らを冷たく見て，こう答えた。「貴公らが当時，11月9日に国王の前でこのように断固として立ったならよかったのだ。フルートを買い戻す必要はまったくない！」

フルートは，共和国がそうであったように，ブルジョアの手に移った。
————

とにかく上流階級は何の手助けもしなかった。数カ月経っても「11月の犯罪人」に対して扇動したかの人達のすべて，強大な軍指導者，提督，元帥，護民官たちは，その時どこにいたのか。国王の逃亡が我々の気力をなくさせた，と彼らは言ったのではないか。————

ドイツ革命は新しい珍事を歴史上に記した。将校とユンカー，国王の家臣と側近たちは，国王が立ち去った時，国王への忠誠を破った。国王に忠誠を唯一保った人々は市民たちであり，それは国民であった。というのも，彼らの君侯たちが最初に感じた恐怖で逃げ出さなかったかぎりでは，国民は崇敬の念を込めて彼らの前に歩み出て，当惑した表情で旅立つのを申し出たからである。ポツダム城の王女たちは兵士たちが乗り入れると聞いて驚き，彼女らの子供たちを取り囲み，ロシア皇女の逮捕を思い出した時，使者が歩み寄り，直立不動で立ち，習い覚えた軍国主義調でこう伝えた。

「陛下は我々の護衛下にあります。万事警護されております。どうぞご命令下さい。」

22人のドイツ君主と君侯たちの誰にも，彼らの息子・甥・従兄弟——総数で120名といわれた——の誰にも，1人のドイツ兵士または労働者さえも付き添わなかっし，何千人という彼らの高位・低位の廷臣たちの誰も手助けしなかった。そして4週間後に小都市を通りかかった人に，市民たちは誇らしげにこう確言した。なんでも我らの殿様は，退位しなければならなかった最後の人だったそうだよ，と。

【註】

1）ドイツ・ナショナリズムと東部の民族問題については次が詳しい。伊藤定良『ドイツの長い19世紀』青木書店，2002年。

2）Moritz Jaffe, Die Stadt Posen unter preußischer Herrschaft. Schrifte des Vereins fur Sozialpolitik 119 (1909), in: DS. S.427〜29. もちろん，現在のポーランド国境線内に住むポーランド系住民が当時も国民的まとまりを自覚していたわけではない。彼らの大半はロシア，ドイツ，オーストリア＝ハンガリー帝国それぞれの「臣民」であり，いまだ「潜在的なポーランド人」にとどまっていた。第一次世界大戦の勃発時，民衆武装蜂起路線のピウスーツキ（1867〜1935年）がクラクフからロシア領ポーランドに出陣したところ，ポーランド系の民衆は彼らを「外国軍」と見なして沈黙で迎えたという。野村真理『隣人が敵国人になる日』人文書院，2013年，42頁以下。とくに民族混住の甚だしいガリツィアでは国家帰属意識，出生地体験，言語能力が複雑にからみあっていて，その住民は苛烈な戦場とされるなかで単純な民族的線引きを強いられた。

3）杉本俊多『ベルリン』講談社現代新書，1993年，176頁以下。

4）これらの建造物に関する情報は次による。松本彰『記念碑に刻まれたドイツ』東京大学出版会，2012年。

5）W.J.Mommsen, op.cit., p.124〜5.

6）木谷勤『ドイツ第二帝制史研究』青木書店，1977年，173頁以下。

7）Lynn Abrams, op.cit., p.22〜26.

8）Gerhard J. Ritter, Das Deutsche Kaiserreich 1871-1914, Göttingen 3Aufl.1977, S.232〜235.

9）前掲『ドイツ現代史』，89頁以下。

10）「アンスブルク県知事のゲルゼンキルヘン市長宛通知」（1878年6月4日付）［ボーフム市公立公文書館収蔵］。GHS. p.9.

11) バートランド・ラッセル，河合秀和訳『ドイツ社会主義』みすず書房，1990 年，105，113 頁。

12)「社会民主党集会の監視報告書」(1889 年 4 月 11 日付)［同上］。GHS. p.42.

13) John L. Snell, The Democratic Movement, p.197〜199.

14) Sozialgeschichtliches Arbeitsbuch, S.70〜71.

15) ibid.,S.66〜67, 136.

16) Max Menzel, Der Infanterie-Einjahrige und Offizier des Beurlaubtenstandes (1911), in: DS. S.227.

17) Karl Krafft, Dienst und Leben des jungen Infantrie-Offiziers (1914), in: DS. S.228〜229.

18) Franz Rehbein, Das Leben eines Landarbeiters (1911), in: DS. S.238〜239.

19) DS. S.357. なお，ヴェーバー夫人は，若きヴェーバーが同じ無給でも試補よりも私講師のほうがましだと考えたと伝える。マリアンネ・ウェーバー，大久保和郎訳『マックス・ウェーバー』Ⅰ，みすず書房，1963 年，130 頁。官僚育成制度については改革をめぐる紆余曲折の動きがあった。結局，1906 年に施行された制度では，3 年間の研修期間と経済学・国家学の専門知識を必須と規定し，裁判所での研修を 1 年間に短縮する一方，官庁での試補活動を 3 年間に延長した。いずれにしても，高級官僚が民政の実務を担当する時には 30 歳前後とならざるをえず，彼らの視野は限られた性質のものとなった。というのも，官庁は高級官僚の多くが法学博士号を誇示する（なんと壮観な光景！）カースト社会となっていたからである。ビスマルク時代に国務長官 23 人中の 5 人，参事官 167 人中の 26 人が法学博士であった。ヴィルヘルム時代の 1895 年，帝国官庁における高級官僚の学位取得率は，参事官が 4 分の 1（113 人中の 30 人），司法官の半分，外交官と内務官の 3 分の 1，財務官・海事官・鉄道官の 4 分の 1 であった。John C. G. Röhl, Beamtenpolitik im Wilhelminischen Deutschland, in: Das kaiserliche Deutschland (Hrsg. von Michael Stürmer), Berlin 1977, S.289f, 308

(Anm. 15).

20) Max Weber, Agrarstatistische und sozialpolitische Betrachtungen zur Fideikommißfrage in Preußen (1904), in: Gesammelte Aufsätze zur Soziologie und Sozialpolitik.1924. S.389 ff. このヴェーバー論文についてはモムゼンの前掲訳書 I ，189 頁以下を参照。

21) DS. S.226.

22) John L. Snell, The Democratic Movement, p.229. プロイセン地方貴族の多くが地元のプロイセン行政の要職に就いた点に示されるように，できるかぎり多数のプロイセン官職を保守的な貴族で充当することが統治策の原則とされた。プロイセン高官に占める貴族の比率（1891 年）は，郡長（Landrat）の 6 割強，県知事（Regierungsprasident）の 7 割強，州長官（Oberpräsident）の 6 割強，警察署長（Polizeipräsident）の 8 割強であり，20 世紀になってもほぼその高率を保った。他方，ベルリーン中央官庁の高官中の貴族比率（外務省を除く）は，1867～90 年間で 11 パーセント（26 参事官中の 14 人），1895 年の高官中の 13 パーセントと低率で，彼ら地方貴族層の国政レベルに進出する意欲が薄かったことを示している。John C. G. Röhl, Beamtenpolitik, a. a. O., S. 302. ただし，諸悪の根源をプロイセンとする見方については，第二次世界大戦の経験に影響された「歴史の誤解」とするのはモムゼンである。彼は 1860 年代以前のプロイセンを「非常な近代国家」とみなす必要があると説くとともに，少なくともヴィルヘルム時代の膨張主義政策は新興中産階級の責任であるという歴史解釈をとる。Wolfgang J. Mommsen, The Prussian conception of the state and the German idea of Empire: in Imperial Germany, p.141ff.

23) Hellmut von Gerlach, Von Rechts nach Links (1937), in: GHS. p.52. John L. Snell, ibid., p.376. Sozialgeschichtliches Arbeiterbuch, S.43.

24) 中村貞二『マックス・ヴェーバー研究』未来社，1972 年，230 頁。モムゼンの前掲訳書 I ，113 頁を参照。

25) Sozialgeschichtliches Arbeiterbuch, S.143, 165.

26) Hans Kohn, The Mind of Germany, p.175～6.

27) ラインハルト・リュールップ「ルートヴィッヒ・クヴィッデ」, ドイツ現代史研究会訳『ドイツの歴史家 第3巻』未来社, 1973年, 106頁以下。John L. Snell, The Democratic Mo-vement, p.321. なお, クヴィッデは「皇帝侮辱罪」に問われることがなかったものの, ドイツ歴史学会から縁を切られた。平和運動家として進歩人民党やドイツ平和協会で活動した功績で1927年にノーベル平和賞を受賞した。

28) 新保良明『ローマ帝国愚帝列伝』講談社, 2000年, 60頁以下。

29) 義井博『カイザー』清水書院, 1976年, 59頁以下, 69頁以下, 93頁以下。

30) ニコラウス・ゾンバルト, 田村和彦訳『男性同盟と母権制神話』法政大学出版局, 1994年, 38頁以下。なお, 星乃治彦 (『男たちの帝国』岩波書店, 2006年) は, この男性同盟の動きについて, 世紀転換期における権威主義の守勢が現れたものとみている (同上, 85頁)。

31) Gerhard A.Ritter (hrsg.), Das Deutsche Kaiserreich 1871-1914, S.10. Anm.

32) 田村信一によれば, 関税法案と艦隊政策を機軸とする結集政策 (1897年) は近代ドイツ史上「最大の転回点のひとつ」であった。『ドイツ経済政策思想史研究』未来社, 1985年。

33) Wolfgang J. Mommsen, The causes and objectives of German imperialism before 1914,and The latent crisis of the Wilhelmine Empire: in Imperial Germany, p.80ff, 147ff.

34) Gerd Kurmeich, Die Resonanz der Dreyfus-Affare im Deutschen Reich,in: IDK. S.30.

35) John L.Snell, The Democratic Movement, p.330.

36) 星乃治彦「国民づくり・男づくりと軍隊・宮廷―ホモソーシャルの展開」, 姫岡とし子＋川越修＝編『ドイツ近現代ジェンダー史入門』青木書店, 2009年, 276頁以下。

37) この法案の内容と審議経過は次に詳しい。カール・エーリヒ・ボルン, 鎌田武治訳『ビスマルク後の国家と社会政策』法政大学出版局, 1973年, 313頁以下。1905年のドイツ帝国内には300万人のポーランド人が在住し, ルール炭鉱労働者の3分の1が外国語を使っていた。

38) James J. Sheehan, The Career of Lujo Brentano, The University of Chicago Press 1966, p.168〜170.

39) John L.Snell, The Democratic amovement, p.343.

40) Vorstand der Sozialdemokratischen Partei (Hrsg.), Handbuch für sozialdemokratische Wähler: Der Reichstag 1907-1911 (1911), ih: GHS. P.20〜21.

41) ディーター・ラフによれば, 自由主義左派でさえ責任内閣成立への見通しをもっていなかったという (松本彰・芝野由和・清水正義訳『ドイツ近現代史』シュプリンガー・フェアラーク東京, 1990年, 198頁)。成瀬治は, この事件やビューロー失脚を契機に議会主義統治へ進展したとみている (前掲『ドイツ現代史』, 164頁)。ヒュルゼン=ヘーゼラー伯爵の死については, 星乃治彦『男たちの帝国』, 57頁。

42) John L. Snell, The Democratic Movement, p.346〜350.

43) マリアンネ・ウェーバー『マックス・ウェーバー』II, 309頁。

44) フリードリヒ・ナウマン宛の手紙 (1908年11月5日付)。嘉目克彦訳「政治書簡」,『政治論集2』, 624〜5頁。Eduard Baumgarten, Max Weber, Werk und Person, S.488〜9. なお, ヴェーバーの「個人統治」への軽蔑感はゴーロ・マンも引用している (上原和夫訳『近代ドイツ史2』みすず書房, 1977年, 32〜33頁)。ただし, 同所で引用されているヴェーバーの文面 (1906年12月14日付) は, ドイツ統治の無様さに憤慨する愛国者のものというよりも, ナウマンが「個人統治」の舞台裏で「議会の官職授与権」の「砂糖菓子」をむさぼる中央党を選挙戦で批判するよう忠告する点に重きがあった。同上『政治論集2』, 620頁。

45)「予算審議のエキスパート」と評されるリヒターの立場については, 労災保険法と植民地政策に関する1880年代の発言が次で紹介されている。大

内宏一『ビスマルク時代のドイツ自由主義』彩流社, 2014 年, 152 頁以下, 180 頁以下.

46) Sozialgeschichtliches Arbeiterbuch, S.175.

47) G. A. Ritter, Das Deutsche Kaiserreich 1871-1914, S.314〜315.

48) ibid. S.21〜22, 311〜312.

49) モムゼンは自由主義派の立場を 4 つに区分している。①いかなる植民地政策も拒否する「急進自由主義原理派」、②領土獲得を不経済とするものの、海外貿易と輸出政策は是認する「プラグマティクな自由主義確信派」、③海外への拡大を国内の制度改革への足掛かりとみなす「自由帝国主義派」、④世界政策の展開をブルジョア諸集団の再結集政策とする「現実政治的自由主義派」である。これは自由思想家人民党から国民自由党までの四分五裂した自由主義派を理念型で分類したものといえる。Wolfgang J. Mommsen, Wanderungen der liberalen Idee im Zeitalter des Imperialismus, in: Liberalismus und imperialistischer Staat,1975 Göttingen, S.121〜124.

50) Wolfgang J. Mommsen, The latent crisis of the Wilhelmine Empire, op.cit., p.152ff.

51) 深井智朗『プロテスタンティズム』中公新書, 2017 年, 125 頁以下。なお, 橋川文三『明治の栄光』(ちくま学芸文庫, 2007 年) は『沈黙の塔』『食堂』も含めた鷗外の作品を「大逆事件における深刻な自己批判のあらわれ」と曖昧に評する (470 頁)。

52) 山崎一穎『森鷗外 国家と作家の狭間で』新日本出版社, 2012 年, 110 頁以下。唐木順三「現代史への試み」(1949 年) は, 唐木は, 山県有朋のブレーンとして椿山荘や歌会に出入りした鷗外の立場にもとづいて, その論説が「安易な人為性」であったため, まもなく鷗外は歴史に規範と権威を求めることになったと指摘している (『唐木順三ライブラリー』中公選書, 2013 年, 120 頁)。

53) 山崎國紀編『森鷗外を学ぶ人のため』世界思想社, 1994 年, 274 頁以下。

54) 秦豊吉訳『西部戦線異状無し』新潮文庫, 230〜3 頁。GHS. p.32〜33.

55）ジョージ・L・モッセ，細谷実・小玉亮子・海妻径子訳『男のイメージ』作品社，2005年，178〜9頁。

56) Emil Ludwig, Hindenburg und die Sage der deutschen Republik (1935), in: GHS. p.22〜24.

第3章 | 生活苦にあえぐ大都市住民

20世紀初頭の労働者家族
（ハンブルク）［88頁］

1. 帝都の貧民街

　工業化の進展は人口移動を加速させ，都市とその周辺は人口密集地となった。帝政初期の地方都市に流入した人々は農村とのつながりを色濃く残したままであったが，諸種の主力産業や特定のサーヴィス機能を備えた大都市ほど定住者の新規流入が目立った。1870年から1910年の30年間でハンブルクは29万から93万へ，82万のベルリーンは200万都市へと，住民数は膨れ上がった[1]。主要大都市の人口はおよそ3～4倍増となり，そこへ流入した人々を濃密な住宅地に吸収していった。写真で見るベルリーンの住宅地は，兵隊の宿舎のように整然と立ち並び，美しいファサードで飾られているが，狭い通路から奥に進むと，狭い中庭から風通しの悪い裏長屋が圧迫するように迫ってきて，まるで監獄のなかに入り込んだ心地がしたという。その兵舎（Kaserne）が立ち並んだような賃貸（Miete）アパートは「ミーツカゼルネ（Mietskaserne）」と呼ばれて，下層労働者街の代名詞となった[2]。

　帝政期にベルリーンを壮麗な首都とするため，政府はメインストリートを拡充し建物の高さを規制する都市政策を実施した。そのため，同じ高さで中庭付きのアパートが建てられた。さらにベルリーン郊外にもその規制は広げられた結果，貧弱な交通システムとあいまって，多くの地区では殺風景なアパートが立ち並び，その過密な居住空間のなかで人々は暮らさざるをえなかった。帝国建設期のベルリーン市民の生活実態調査に関するレポートによれば，最初の国勢調査（1861年）が首都の悲惨な住宅環境，特に工業中心地周辺に広がる労働者地区のそれを明るみに出した。人口の10分の1，4万8326人が地階に住み，住居総数約10万5811戸の半分，5万1909戸が暖房可能な1部屋だけに平均4.3人住んでいた。約2万7600人が7人部屋に，1万8400人が8人部屋に，1万700人が9人部屋に住んだ。1871年の住宅統計によっても事態は改善されず，大半のベルリーン人が小部屋と台所の付いた小規模住居に平均7人住んでいた。その結果，ベットだけ賃借する宿泊人制度（Schlafgängerwesen）が広まった。1871年には約4万5千の家族が賃借

ベッドを貸し出し,ベッドを賃借する男性が約6万人,女性が約1.8万人いたという[3]。

このような工場労働者家族の「身の毛もよだつ実例」については,社会民主党指導者アウグスト・ベーベル(1840〜1913年)の『婦人論』(1879年に第1版)が確かな観察と統計資料にもとづいて詳細に記すところであった。家族全員が工場または家内での労働へ追いやられ,とくに母親にしわ寄せが行くため,いかに幼児の心身を損なうことになるか,ベーベルは全身の怒りを込めて近代資本主義のメカニズムを糾弾する。「赤ん坊は静かにさせておくためにアヘン剤を飲まされる。その結果が,大量の死亡であり,病気,発育不全である。子供たちはしばしば,母や父のほんとうの愛を知らずに育ち,またかれら自身,真の意味での親としての愛を感じることもない。プロレタリアートはこのして生まれ,生活し,そして死ぬ[4]。」

工場労働者と農民の間に,衣服類や下着,おもちゃや家庭用品などを下請け製造する零細な家内労働者がいた。ベーベルはそこでの女性労働がもっとも劣悪だという。「考えうる限りの最小空間にぎっしり詰め込まれた夫婦と家族,手伝いの男女が,仕事くずのまっただなか,ひどい湿気と臭気のなかで生活し,最低限の清潔さすら欠けている。寝室も居間や仕事場と同様ひどい。たいていは換気も何もない暗い穴ぐらで,もしここに寝泊まりさせられるひとびとの一部だけがここに眠るのだとしても,それだけでも健康上重大な問題である[5]。」

ベーベルの記述を裏書きするように,前記のレポートは帝国創設間もない頃のベルリーン労働者の居住環境の悪さをこう伝えている。

F.「兵舎アパート」に住むベルリーン民衆(1871年)

> ほぼ12万のベルリーン人が地下室に暮らしているが,その地下室のうち9万は健康を直接害するほど深くにある,と『ノイエ・ゾツィアルデモクラート』は報じた。現有住居の大部分は完全に老朽化していた。つまり,多くが古くなり,居住空間がさらに狭められ,長く事業目的にも利用されたからである。それらは住居としてはもや賃借させられないので,いまでは手工業の親方・準親方用の仕事場に貸し出されている。特

> に悪名高いのが仕立屋業であった。狭く低い室内で10人，時には20人の「肺病病み」（結核患者）がすし詰め状態で働き，室内は光が乏しく，その空気はひどく，常に熱せられた「電気プレス機」でさらに耐え難くされた。
> 1871年7月の仕立屋ストライキ同盟の大会において，ぞっとするような状態が明るみにだされた。すなわち，「以前はウンター・デン・リンデンの，今はドローテンシュトラーセの宮廷仕立屋」についての苦情が申し立てられたのである。「彼らは仕事場をもっているが，そこでは直立して立つことすらできないのだ」，と。

2. 帝国創建直後のバリケード戦

　帝国樹立まもなくの1872年7月25日から27日にかけて，首都ベルリーンの大通りは騒然となった。バリケードを築いたのは，街路隅の荷車やシュプレー川岸の小船を借り宿とする浮浪者の一団であった。前年の調査で，首都の浮浪者総数は1万600人とされたが，ある家具職人が住まいから追い立てをくらったことが，彼らの憤懣に火をつけたようである。約600人の警官が動員されて騒動を鎮圧したものの，さらにポツダム駐屯軍にも出動準備命令が下されていた。待機中の将校の1人であったヴュルテンブルク王は，「万一の場合，住む家のない民衆と，一部は対仏戦争から帰った戦友と戦うのかと思うとぞっとした」，と大戦中に語ったという。この言葉を直接耳にした経済学者のダマシュケ（1865～1935年）は，半世紀も前のドイツ帝国創建時代について，ディズレーリ（1804～81年）の言葉を借りてこう表現している[6]。「我が民族は益々2つの国民に分解し，それぞれが異なる世界観・国家観によって切り離され，異なる祭典を祝い，異なる理想を抱いた。そして裂け目は日を追うごとに大きくなった」，と。
　ヴァイマル時代初期の回想であるので，ドイツ革命から1923年のハイパーインフレ期にかけけての状況認識と重なっているかと思われる。とはいえ，この回想は階級社会ドイツ帝国の亀裂を率直に語るものとみ

てよいだろう。事態を放置できなくなったプロイセン政府は，1891年に各自治体が住宅問題に対処すべきことを義務づけたが，住居は市場原理に委ねられたままであった。帝政期における典型的な労働者家族用の賃貸住居は，上述のような1部屋ないし2部屋からなる狭いタイプのままであった。1905年の調査でも6割から8割がそのタイプであった。「賃貸兵舎都市」ベルリーンの「近代的居住化」は1920年代になってのことである[7]。

3. 劣悪な女性労働を糾弾するリリー・ブラウン

　ところで，このような近代の都市市民家族の日常生活に目を向けると，そこでは一般に性別役割分担意識が強かったといわれる。夫が外で働いて収入を得て，妻が家庭に残って家族の世話にあたるタイプである。この近代家族形態は18世紀後半からドイツ市民層に定着し，女性の生活領域を「台所・子供・教会（Küche, Kinder, Kirche）」の3Kに限定することになった。しかし，工業化に伴う社会変動の波は，帝政期の1世代が経過するなかで女性就業者の数を，1882年の550万人から1907年の940万人へと倍増させた。労働者や下層市民層にとって「女性が労働する」ことは死活問題であった。母親が夫から経済的に自立し平等な関係を築くという，ベーベルが説く未来の社会主義的な女性像よりも，現にある「働かなくてよい」ブルジョア家庭の主婦の姿のほうが憧れのまとであった。つまり，彼女らは「身体労働の蔑視」にどっぷりつかる生活環境に生きていたのである[8]。

　19世紀における女性労働の階層差について，今日ではその実状が具体的に知られるようになった[9]。その実態を報告した『婦人問題』(1901年)はその先駆けである。その著者リリー・ブラウン（1865～1916年）は，旧姓をフォン・クレッチマンといい，祖母はジェローム・ナポレオンの私生児であった。彼女は将軍の娘として王侯貴族の子弟と一緒に育ち，舞踏や乗馬を楽しみ，パーティに明け暮れた。しかし，この典型的

な社交界の花形は，女性の就労がその解放につながると考え，1890年代初めに社会民主党に入党して急進的なフェミニストとなった。とはいえ，彼女は社会民主党内では，特に主流派のクララ・ツェトキン（1857～1933年）からはその「修正主義」を非難されたように，「アウトサイダー」的存在であった。彼女は遠い将来における理想の実現よりも，女性労働のいますぐの改革を求めたからである。たとえば彼女は，「兵舎アパート」群のなかに中央調理場や遊び場を作り，子供たちを調理師や保育士に委託して家事負担を軽くする仕組みのような，実践的で具体的な提案を行った。だがそれは，長期的な経済発展のなかに婦人解放を位置付ける原理主義的発想とは相いれなかった[10]。

リリー・ブラウンの『婦人問題』が出版された当時は，ブルジョア女性が職に就かないことがその誇りとされていた。教師の仕事は専門職として認知されなかったものの，女性教師の仕事は，有産市民層の女性が体面を保てた数少ない職業のひとつであったので，その数は1900年に2.2万人以上（男性教師の7分の1）に達し，その後も増え続けた。男性教師主体のドイツ教員連盟（1872年創立）が給与改善や雑務からの解放，身分向上を訴えたのに対して，独身の多かった女性教師の多くは，初等・中等学校の区別なく全ドイツ女性教員連盟（1890年創立）に加入し，宗派系女性教員連盟と競い合いながら相互扶助をはかった。ようやく1879年のプロイセン教員給与令によって最低給与額（見習い教員を除く）が900～1800マルクと規定されたものの，その地位の明確な基準はなく，男性教師よりも少ない薄給に甘んじざるをえなかった[11]。

リリー・ブラウンは女性教師の窮状を克明に調査し，次の具体的な数字をもって世論の喚起に努めた。大都市の年間生活費に最低1500マルクを必要としたのに，1200マルク程度，さらには900マルク以下の私立女学校教師，なかには縫い子と同額の300～400マルクの給料でしかない女教師もいるというのであった[12]。比較のためベルリーンの熟練工（4人家族）の標準的家計を示すならば，月額収入は1300マルクと設定されている（1907年）。このなかから食費735マルク（6割弱），家賃210マルク，光熱費55マルク，衣服110マルクを支出するが，その他

に税金・保険料・医療費・教育費などを年190マルク支払わねばならない。劇場通いや書籍購入など娯楽・教養への出費は考えられない家計である[13]。こうした民衆の家計事情に暗い有産市民層の女性に向かって，リリー・ブラウンは彼女らの「働くことへの嫌悪感」を少しでも無くそうと努めたのである。家事奉公人の就労事情をリアルに伝える以下の文には，「働くこと」の意味を取り戻そうと努めたリリー・ブラウンの熱い思いがこめられている。

G. 家事奉公人の就労事情（1901年）

　奉公人の差配はもっぱら私的な斡旋人の手に握られています。プロイセンの公的調査によって，ここだけで5216人の就業斡旋人がいて，そのうち3931人が女性，ほぼ8分の1に前科があることがわかり，家事奉公人の運命を手中にする人々の性格が明るみに出されました。もちろん，彼女たちを最大限絞り取ることが斡旋人の利益です。家事奉公人たちはどの勤め口でも一定の額——ドイツでは50ペニッヒから3マルクまで——を，あるいは年収の歩合——しばしば1割まで——を支払わねばなりません。大都市の家事奉公人は平均して年2回奉公先を取り替えますので，その場合は，より有利な勤め先に見合う金額が集められます。ウィーンだけで1892年に19万2831フローリンが斡旋人事務所で徴収されました。この天引きに貧しい娘たちは耐えなければならなかったのですが，それだけではありません。斡旋人の女は，勤め口のないときの彼女たちに費用と住まいをあてがうの普通でした。というのも，斡旋人の女はその賃借人を仕事先の選択に際して優先することで，娘たちにひどい圧力を加えて，可能なかぎり長く自分の手元に引き留めておくことができたからです。農村から都市にやってきた，不慣れな娘たちはいつも斡旋人の獲物です。そして斡旋人たちは娘たちをお世辞で，多分ホームパーティー——その場合，当然娘たちは飲食代を払わなければなりません——でも引きつけられと知っているので，これらのクモの巣はいつも貧しいコバエでいっぱいです。大都市賃借人の待ち合い室を一瞥すれば，見ようとする者には，まったく悲惨な奉公人の暮らしがしばしば一挙に露になります。そこには娘たちが群がっていて，その前に値踏みする「だんな様たち」がいて，まるで予審判事のような目付きでじろじろ見て質問する。——なんとひどい奴隷市場！そのうえドイツとオーストリアの娘たちは，生徒が成績表を出すように勤務評定簿を出して見せま

> すが，それは彼女たちの全経歴を写し出し，すべてを推測して察知させる判断を含んでいるのです。家事奉公人が自分のほうから，待ち受ける労働条件を尋ねようとすることは，厚かましく恥知らずなこととされています。家事奉公人が自分にとって切実な物事を知ることは，反対尋問を受ける人と同じくらいの利害関心事であるというのに。

4. 苛酷な家事労働負担

　リリー・ブラウンの『婦人問題』はドイツ民法典の施行年に出版された。同法は，夫婦間での意見齟齬や妻の財産の管理と用益に関する夫の決定権を認めたり，父権に代わる親権においても父親の意見を優先するなど，相変わらず家父長的原理で構成されていた。しかし，既婚女性に完全な行為能力——婚姻締結と遺言作成における証人，契約締結の主体，後見の拒否などの権利——を承認し，妻が自己の労務と営業による取得物を管理・処分する権利をもつとし，さらに，家事管理（die Schlüsselgewalt）をもっぱら妻の権限とするなど，一定の改善をはかっていた[14]。たしかに，消費生活の拡大に伴って市民家族の家計は生産機能を失って消費機能に特化する一方，市民が奉公人を保有することは余裕のある所帯に限られたし，奉公人の存在は市民身分の優越性を示すという意味合いを強めていた。とはいえ，およそ125万人の奉公人が100万所帯で召し抱えられ，長時間の労働拘束や不健康な寝室，雇い主による不名誉な扱いや性的虐待にさらされる状態に変わりがなかった[15]。主人が全労働時間を買い占めるのが奴隷の特質であれば，家事奉公人制度はまさに奴隷労働そのものだ，というのがリリー・ブラウンの結論だったのである。

　奉公人の家事労働と並んで児童の家内労働も，よく見かけられる代表的な下層民の職種であった。人形作りや金属おもちゃ業では5，6歳からの子どもの補助働きを必要とした[16]。その年齢に達する前の幼児は，夫婦にとって労働力以前の，生活苦を増すだけのやっかいな存在であった。次の記述は，『婦人問題』と同時期の労働者階級の生活苦について，

客観的現象としてではなくて，ベルリーン労働者が被った人間的悲惨さをリアルを報告して世論に訴えた，『ベルリーン労働者階級の社会状況』に掲載された記事（1879年）である[17]。それは幼児死亡の責任を問われた母親の裁判事例である。

H. ある幼児死亡事件とその判決（1879年）

> 第一地方裁判所の第二刑事部の被告席に，不注意からその子供を死亡させた罪に問われた大工の妻，K. D. が座っていた。彼女は陰鬱な労働者の暮らしぶりについて，次のような光景をありありと語った。「私は現存する，10歳を最年長とする6人の子供たちの母親です。夫とその父と一緒に新しい人たちを部屋と台所付きの住まいに同居させねばなりませんでした。夫婦とも重労働しなければならず，楽しい夕餉の後に就寝するのが常でした。しかし私は住まいと6人の子供をきちんとしようとすれば，朝から晩までおびただしい量の仕事をこなさなければなりません。［1879年］1月17日の朝，私はいつものように3時に起きました。2人の男たちは早く仕事に出掛けるので，その前にコーヒーを飲ませなければなりません。私は台所で水を暖めて，そのぬるい水をバケツに入れて部屋に運びました。生後8週の幼児をお湯につからせようとしたからです。私はバケツを脇において，前もって幼児に食べ物を与えるため，ベッドの角に寄り掛かった。私がその時失神したのか，それとも過労で眠りこけたのか，それは分かりません。」突然彼女はびっくりして，胸に抱いていた幼児がいないのに気づいた。彼女はぎょっとして，タライの中に頭を横たえた幼児の小さな体をのぞきこんだ。幼児は力なく垂れ下がった腕から滑り落ちて，バケツの中に落下した。無意識のうちに，母親は幼児を引き上げ，寝ている夫を起こして，そのベッドの側に置いた。それから彼女は近くに住む医者のところに急いだ——その医者は来るのを断った。2番目の医者が彼女の叫びに応じたが，その医者がおこなった蘇生術は効果がなかった。専門家の鑑定で，幼児は窒息死と判断された。検事は，許される最低限の量刑である過失罪——禁固1日——を求刑した。法廷は被告を無罪と判決した。裁判長はこう解説した。外の労働で疲労困憊となった被告のような婦人が現下の状況で睡眠に打ち勝てなかったことを，過失とみなすことはできない，と。

5. 世紀転換期における労働環境

　官憲国家の司法当局にも恩情があったと読むべきなのか，判断に迷うところであるが，この事件が起きた頃の労働者はどのような法的規制下におかれていたのだろうか。1891年6月1日に施行された帝国営業条例（Reichsgewerbeordnung）の概要を記しておこう[18]。それは皇帝の「もっとも重要な社会政策顧問」のプロイセン商務長官ハンス・ヘルマン・フォン・ベルレープシュ（1843〜1926年）の手になる法律改定であった。彼は労働者保護よりもその同権化に理解があり，すでに前年7月に労働争議審議会設置法を帝国議会で成立させていた。営業条例の労働者保護規定によれば，日曜日と休日の労働（商業は最高5時間に制限）及び女性と少年（13歳以下）の夜間労働は禁止，16歳以下の女性の労働時間は最高11時間まで，16歳未満の少年の労働時間は最高10時間までなどとされた。また労働者の生命と健康を守るため照明・換気など工場環境の整備が義務づけられた。ただし，すでに各地で宗教的理由から日曜労働は廃止ないし制限され，女性の坑内労働や少年の夜間労働も禁止されていて，目新しいものは連邦参議院に健康有害な労働と認定する権限を与えた点であった。したがって，この改正法は工場経営者側に「漸次的な修正」を求める性質のものであった。工場所有者は依然としてロックアウト権を認められ，ストライキ参加者を解雇できたのである。皇帝が労働者に法律厳守を求めていたことをうけて，政府も労働者が団結権をふりかざすことに警告を発し，労働者の団結権をきびしく制限した。営業条例第153条によれば，脅迫または名誉棄損によりストライキに参加するよう他人に促す者を3カ月未満の懲役に課すことができた。つまり，未組織者とストライキ参加意志のない者は彼らの仲間の強制から守られるべきだというのである。団結権より団体強制からの保護を優越させる規定は，労働組合運動に大きな痛手となった[19]。

　「あるストライキ参加者が就労希望者（スト破り）に向かって，スト参加を拒むなら彼女とダンスできないぞ」と言ったら，その発言だけで処罰される，と過去の大会発言を引きながら，営業条例の規定は臆病者

を保護する「老婆のための法律」だと蔑んだのは，社会政策学会マンハイム大会（1905年）の壇上に立ったマックス・ヴェーバーである。彼にとって，労働組合固有の価値は労働者に自立を促す学校だという点にあり，「政党の俗物根性に対立して理想主義を堅持する唯一の存在」と考えられた。解雇通告の脅しで労働者の団結を妨害できるという，一方的に雇用者に有利な法規定はフェアではなく，階級対立を国家的仲裁機関によって緩和するよりも，当事者間で公然と賃金闘争で調停すること，これが自由主義的な社会改良主義者の見解であった[20]。ようやく団結権と労働組合の独立した地位を積極的に認めたのは1908年の新結社法であった。それはビューローのブロック政治と自由主義派との妥協の産物であった。公開の集会でドイツ語使用を強制されるという問題を残したものの，同法の第1条は，すべての帝国臣民に「刑法に抵触しない目的のために結社を結成し，集会する」権利を認めた。結社と集会から女性と少年を排除する措置はもはや時宜に適したものではないとされたのである[21]。

新結社法が審議された1907年末から9年末にかけてドイツ経済は景気後退にみまわれ，その後に景気は再び上向きとなった。この激しい景気変動のなかで労働争議の件数が増加したが，その約3分の2は労働争議審議会の仲裁によって平穏裡に解決した[22]。この状況下に労働組合の組織化は進んだ。社会民主党系の「自由労働組合」は，1877年に4万9千人，1891年には27.7万人だった組合員数を，1913年には254万8763人——そのうち女性組合員は約23万人（9パーセント）——へと伸ばした。同年の進歩党系「ヒルシュ＝ドゥンカー組合」は約10.7万人，中央党系「キリスト教組合」は約34.2万人，国民自由党系の国民的労働組合中央委員会は28.1万人である。「黄色組合」も労働組合の中に加えると，労働組合員の総数は370万人となり，社会民主党系「自由労働組合」に所属した労働者はその68パーセントを占める。その工業労働者中に占める比率は26パーセントであった[23]。

1907年の就業者調査によれば，総就業者3149.7万人中，女性は1128.5万人（35.8パーセント）を占め，1882年よりも5ポイント上昇

している。農業，工業，商業・運輸関係者中の自営業総数は549万人であり，そのうち女性は1052万人（19パーセント）で1882年とほぼ同じであるが，職員の16万人（12.4パーセント）は25年前の1.1万人（3.7パーセント）と比べると激増したといってよい。手工業従業者を含む女性の工場労働者は156.3万人（18.2パーセント），25年前の54.5万人（13.3パーセント）の3倍増である。伝統的な家内サービス業従業者173.6万人は9割が女性であり，さほど変動がない。行政と軍隊関係者，自由業を含めた就業者総数でみても，女性は949.3万人（33.8パーセント）を占める。1910年の総人口は6492.6万人である。その内の女性は3288.5万人，その約3割が働いていた計算になる。ブルジョア家庭の女性も，働ける場が限られていたというものの，彼女らも含めておよそ労働可能な女性は，自分の仕事場か，あるいは農場や工場，商店や飲食店，上層ブルジョアの家庭や役所，学校で働き口をみつけ，給与を得ていたいたと思われる。他方，従業員50人以上の企業で働く工業労働者は42.4パーセント，約364万人に達していた。男女の補助労働者数を差し引けば，大企業で働く男性の熟練労働者は約300万人程度と推測される[24]。

6. 社会民主党のネットワーク網と底辺労働者

ところで，社会民主党は1912年の帝国議会選挙で110名の議員を擁する大政党にのしあがった。すでに1906年に議員滞在費の支給が決定されて，社会民主党議員の議会活動に好都合となった。元来それは社会民主党議員の出席を困難にする目的で支給されなかった由来のものであるが，日当支給がないことは全党議員の出席を常ならなくして，立法作業に支障がでる結果となっていたのである[25]。しかし，社会民主党の場合，階級闘争と革命の教理から一切の政権参加は拒まれていたから，なんらかの重要法案には反対票を投じ続けた。その結果，常に百前後の議席を有する中央党が法案成立のキャスティングボートを握る政治状況が生じた。中央党は高級官僚に影響力を与えて政治責任を引き受けるより

も，官僚機構の下部ポスト（「砂糖菓子」）の人事に関心を強めた。つまり，社会民主党の勢力拡大は，結果として中央党を日和見の姿勢と利権獲得に走らせただけだったのである[26]。とはいえ，社会民主党の議会勢力は，各市町村で自発的に結成された各種の文化・教育ネットワークを通じて下支えされた，大きな政治的存在であることには間違いなかった。これらの地域に根差した体操・合唱・自転車・ハイキングなどの協会組織は，最初は弾圧を回避する隠れ蓑として結成されたが，世紀末には独自の「労働者の協会文化（Vereinskultur）」を作り出すまでに成長した[27]。これらの活動に参加した組合員も，既存体制の中で雇用者側から賃金・労働時間などで譲歩を引き出す役割をはたすようになった。

「自由労働組合」メンバーすべてが社会民主党員であったわけではない。労働組合員中にどの程度社会民主党員がいたのか，この点については次のように推定される。1913年の党員数は108万5905人がすべて労働組合に所属したならば，その比率は42パーセントである。だがそれはありえないので，1900年のシュトゥットガルトの事例研究を参考にすると，自由労働組合員の約30パーセントが社会民主党員であり，同地の党員の70パーセントを構成した。したがって，1913年の労働組合員254万8763人の30パーセント，76万4629人が社会民主党員と推測される。党員108万5905人中の比率は70.4パーセントであり，ほぼシュトゥットガルトと同比率である[28]。つまり，大戦直前に約70万人の社会民主党員——おそらく大半が男性の熟練労働者——が自由労働組合に所属し，その他に地元の体操クラブや合唱団などの文化サークルに所属して活動したと思われる。

　自由労働組合の連合体は，1890年に設立されたドイツ労働組合総同盟——当時の組合員は約30万，58団体——の傘下にあり，その議長カール・レギーン（1861～1920年）の指導下におかれた。マリーエンブルク（東プロイセン）生まれのレギーンは孤児院で育ち，家具職人として徒弟修行してから組合専従となった。その後に社会民主党に入党し，1893年に帝国議会に選出されたものの，彼は組合活動に専念したように，彼の関心はもっぱらドイツ労働組合総同盟にあり，「組織がす

べてだ！」をモットーとした[29]。成立当初は社会民主党の指導下にあったものの，総同盟はレギーンが指導権を握るなかで，次第に経済闘争を中心とする改良主義的方針を鮮明にしていった。その趨勢は組織拡大に伴う事務処理の増大と専従役員化に支えられた。いわゆる労働官僚層の台頭であり，専門職意識の発生である[30]。第一次ロシア革命の知らせが届くなかで開かれた1905年のイエナ党大会は，同党が「議会主義の虜」になった事態を露呈した。ローザ・ルクセンブルク（1870～1919年）は党指導部と組合指導部の合法性路線に対して，直ちに『大衆ストライキ，党および労働組合』で反撃した。「あらかじめ合法性の枠の中に閉じこめてしまったゼネラル・ストライキとは，敵の面前で弾薬をすべて水中に投じてしまったうえで大砲を誇示するようなものである[31]」，と。

　ところで，ヴィルヘルム時代の労働者階級全体が社会民主党の統制下にあったわけではない点も，視野に入れる必要がある。自然発生的なストライキが度々決行されたが，その背後には，労働組合運動にも掬いとられない下層労働者の，体制から疎外された人々，「ルンペンプロレタリアート（Lumpenproletariat）」と呼ばれた底辺または未組織の労働者の厚い層があった。彼らはしばしば法律に逆らったり，または乱暴で犯罪的，異常で不道徳と見られる行動——品物のくすねとり，蒸留酒の持ち込み，作業場でのサボタージュなど——をとった。1889年，1905年，1912年の3大ゼネストは1カ月も続いた。一般的に賃金や労働時間をめぐって数多くの小規模争議が発生した。1910年にはほぼ70万人の労働者が3千件以上のストライキを敢行し，しかもその多くは自然発生的な性格をもっていた。1914年には100万人以上の労働者が就業拒否をおこなったが，ストライキ参加者の大多数は労働組合員ではなく，しかも社会民主党員でもなかった[32]。

　次の資料は，こうした未組織の女工が働きづくめの一生を振り返った談話である[33]。彼女は1870年代に縫製女工として働き出した。1860年代にミシンが開発されて襟・袖の縫製労働が盛んになった流れのなかで，彼女はミシン技術を習い覚えて，補助女工も含めて100人の女工

を雇用する縫製工場で働きだした。「会社設立ブーム時代（Gründerzeit）」が過ぎ去ったため女工の給料が半減された時，彼女たちは自分たちで一致団結して集会を開き，代表を選んで主任と交渉した。当時は縫製女工の需要が多かったことが幸いして，彼女らは元の賃金を勝ち取って大喜びした。引用文は，その後に工場を辞めてからの人生である。

I. 家内縫製業で一家を支えた女工の人生（1931年）

> 私は［工場を辞めた時］1台の自家用ミシンを買い入れ，家で作業したのです。その時私は家内労働者の宿命を心底から味わいました。朝6時から夜12時まで，1時間の昼休みをはさんでずっと「ガチャガチャ踏み続け」ました。でも4時ころに起きて，住まいを片付け，食事をとりました。作業の合間少しだけ時間を見つけました。1ダース以上の襟付けを続けないように注意したからです。数分間でも節約できた時の嬉しさはなんとも言えないものでした。
>
> それから5年が過ぎました。そして若さが目立つこともなく，何か別な人生となることもなく月日が経ちました。私の周りでは多くが変わりました。私の姉が，それから兄も結婚しましたが，妹は舟遊びの時に溺れ死にました。父は年老いてもう働けませんので，私にお鉢が回ってきました。適齢期に幸せに恵まれなかった独身の娘が家族にいる時，よくあることです。つまり，その娘は全体を統括して，結局母親どころか父親でもあらねばならないのです。自分で食えない家族員たちの扶養者というわけです。私は父親を20年以上も養ってきて，いまもかなり働いていますので，部屋と台所付きの住まいを手に入れることができました。
> ————
> 私はいつも楽しかったなどとは言えません。結局私は何か別な人生を望んできました。私は時々人生が，年毎に縫製ミシンが，目の前の，1ダースずつの襟と袖がイヤになりました。人生にまったく価値がなく，労働機械（Arbeitsmaschine）でしかなく，将来の見込みがなかった。そして世間の素晴らしさを少しも見聞きしなかったし，そこからほおり出されていたのです。

【註】

1) 前掲『近代ドイツの歴史』，121～2頁。

2) 前掲『ベルリン』，190～2頁。「ミーツカゼルネ」の写真は次を参照。DEUTSCHE GESCHICHTE Bd.10, Bismarck-Reich und Wilhelmische Zeit 1871-1918, hrsg.von Heinrich Pleticha, Gütersloh 1984, S.127. 石田勇治編著『ドイツの歴史』河出書房新社，2007年，40頁。

3) Annemarie Lange, Berlin zur Zeit Bebels und Bismarcks: Zwischen Reichsgründung und Jahrhundertwende (1972), in: GHS. p.70～72. 単純労働従事者家族の家計調査統計（1909年）によれば，平均総収入1726.5マルク——工場労働者は1835.4マルク——のうち，妻133.2マルク（7.7パーセント）と子供45.8マルク（2.7パーセント）の補助収入の他に，部屋またはベッドの又貸し収入82.7マルク（4.8パーセント）を占めている。労働者と中流以下官吏の年収は，1880年以降停滞ないし減少したが，1890年代以降はかなり上昇した。1人あたりの国民所得をみると，1871年の336マルクが1913年の726マルクと増えた。年収900マルク以下の家族の割合も，1896年の75パーセントが1912年に52パーセントに縮小し，年収900～3000マルクの層が厚くなった。たしかにドイツ帝国時代は所得倍増期であった。だが，この平均的趨勢にあっても，子沢山の家庭で狭い住宅事情を考えれば，一般民衆の生活困窮が推測されるだろう。Sozialgeschichtliches Arbeitsbuch, S.95～97, 102～102, 106, 112.

4) ベーベル，伊東勉・土屋保男訳『婦人論』大月書店，1958年，155頁。訳書は1909年の50版（世紀の大ベストセラー！）による。なお，引用文は次による。I・W・ケラーマン，鳥光美緒子訳『ドイツの家族』勁草書房，1991年，137頁。

5) 同上，156頁。同上『ドイツの家族』，148頁。

6) Adolf Damaschke, Aus meinem Leben. 2 Bde. (1924/25), in: DS. S.390～392. ダマシュケ（1865～1935年）は土地改良を論じた経済学者である。

7) 前掲『ドイツ社会史』，258頁。

8) 前掲『ドイツの家族』, 123頁, 147頁。

9) たとえば, 統計資料や諸種の労働現場の具体的な事実を次で知ることができる。川越修・姫岡とし子・原田一美・若原憲和［編著］『近代を生きる女たち』未来社, 1990年。

10) Lily Braun, Die Frauenfrage.Ihre geschichtliche Entwicklung und wirtschaftliche Seite (1901), in: GHS. P.74〜75. 本書は1979年に再版された。それは歴史的記録性というよりも, 女性労働に関する主体的・客観的な事情に変化がないからであるという。越智久美子／編訳『女たちの肖像』泰流社, 1985年, 98頁。ちなみに, その夫, 社会政策家のハインリヒ・ブラウン（1854〜1927年）は党内修正主義派に属して『社会立法及び統計誌』を発行していた。この雑誌をエトガール・ヤッフェ（1866〜1921年）が買い取って『社会科学・社会政策アルヒーフ』（1904年）と看板を改め, マックス・ヴェーバーの活動舞台として提供した。前掲『マックス・ウェーバー』I, 220頁。

11) チャールズ・E・マクレランド, 望田幸男監訳『近代ドイツの専門職』晃洋書房, 1993年, 132頁以下。1896年の初等教員平均給与は, 地方で1100マルク, 都市部で1500マルク強であり, それは1908年の改革で, それぞれ2150マルク, 2300マルクに引き上げられた。専門職としての社会的地位の問題については, 1907年にギムナジウム教師の上級教員（Oberlehrer）が給与（初任給2700マルク）も含めて下級裁判官と同格と認定されたのに対して, 初等教員は「国家直属」の官吏への格上げを勝ち取れなかった。彼らには教員養成所卒者への1年志願兵制を活用して, より高い社会的地位が認められる方策が奨励された。同上, 218頁以下。

12) 原田一美「19世紀後半・20世紀初頭の女たち」, 前掲『近代を生きる女たち』, 286頁。

13) John L. Snell, The Democratic Movement, p.253.

14) ベーベル, 前掲『婦人論』, 296〜298頁。ウーテ・フレーフェルト, 若尾裕司・原田一美・姫岡とし子・山本秀行・坪郷實訳『ドイツ女性の社会史』晃洋書房, 1990年, 124頁。

15) 若尾祐司『ドイツ奉公人の社会史』ミネルヴァ書房, 1986年, 213頁

以下。1899 年と 1900 年にベルリーンで家事奉公人の抗議集会がもたれた際，リリー・ブラウンは演説者として登場した。同上，229 頁。

16）前掲『ドイツの家族』，149 頁以下。

17）Ernst Hirschberg, Die soziale Lage der arbeitenden Klassen in Berlin (1897), in: GHS. p.76〜77.

18）カール・エーリヒ・ボルン，鎌田武治訳『ビスマルク後の国家と社会政策』法政大学出版局，1973 年，141 頁以下。帝国工業法と訳されているが，営業条例のことである。

19）営業条例第 153 条は同上の 145 頁に載せられている。

20）マックス・ヴェーバー，中村貞二訳「私的大経営における労働関係によせて」，前掲『政治論集 I 』，74〜77 頁。モムゼン，前掲『マックス・ヴェーバーとドイツ政治』I ，214 頁以下。

21）ボルン，前掲『ビスマルク後の国家と社会政策』，313 頁以下。反保守の立場からブルジョア的政策を求めたヴェーバーにとって，保守・自由のブロック政治は意に添うものではなかったが，プロイセン選挙法の改正に期待してその対角線交渉を是認した。モムゼン，同上，239 頁。

22）ボルン，『ビスマルク後の国家と社会政策』，312 頁。

23）John L. Snell, The Democratic Movement, p.254〜256.

24）Sozialgeschichtliches Arbeitsbuch, S.60, 66〜67, 75. 前掲『ドイツ社会史』，46 頁以下。

25）ボルン，『ビスマルク後の国家と社会政策』，247 頁。

26）F. ハルトゥング，成瀬治・坂井栄八郎訳『ドイツ国制史』岩波書店，1980 年，402 頁以下。ハルトゥングはこの事態を「潜在的議会主義（Kryptoparlamentarismus）」と呼んでいる。

27）若尾祐司・井上茂子［編］『ドイツ文化史入門』昭和堂，2011 年，175

頁以下。なお，帝政時代の労働者文化のミリューは当初から中産階級文化の影響をうけて形成されたという。W. J.Mommsen, Culture and Politics in the Germam Empire, op.cit., p.123～124.

28) John L. Snell, The Democratic Movement, p.257.

29) ibid. p.256～257.

30) 安世舟『ドイツ社会民主党党史序説』お茶の水書房，1973年，133～5頁。

31) パウル・フレーリヒ，伊藤成彦訳『ローザ・ルクセンブルク』東邦出版，1974年，178頁以下。

32) Lynn Abrams, op.cit., p.48～49.

33) Ottilie Baader, Ein steinige Weg. Lebenserinnerungen (1931),in:DS. S.415～417.

第4章 | 「臣民」の培養装置

制服の槍騎兵将校と婦人の外出着［76頁］

1. 忠良な臣民の振る舞い方

　ハインリヒ・マン（1871〜1950年）の小説『臣民』（1911年）は，ドイツ帝国の権威社会的な雰囲気を風刺した作品である。主人公のヘスリングはひどく身勝手で意気地がなく，大勢にへつらう市民を代表する人物である。彼は苦労して大学を出て，兵役にも就いたことから，国家（皇帝）との親近感をもち，それを売り物にできた。文中で1892年2月とされる日，主人公はベルリーン市内の大通りで失業者のデモを見物に出掛け，単騎で群衆の前に乗り付けた皇帝を間近に拝顔する機会にめぐりあった[1]。

　「パンをよこせ，仕事を与えろ」と叫ぶ群衆を見やる市民のなかには，「2年前の勅令［労働者保護の二月勅令］の行きすぎだ」と，ビスマルクに対抗心を燃やす若き皇帝の勇み足を評する者や，「ユダヤ人をやっつけろ」と叫ぶ者もいる。他方で，若き皇帝の勇壮な振る舞いを「どさ回りの芝居だ」と揶揄する芸術家風の若者も登場する。主人公はこの男を引き倒し，「兵役についたことも刀傷もない奴だ」と，その暴力行為を周りに弁解する。頬ひげをはやし，鉄十字勲章をこれみよがしにさげた老紳士から「お見事！」と称賛され，主人公は鼻高々となる。そして騒動に巻き込まれた主人公は，馬上の皇帝の面前で水たまりにころげ，一瞬暴漢と見間違えられた。事情を知った皇帝は笑いながら，「忠良なる臣民（ein treuer Untertan）！」との言葉を賜るのであった。

　この状況は，ドイツ帝国初期の青春期を回想したヘスリングと同世代と思われる医師の記述と符合する。この医師は第二次世界大戦後，1880年代の学校生活の体験をつづるなかで，当時支配的であった軍人崇拝の社会風潮の一因に学校教育の影響があったと述べている。「将校は間違いなく第一身分（der erste Stand）をなしたが，しかもそれをギムナジウム教師たちから覚えこまされた。いざとなったらそれは必要となるからだ，と。」彼は幼年学校の同級生たちを訪ねたときの対応に強烈な違和感を覚えた。訪問者たちがみすぼらしい帽子をふって挨拶したのに，彼らはつばなし帽子をかぶったまま出迎え，すでに特別な上界の

人々のような傲慢な態度をとったからである。若き少尉にひじ鉄をくらわす女の子など見当たらず，将校は社会から羨望の的だった[2]。まさに「軍隊は強力な教育機関」であって，軍事訓練で培われた「機敏かつ柔軟な考え方」や「きびきびした動作と決然たる態度」は，ドイツ市民が政情判断するさいの尺度でもあった[3]。

2. 予備役将校資格の威信

　『臣民』の記述にもあるように，兵役の有無や戦功を示す勲章のみならず，学生団に所属したことを証明する決闘傷にも，社会的威信が与えられていた。すでに1880年3月の将校任用規定は，ギムナジウム卒業資格（アビトゥーア）だけでなく，実科系中等学校の卒業者にも将校受験資格を認めていた。さらに1890年3月には，「土地貴族や将校の子弟のみならず市民家系の子弟にも，陸軍の未来の担い手」を求める勅令が発せられた。軍事技術の発達に伴い，将校の基準は，貴族・大土地所有者・将校の家系といった「生まれ」から，高級官吏・弁護士・医師・商工業者といった「財産と教養ある市民層」の「知識」へと重点を移さざるをえなくなった。1870年代に2万人の将校数は，1900年に3万人へと増大したが，アビトゥーア取得者の比率が，陸海軍とも世紀末頃のおよそ3分の1から1910年には陸軍6割代，海軍8割代へと拡大した。第一次世界大戦の直前，現役将校3万3千人中の貴族比率は3割（約1万人）に低まり，しかも貴族の牙城である騎兵・野砲連隊に集中していた[4]。

　彼ら貴族将校団の伝統はドイツ社会に広く知れ渡り，将校団内でもその派閥的結束は堅かった。実際の軍事力の規模というよりも，軍事的価値が市民層に受容されている事態を示す場合，「社会的軍国主義（social militarism）」の概念が使われる。もちろん，いかなる軍事的価値か，いかなる階層かを注意深く問う必要があるものの，少なくともドイツ中産階級の一部がプロイセン将校団の行動様式を模倣したことは確かである。自弁で兵役を短縮できる「1年志願兵役制」は，予備役将校

(Reserveoffizier) の資格という社会的威信を得られたため，特に有産階級に人気があって，1914年の有資格者は約12万人を数えた[5]。当時有産階級によく読まれた予備役将校マナー本は，予備役将校の政治に関する態度として，以前は自制的態度を推賞したが，今では反国家的党派と闘うことを求めていた。「予備役将校が国家護持と国王忠誠の党派に属することは，まったく当然である。なぜならば，別の立場は軍旗への誓約と絶対に合致しないからである[6]，」と。

3. 軍服の象徴的効用

　それでは，その「社会的軍国主義」はどのように具体的な形をとって現れたのか。軍服の社会的機能に関する論文がその手掛かりを与えてくれる。引用文は，専門雑誌『社会科学・社会政策アルヒーフ』58巻(1927年)に掲載された論文「大戦前のドイツ将校団の社会学的構造とその固有なイデオロギー」の一部である[7]。著者のフランツ・カール・エンドレスは大戦前に陸軍の要職にあった高級軍人である。したがって，彼の軍服論は実体験には基づく自省的な分析といえよう。軍服の由来と合理的機能性については，ヴェルナー・ゾンバルト (1863〜1941年) が『戦争と資本主義』(1913年) のなかで詳しく論じていた。フリードリヒ大王時代に採用され，「お仕着せ (die Livree)」の語義が従僕関係を示すこと，識別の容易さと規律維持のためという合理的理由があること，あるいは大量生産・購入体制や被服組織の国家管理の可能性を広げたことが鋭く分析されている[8]。これに対してエンドレスは，ドイツ軍における軍服の常時着用義務の意味を問い，それが階級誇示的な深層意識に織り込まれた点を問題視している[9]。

J. 「第一身分」の誇示（1927年）

> 　国民大衆の地味な灰色のなかで軍服は「光沢があった。」それは輝いていただけに目立った。
> 　そのうえドイツとオーストリアでは軍服は常時着用しなければならな

かった。将校は軍服を着用する場合だけ，その存在を示せるとされたのである。（若干の例外として，「田舎に滞在する時」，スポーツ練習の場合，発病の後があった。）英仏で軍服は職務のためにだけ着用された。それが社会的により正しいと考えられた。かの地では将校身分がひとつの<u>職業身分</u>と考えられた。ドイツでそれはひとつの<u>社会身分</u>と見なされた。それはまさしく階級身分を，しかもその第一身分であることをはっきりと可視化したものであった。

　職業身分用の特別服である軍服を着用することは，ひとつの社会的記号となった。職業の目的のため，つまり戦争のためには，旧来の軍服はまったく不適切であった。しかし，戦時用に導入された軍服への抵抗はどこでも非常に大きく，改革するまでひどく時間がかかった。その後「灰緑色」が広まった時でさえ，将校はまだ光沢のあるバッジ，非実用的な副官肩帯，まわりに見える勲章用留め金，そして純軍事的観点からするとまるで役に立たない瑣末なもの——それらは心理的には瑣末ではなく，はっきりと階級を識別するものであった——に固執した。このように軍服はその本来の目的を取り去られ，そしてこの取り消しとともに軍服の本質に関する誤った観念も自然とできあがったのである。

　軍服は「国王のチュニック（丈の短い上着）」とみなされ，ドイツでもそうであった。皇帝と大多数の諸邦君侯は通常は軍服姿で立ち現れた。外国の元首の名前と呼称が連隊に付与された。そして1914年に連隊はまだ［敵国の］支配者の呼称と名前を付けて出動し，その臣民を殺さねばならなかった。王女たちもその連隊の軍服を身にまとった。軍服の精神は排他的であったが，同時に王朝的でもあった。親衛部隊で個人的護衛兵という中世の理念は君主にも将校にも分かちもたれていた。

　軍服が若者に暗示した作用を軽視してはならない。将校も環境形成要素（Milieu）の子供であり，彼らにも環境の強制が働くのである。----時とともに「第2の天性」となるのである。----

4．戦時における実用本位の軍服

　将校の軍服常時着用制は一時，1888年のフリードリヒ三世（1831〜88年）による90日間統治の時に改変された。新帝は英王室出の皇后ヴィクトリア（1840〜1921年）の影響もあって自由主義に理解があるといわれた。皇后もビスマルク崇拝熱に冷ややかであった[10]。その皇后

が病床にある皇帝に代わって軍制改革に乗り出し，故国イギリスを模範として職務外での軍服着用を禁止した。上流階級の裏話を集めた本によれば，皇后は，「軍服はもはや礼服ではなく，将校の作業服でしかない」と語ったという[11]。当然にも保守派は憤慨し，母后と折り合いが悪く皇帝にも信頼されなかった皇太子の周りに集まり，自意識の過剰なヴィルヘルム二世の側近を形成することになった。この改革の動きはエピソードにとどまった。時代は大衆民主主義へとさしかかり，政治は儀式化し，非合理的な象徴的威厳性を帯びつつあった[12]。軍服は「伝統の捏造」を待つまでもなく，皇帝との一体感や忠誠心を表す格好のシンボルだった。

　第一次世界大戦が勃発した直後，フランス陸軍歩兵の赤ズボンやドイツ陸軍歩兵の尖頂付き革製軍帽（Pickelhaube）に代表されるように，出動兵士の軍装は派手やかであった。だがその目立つスタイルは戦場で格好の狙撃目標となったため，前線では敬遠された。大砲と機関銃の乱射と戦車の前進を目の当たりにして，集団突撃は無力となった。泥沼の塹壕戦が続くなかで，軍装は機能的な有効性を競うものへと一変せざるをえなかったのである[13]。

　他方で，同時期のイギリスでは労働力不足を補うため，女性が男性専有とされた職域（車掌・警備員・郵便配達員など）に進出した。それらの職業には独自の制服があったので，彼女たちは制服を身につけることになり，男だけがはくものとされたズボン・スタイルの女性は社会的認知をうけることになった。農業に派遣された女性もズボンの制服を身につけたし，当然にも，「陸軍女性補助部隊」（1917年3月）の隊員にもズボン制服が支給された。5万人以上が登録した女性隊員の業務は兵士を「補助する」ための家事労働レベルのものに限られ，「労働希釈（dilution）」によって給与が男性労働の約3分の1とされたが，ドイツとは対照的に，イギリスで「制服」は軍服の範囲を越えて広まり，女性の自意識を変える肯定的な役割を果たしたのである[14]。

5. 勲章と称号の社会的機能

　いまの日本では皇室行事以外のところではお目にかかれないが，貴族制が存続したり，軍人が国家枢要の地位にある国では，貴族・軍人・顕官などが婦人同伴で舞踏会や宴会に登場する場合，その胸に勲章が飾られているのが通例である。勲章と称号は，権力者の手足となる高位高官の身分と職務地位を誇示するのが役目である。だが，それだけではなく，市井の人々もその均霑に与かるとなると，支配権威を大衆的に補助してくれる役割を務めるものとなる。彼らの自足感と国家枢要の人としての保守意識をふくらませてくれるし，なにしろ安上がりに済むからである。たしかに，「叙勲者は国家有為の人としてそれなりに丁重なもてなしをうけるから，もらっておいたほうがよい」，という程度で考える者もいるだろう。小説家フォンターネ（1819〜98年）は，1889年にそのような忠告を受け入れて実用本位に判断したという[15]。ところが，世紀転換期のドイツでは，称号が果たす社会的顕賞の度合いが桁外れに大きかった。すでに同時代人のなかには，手紙や封筒，名刺や新聞広告など，あらゆる公的機会に称号をしのばせる風潮について，「ドイツだけに支配的な悪習であり，妻が旧姓の称号をファミリーネームに付加するに至っては，喜劇すれすれの虚栄心だ」，と苦言を呈する人もいた[16]。

6. 新貴族叙任の裏話

　そのような勲位に叙せらんと願う人々は書類を宮内庁の紋章局に提出した。その提出書類の審査にあたった紋章局長は折にふれては，「年間の貴族叙任を一定数に限る，ある種の『割り当て制限』を課すことにしなければなるまい。なにせ，自分の順番が来るまで，場合によっては1年間もかかるからな」，とこぼしたという。次は，その局長のグチを聞いた人物（おそらく同僚）が語るヴィルヘルム時代のエピソードである[17]。新しい「若い貴族」は財力があるので，古い農村貴族は片隅に追いやられるような状況となっていた。

K. 山積状態の貴族叙任申請書（1912年）

> プロイセンの農村貴族は，かつては宮廷式典の訪問者の中心をなしたが，ヴィルヘルム二世下で次第にそこに顔をださなくなった。農村経済は，その経営にあたるすべての者にとって，もはや「黄金の大地」ではなくなっていた。数週間の参内シーズンは数カ月の仕事を蕩尽した。政治も不調な「困窮した大農場主」は，夫人と娘を「農繁期」にベルリーンに連れて行くことを我慢した。もしも彼女らの不在中に罪の泥沼に身を投ずることを好まないならば，彼はそうせざるをえなかった。彼女らが宮廷に行くとき，彼はこう言った。いいか，金持ちの若い貴婦人たちと晴れ着，装身具の類いで競い合ってはならないぞ，と。
> 　ヴィルヘルム二世はこの発展を見誤らなかった。そして顕賞――勲章と叙爵書――を求める百万長者の願いに歩みよることを，彼は君主の義務と見なした。ただし，公益に奉仕する施し物か寄付という条件付きであったが。その際イギリスの範例が彼の念頭に浮かんでいたようだ。一般と枢密の商業顧問官［の称号］は，「脅かされたオストマルク」に世襲地を築き，教会建設のため，芸術作品の購入のため，慈善事業協会や学術研究のために多額の出資をした［人々に与えられた］。それゆえ，勲章と貴族が「金で買えること」を云々することは，少なくとも行き過ぎであって，しばしば嫉妬と悪意を流出させたのである。

7. 学校の兵営的共同体化

　1871年後，ドイツ帝国が新興軍事国家として台頭するにつれて，プロイセン由来の管理主義的な教育目標が各地に扶植されていった。かつてハンザ同盟を担った北ドイツの港湾都市で「ブッデンブローク家」の四代目として育ち，しかも創作活動に魅了された少年時代のトーマス・マン（1875～1955年）にとって，1890年代前半のギムナジウムが強要した奉仕精神や直立不動の姿勢は，まったく肌合いの合わないものであった。教師の態度も役人風となり，伸びやかなそれまでの校風を一変させてしまった[18]。

　これに対して，当然にもその兵営的共同体験に陶酔する若者も多かった。次はある歴史家が若き日のギムナジウム体育祭を回想したシーンで

ある[19]。時は第一次世界大戦の直前，場所はミュンヘン市内の西方にあるテレージエン・ヴィーゼである。その緑地は1810年にバイエルン王家の結婚式祭事として競馬が催され，それがビール祭りの発端となった場である。そこには1850年に巨大なバヴァリア像が「ドイツの表象」として建立され，内部の階段を上って「女神」の頭部に至ると，周辺が一望できる観覧地となった[20]。その足元に有料観客席が設けられ，そこに親戚縁者が座っていた。その前を生徒たちは白シャツ・半ズボンのスタイルで誇らしげに行進した。第二次世界大戦後にその体験者は，若者が一糸乱れぬ市内行進を繰り広げて陶酔するその光景を振り返って，「ドイツが大衆時代の不気味な代表者となる前兆と受けとらなければならない」，と回顧している。位階勲功が幅をきかし，将校が羨望のまなざしのなかを闊歩する社会のなかで，若者は疑似軍事的な集団行動と規律を披露させられた。彼らは国家体制と一体化する高揚した気分を味わったが，それが戦場での大量死に直結するとは夢想だにしなかっただろう。

L.「組織された大衆」の少年少女たち（1913年）

> ——まもなく数千の生徒と数百の女生徒は牧野に満ちあふれた。そこはミュンヘン人が「ヴィースン」と呼んで，毎年秋にオクトーバーフェストを開催する所であった。そして彼らは，動き出す合図となるはずのラッパの鳴り響く音を待ち受けた。そして実際，その合図はうっとりするような精確さで仕掛けられていた。最初の合図に続いて音楽が演奏され，数千人をいっせいに動かしたからである。ぐるぐる回される腕，広げられた足，ひねられる上半身，左右の白色と紺色に区分けさけた構図は，観客に快活な振り付けだと思わせ，中心にいる1人の頭脳が数千の分節を導いているように見えた。このように大衆を組織して外見上の統一を示す効果は，フランス革命の祝典に由来し，そこから君主制・独裁制・民主制による諸デモンストレーション実施への道程をたどった。ここで初めて我々は，個人が多数に合体するように感じる，うっとりする体験を分かちもった。その多数は知人の境を越えた私であり，知人に奉仕して自分の意志を解き放ち，まさにそれゆえ自我を千倍も膨らまて知人に払い戻す暴力へと変わったのである。この幸運に出会った私は，そ

> の時仲間と同じく疑問をもたず，夢中になって熱狂した。数千人の口から愛国歌が流れ出て，数千人の身体で祖国の人物が形作られた。今日はこれらすべてが疑問視され，それどころか嫌悪感で書きとめられることだろう。というのも，振り返ってみると，それは次に来る悲劇の序曲のように思われるからである。しかし少なくとも俳優たちは，だが祭典の指揮者たちも，この愛国的な大衆劇を無責任に実施したのであり，その無責任さは愚行と同類のものなのである。

8. ギムナジウムにおける臣民教育

　19世紀初めからドイツでは教育制度が早期に進められた。プロイセンは1817年に教育省を設置し，1825年以降には通学の強制措置をとり，義務教育の法定年齢（6〜14歳）の約6割が就学する状況をつくりあげたという。中世以来の諸大学に加えて，ベルリーン大学（1810年）などの事例にみるように高等教育機関も国家あげて整備されていった。20世紀初頭において，このプロイセン・ドイツの卓越した教育業績について教育哲学者のフリードリヒ・パウルゼン（1846〜1908年）は，それが他国には見られない国家観を前提にしたものであると肯定的な評価を下している。つまり，18世紀における国家は国民の繁栄と安全を基礎づける最高の権力体とされたが，19世紀になると，その国家が道徳的理念を教育制度と社会政策において具現させる組織体と見なされた点に特色があるというのである[21]。国家は国民集団の物質的財産を保証するにとどまらず，労働者階級の福祉も配慮するのだから，国民はその子弟をあげて国家に奉仕すべしとの趣旨は，すでにビスマルクの社会保障政策に具体化されていた。学校は忠誠心と奉仕義務を注入する場であって，ドイツ・ナショナリズムに仕える子どもの育成を使命とした。

　この1870年前後のギムナジウム教育について，ルートヴィヒ・グルリット（1855〜1931年）はその著書『生徒だった頃』（1912年）で証言している。彼は子どもの「自然な成熟」の立場を掲げて，「身体的・精神的に健康な，強く自由で，規律正しく朗らかなドイツ人」の育成をはかる教育運動を起こした教育者である。彼は暗記が嫌いで，スケッチや

芸術関係に興味をもち，博物学ではノートの優秀点をもらったが，厳格な指導タイプの教師は苦痛な思い出を残しただけであった。彼はドレスデンに移住して，ギムナジウム最上級生を迎えた時，ライプツィヒ大学生たちと知り合いになった。彼は学生たちの「颯爽とした学問的香り」が「成長途上の若者に多大な感化力をもつ」と感じた一方，当時の知力偏重の教育内容を次のように批判する[22]。

M. ギムナジウムの偏った教育内容（1912年）

> 学校は知力の学校であって，芸術には関心が薄かった。古い著作者たちでさえ，芸術的側面よりも純形式的側面から評価された。この領域について芸術的な意義と知識をもつ教師はほとんどいなかった。レッシングのラオコーン［美学専門書］が全知の結論と見なされた。芸術作品に関する知識なしに芸術について語られた。ドレスデンで我々はギャラリーを訪問することさえなく，記念建造物の指示も受けなかった。
> 我々の性格を陶冶する努力は少しもなされなかった。服従と義務の遂行が目指されたからである。さらにドレスデンでは教師への敬意が途方もなく求められた。廊下で出会った時に何度も深くおじぎしなければならなかったのである。それで卑屈さが育てられるとともに大々的なインチキ制も隆盛となり，極度の疑い深い警戒心をさらに洗練させた。つまり，悪党のモラルが育ったのである！

9. 現実離れした学習内容

たしかに当時のギムナジウムの教育内容は偏ったものであった。1880年代のライプツィヒのギムナジウムを回想する文によれば，ラテン語とギリシア語が主要科目で，別科としてドイツ語と体育が同格とされていた。筆者はその欠陥をこう指摘する。カエサルがどのようにしてライン川に橋を架けてその軍団を渡したかを詳細に学んでも，ドイツ帝国の憲法構造がいかなるものかは教えられなかった。歴史の授業は古代ギリシアの第二次メッセニア戦争（前7世紀）を教えても，第二次シュレージェン戦争（18世紀半ば）か解放戦争（1813年）の前で終わってしまった。「我々の生活の歴史的・政治的基盤がまったく未知のままにさ

れていた。しかしこれは教師の責任ではなく，時代のせいであった[23]。」

　この事態は統治者側にとっても由々しい問題であった。ヴィルヘルム二世の勅令（1889年と1890年）は，学校教育を「社会民主主義と共産主義の理念の浸透に対する防波堤たらしめるため」にも，近現代史を授業題材としてプロイセン王の偉業を讃えるものにすること，そして古典語ではなくてドイツ語作文教育をギムナジウムの基礎とすべきことを命じたほどであった[24]。

　当時の学校教育の方法と内容に危機感を覚えたのは為政者だけではなかった。生徒に受け身の姿勢と教材の図式化に陥って，「教師と教材のための学校」と化した現状を憂える声は教育関係者の間からあがっていた。その知識注入型の教育スタイルについても，たとえばニーチェ（1844～1900年）が教育の後ろ向きの姿勢を歴史主義と名づけたように，その百科全書的な断片的な知識集積と博物館趣味に陥った教育の現状は文化哲学的な非難にさらされていた。この時，スウェーデンの教育思想家で女性運動家のエレン・ケイ（1849～1926年）が著した『児童の世紀』（1900年）がドイツに紹介された（1902年にドイツ語訳）。「教え込むのではなく，障害を取り除いて自然な成長に任せることが，教育の本来的な課題なのです。」この考え方を契機として，子どもの内在的発展法則性を信頼する教育論と教育実践（「改革教育」）がドイツでスタートした[25]。

10. 脱学校教育の胎動

　ギムナジウムの生徒に古典語学習など過重な形式教材を強いる教育過程は，それを社会的上昇の手段とする人々と「死語」学習に意味を感じない人々とを分別する機能をもっていた。つまり，それは家庭の教育資本の有無の問題でもあり，教育による国民分断は政治問題でもあった。こうして世紀転換期のギムナジウムは，上からのナショナリズムの波，下からの教育改革と教育機会の均等を求める運動にさらされた。その結果，1901年の新教育課程によって三系列中等学校（ギムナジウム，実科

ギムナジウム，高等実科学校）は同格化されるとともに，古典語を教えない女子中等学校にも大学入学権が認められることになった[26]。さらに学校教育と職業教育を密接に連携させた「実習学校運動(Arbeitsschulbewegung)」や，工芸品の製作を通じて人間形成をはかる「芸術教育運動(Kunsterziehungbewegung)」などの新たな学校制度も試みられた。しかし，それ以上に学校教育改革に衝撃を与えたのは，学校制度の枠外で広まった「青年運動（Jugendbewegung）」であり，その代表事例が1901年11月に創立されたヴァンダーフォーゲル（Wanderfogel）運動である。

　当時のギムナジウム進学者は同一年齢の約3パーセントでしかなく，彼らはアビトゥーア取得を目指して過重な学習負担を課された生活を送り，金線入り帽子をかぶった外出はエリート意識を高めたものの，勝手な行動を許さないものであった[27]。したがって，若者が公的な学校制度の外側で，大人の監視の目が届かない場，野外の自然のなかで，同輩集団のなかで素朴で生純な自己のアイデンティティ形成に励む生活にあこがれたのも当然であった。これが広く青年運動と呼ばれる現象を出現させた背景をなした。

　青年運動は一見，既存の家庭や学校制度，ヴィルヘルム権威主義体制への反乱のようであった。その体験者はこう回想している[28]。彼らは外部の者と区別するため，仲間内だけで通用する独特な挨拶や握手，隠語を使った。たとえばこうである。「ツンフト仲間」で歌い歩き，森を「歩き回り」，過剰に「むさぼり食い」，納屋などの「巣」で一夜を過ごした。これらの奇異なふるまいは，「ブルジョア社会の硬直した形式に対する，そして学校と両親の家に対する闘いであった。」しかし，その運動の震源地がむしろリベラルな教育改革議論を進めた地帯であった点も見逃せない。ドイツ帝国時代に教育制度が整備された結果，高学歴者には諸種の資格取得が求められるようになり，古典的教養を身につけて既存社会で出世するシステムが揺らぎ出したのである。その社会的変化を察知したしたからこそ，若者は反抗的ポーズをとったというわけである[29]。とはいえ，その運動の性格は「無方向なもの」と総括してよいの

だろうか。

　女性のヴァンダーフォゲル運動への最初の入会申し込みは1905年,最初の遠足参加は1907年のことであった。ただし,多くの場合は別の少女グループが組織された。少年の女性化,少女の野蛮化を警戒したからだという[30]。このように,青年運動には若い男女間に壁を置く「男性同盟」の性格が強く,さらに近代的な都市文明を否定し,野外活動を通じて「根源への回帰」を求める体験主義的な傾向があった。民族舞踊や民族歌謡の復活にみるような,「その本質的な外観において民族主義的・ロマン主義的な精神」が中心にあった,と上述した運動参加者は回想している。冬至・夏至の火祭りで神秘主義を吸い込んだ若者は陶然となった。しかし,このロマン主義が装う非政治的な「英雄」像は,「死へと誘う」メンタリティを形成したのである[31]。その運動は第一次世界大戦後の激変する状況のなかでいとも容易く体制擁護の色で塗り替えられ,この道筋に気づくまでには多大な犠牲が払われたのである。

【註】

1) 小栗浩訳「臣下」,『世界文学全集45』筑摩書房, 1978年, 44頁以下 [GHS. p.45〜48]。この作品は旧東ドイツで1951年に映画化された。田野大輔/柳原伸洋 [編著]『教養のドイツ現代史』ミネルヴァ書房, 2016年, 35頁。

2) Wilhelm von Drigalski, Im Wirkungsfelde Robert Kochs (1948), in: DS. S.80. 将校のもてた実例として,ある娘が少尉の戦死報に接したとき,「ああどうましょう,少尉だけを死なせるなんて,そんなことできるでしょうか!」と叫んだ逸話が紹介されている。

3) John L. Snell, The Democratic Movement in Germany, P.247. スネルの記述は保守派の歴史家ゲールハルト・リッター(1888〜1967年)の体験を引用したものである。スネルによれば,官僚制・報道機関・教会・学校・軍隊の諸制度の保守的教化機能によって帝政時代のドイツ人の大半が現状維

持に代わるものを見いだせなくなっていたという。

4）望田幸男『軍服を着る市民たち』有斐閣選書，1983 年，123 頁以下。DS. S.222.

5）予備役将校制度の由来は次が詳しい。上山安敏『ウェーバーとその社会』ミネルヴァ書房，98 頁以下。マックス・ヴェーバーも，後にその体験を嘲笑したにもかかわらず，予備役将校の特権を享受した 1 人であった。モムゼンの前掲訳書Ⅰ，186 頁以下。ただし，ユダヤ人の予備役将校資格取得が困難であったことも見逃せない。風刺雑誌『ジンプリツィシムス』（1909 年）はドイツ人名をもつユダヤ系の近衛騎兵隊員の事例を紹介している。彼は正規の訓練を受けた後で予備役将校資格を申請したところ，書類審査で上官に呼び出された。「君の訓練はまだ 4 週間も続くが，その時まで歴史を正すことはできないだろう」と言い渡された。貴族将校団の規範に合致しない将校志願者にはチャンスがなかったのである［DS. S. 430, 223〜224.］。なお，次の家族史は，1896 年の出来事として，プロイセン大商人の祖父——息子はヒトラー暗殺事件（シュタウフェンベルク事件）に連座して処刑された防諜機関将校——が大農家の男爵を訪問したとき，会社の名刺を出して追い返され，予備役将校の名刺を出せばよかったとくやしがったエピソードを伝えている。ヴィプケ・ブルーンス，猪股和夫訳『父の国 ドイツ・プロイセン』慧文社，2006 年，44 頁以下。

6）Max Menzel, op.cit., in: DS. S.235.

7）Franz Carl Endres, 'Soziologische Struktur und ihr entsprechende Ideologien des deutschen Offizierkorps vor dem Weltkrieg', Archiv für Sozialwissenschat und Sozialpolitik 58 (1927),in: GHS. p. 54〜56. エンドレスは 1912 年にオスマントルコに派遣された将校団の一員であり，1915 年に第一トルコ陸軍参謀長に任命された。戦後彼は自由主義者として再出発し，『ドイツの悲劇：帝国を崩壊せしめた権力思想の魔力』（1925 年）を著した。そこでは戦前・戦中のドイツ将校団・政治家・右翼団体の無責任体制，あるいはドイツ革命時における大衆統制の過ちなどを厳しく糾弾する一方，自らの良心を自覚して，他人の言いなりになる「臣民」とはならないことがドイツ人の責務だと訴えている［GHS. p. 80〜84］。

8）金森誠也訳『戦争と資本主義』講談社学術文庫，2010 年，209 頁以下。

9）編者の補足によれば，制服を着た将校は劇場の下等席に座ることも，安い飲食店や売春宿に行くこともできなかった。そのような場には平服で行くことも許されなかったが，それでは出費がかさむため，制服の常時着用は建前であったという［GHS. p. 56. DS. S.229～230］。

10）前掲『カイザー』，17 頁。飯田洋介『ビスマルク』中公新書，2015 年，214 頁。

11）Adolf von Wilke, Alt-Berliner Erinnerungen (1930), in: GHS. p. 10～13.

12）E. J. ホブズボーム，野口健彦・野口照子訳『帝国の時代Ⅰ』みすず書房，150～1 頁。

13）クリス・マクナブ，石津朋之監訳『世界の軍装図鑑』創元社，2014 年，54 頁以下。ちなみに，イギリス軍服のカーキ色は例外的に早く 1902 年に正規採用されていた。ドイツ兵の鉄カブト（Stahlhelm）もすぐ行き渡り，戦時中の国債募集ポスターの兵隊（1917 年）はそのスタイルで描かれている。木村靖二『第一次世界大戦』ちくま新書，2014 年，125 頁。

14）村田敏子『戦う女，戦えない女』人文書院，2013 年。

15）Theodor Fontane, Briefe an Georg Friedlander (1954), in: DS. S.81.

16）Johann Friedrich Freiherr von Schulte, Lebenserinnerungen (1908/09), in: DS. S.81～82. なお，同時代のスウェーデンでも市民階級の女性は夫の肩書を女性形にして名乗るのが通例であった点が注目される。たとえば，assessor（裁判補佐）の妻は assessorska, radman（裁判官）の妻は radmanska という具合であるが，フェミニズムの側からみれば，これは妻を「夫の付属物」と表示するものと解されている。アリス・リュツキンス，中山庸子訳『女，自分の道を探す』学藝書林，1994 年，215 頁。

17）Adolf von Wilke, Alt-Berliner Erinnerungen (1912), in: DS. S.373～374.

18）トーマス・マン，望月市恵訳『ブッデンブローク家の人びと』（三）岩波文庫，1969 年，299 頁。小塩節『トーマス・マンとドイツの時代』中公

新書，1992年，38〜9頁。ただし，トーマス・マンのギムナジウム中退は第6学年在学証明によって1年志願兵資格を得た後のことであり，ヴィルヘルム時代の社会的パスポートは入手していた。それは就職で有利な効果を発揮したのである。若尾祐司／井上茂子編著『近代ドイツの歴史』ミネルヴァ書房，2005年，146頁。

19) Alfred Neumeyer, Lichter und Schatten: Eine Jugend in Deutschland (1967), in: GHS. p.68〜69.

20) バヴァリア像は，空高く持ち上げたリースまで62フィート（約19メートル），台座から100フィート（約30メートル）の高さがあった。その「欧州ニテ無双ノ大像」の立ち姿は『米欧回覧実記』に掲載された挿絵で見ることができる（第4巻，248頁）。このゲルマン的シンボルの女神像は安寧秩序という市民的価値観を具象化したものと解釈されている（ジョージ・L・モッセ，佐藤卓巳・佐藤八寿子訳『ナショナリズムとセクシュアリティ』柏書房，1996年，123頁）。そして，その広場でのビール祭り（Oktoberfest）は「伝統祭事」を装った近代の創出物である（下田淳『ドイツの民衆文化』昭和堂，2009年，44頁）。

21) Friedrich Paulsen, Das deutsche Bildungswesen in seiner geschichtlichen Entwicklung (1906), in: GHS. p.57〜59.

22) Alfred Graf (Hrsg.), Schulerjahre:Erlebnisse und Urteile namhafter Zeitgenossen (1912), in: GHS. p.57〜59. なお，ギムナジウムの第1学年（Sexta）はおよそ10歳，最終学年（Oberprima）は18歳の年頃となる。第1学年の全生徒はラテン語の科目を必修としなければならなかった。「ブッデンブローク家」のハンノ少年（15歳）にとってラテン語は地獄の時間であった。級友の助けでなんとか切り抜けたものの，英語の時間では，不意に視察に来た校長が彼を進級不可と判定した。この校長はプロフェッサーと呼ばれたが，これは古典語教師（Philologe）がギムナジウム内で優位にあるとともに，大学教育を受けた教師に「上級教師（Oberlehrer）」の官職名が与えられたこと（1892年）と関係していた。望田幸男『ドイツ・エリート養成の社会史』ミネルヴァ書房，1998年，91頁以下。

『車輪の下』（1906年）を書いた時のヘルマン・ヘッセ（1877〜1962年）も兄宛の手紙のなかで，10〜12歳時の学校生活で「習ったのはラテン語と嘘をつくことだけ」だと言っている。特に低学年時が「嘘をつかずにはやっていけない」粗暴な環境であったという。ウリ・ロートフス，鈴木久仁子・相

沢和子訳『素顔のヘルマン・ヘッセ』エディションq, 1997年, 38頁以下。児童文学作家のエーリヒ・ケストナー (1899～1974年) は、貧困家庭の勉強好きな子どもにとって唯一の進学ルートであった教員養成所に進んだ (13歳)。しかし、そこに待ち受けていたのは規則づくめの軍隊調の寄宿舎生活であり、彼は教師となる夢を捨てるとともに、在学中に徴兵された (18歳)。彼はこんどは本物の鬼軍曹にしごかれて心臓を悪くし、除隊となった。後にこれらの体験を素材として傑作『飛ぶ教室』(1933年) が書かれることになった。クラウス・コードン、那須田淳／木本栄訳『ケストナー ナチスに抵抗し続けた作家』偕成社、1999年, 49頁以下, 154頁。若きケストナーにとって「教員養成所は教師の兵営だった」し、後々まで、国民に「盲目の服従」を強いた元凶と考えられていた (「教師はどのように作られたかという話」1946年)。青地伯水編著『エーリヒ・ケストナー こわれた時代のゆがんだ鏡』松籟社, 2012年, 151頁。

23) Rudolf Bindung, Erlertes Leben (1937), in: DS. S.330～331.

24) Europäische Geschichtskalender (1890) und Rede über die Reform höherer Schulen (Die Reden Kaiser Wilhelms Ⅱ), in: DS. S.333～334. この全国学校会議における皇帝発言は、1892年にプロイセンのギムナジウム教育過程を改定――ドイツ語の時間数増と古典派文学・英雄叙事詩の必須化、ラテン語の時間数減、体育の義務化――させた。前掲『ドイツ・エリート養成の社会史』、61頁以下, 127頁。

25) Winfried Böhm, Das deutsche Bildungswesen in den Jahren um 1900, in: DEUTSCHE GESCHICHTE, Bd.10, Bismarck-Reich und Wilhelminische Zeit 1871-1918, hrsg von Heinrich Pleticha, Gütersloh 1984. S.327～328. 『児童の世紀』はドイツで5万部売れたという。その数字は「革命的な本」という評価を示していて、なかでも体罰を不可とする考え方が共感を呼んだ。前掲『女、自分の道を探す』, 207頁以下。

なお、子ども主体の学校づくりをめざす「自由学校 (Freie Alternativschule)」運動が1960年代末以降ドイツで起きたが、その起点はこの「改革教育」運動にあるとされる。栗山次郎『ドイツ自由学校事情』新評論, 1995年, 49頁以下。

26) 前掲『ドイツ・エリート養成の社会史』、66頁以下, 88頁。なお、三系列の中等学校の同格化に伴って、1902年にアビトゥーア取得者は無試験で士官候補生となりうることになった。これは中等学校が将校へのパスポート発

行所の役割を担うという意味をもった。同，171 頁。

27）前掲『ドイツ社会史』，180 頁。ギムナジウムの中途退学者が入学者数の半分に達するほど多かったのは，ギムナジウム所在地の片寄りと中間層子弟の就業可能年齢までの暫定的在籍，1 年志願兵資格（6 学年在学証明書）の取得による。木谷勤／望田幸男編著『近代ドイツ史』ミネルヴァ書房，1992 年，80〜81 頁。前掲『ドイツ・エリート養成の社会史』，78 頁以下。

28）Margarete Buber-Neumann, Von Potudam nach Moskau: Stationen eines Irrweges (1957), in: GHS. p.66〜67. DS. S.426〜427.

29）上山安敏『世紀末ドイツの若者』講談社学術文庫，1994 年，46 頁以下。

30）ウォルター・ラカー，西村稔訳『ドイツ青年運動』人文書院，1985 年，81 頁以下。

31）大貫敦子「死へと誘う『若き英雄』の肖像」，前掲『ドイツ近現代ジェンダー史入門』，284 頁以下。

第5章 | 排除の壁を乗り越えた時

男女学生の野外パーティ――教師が同伴しているが、
学帽をかぶる女子学生に付添人はいない（1910年ころ）
ジョン・ゴードン編『ドイツ史と社会』［93頁］

1. 近代社会における女性差別

　男女間の不平等は近代社会のすべての分野で認めらる。もちろん近代ドイツも例外ではなかった。法律上女性は子供扱いとされ，結婚後はすべて夫に服従する存在であった。もちろん女性の投票権もなく，1908年に帝国結社法が改定されるまで，政治結社・集会・会議に女性や生徒，徒弟が参加することは禁じられていた。女性が高等教育機関で学ぶためには外国へ行かねばならなかった。下層階級の女性は常時働いていたが，家事奉公であれ，工場作業であれ，洗濯や裁縫のような家内仕事の延長上の仕事であれ，働く場は家庭の外にあった。雇い主は女性労働を値切るため，それを家計の補助，「小遣い銭」稼ぎ——一般に女性の賃金は男性の40〜60パーセントであった——とみなし，臨時雇用とする傾向にあった。労働者階級の女性は1人では暮らしていけなかったが，結婚した場合は妻と母の二重負担に加えて，家族のための賃金稼ぎに出なければならなかった。苛酷な労働と頻繁な出産によって女性の平均寿命は男性のそれよりも短かった。

　中産階級の女性の暮らしも変わったが，労働者階級のそれとは異なっていた。ブルジョアジーの妻と子女は，私的領域である家庭に閉じ込める家庭イデオロギーで身動きがとれなくされていた。家事奉公人を雇える中産階級の所帯は，その体面を保つために相当の仕事量を必要とした。労働者階級の女性は基礎教育——読み・書き・裁縫——をうけたが，他方で中産階級の女性は文化的素養を学んだものの，それ以上何も教わらなかった。中産階級の女性は小学校教師になれたが，ギムナジウム終了資格試験（アビトゥーア）を受験できたのは1896年，女性が大学で学ぶ道筋が固まったのは1900年代のことであった。

2. 女性解放運動の始まり

　ほとんどの政党が女性の地位に注意を払わなかったなかで，社会民主党だけが女性の平等選挙権要求を支持したものの，それを行動で支える

動きをおこさなかった。そこで，変革を望む女性たちは政党から離れて組織づくりを始めた。1865年に設立された全ドイツ婦人連盟は女子教育の改善と女医の認可を訴えたが，ビスマルク時代の終焉までみるべき成果を挙げられなかった。その後，1894年にドイツ婦人団体連合(Bund Deutscher Frauenvereine) が女性の福祉活動を組織することを目的として設立され，さらに社会主義女性運動が社会民主党の女性組織で展開されたことで，世紀転換期のころから女性解放運動が勢いづいた。

運動が急進化したのは，1900年に施行が予定された民法典が，たとえば離婚の規制強化にみられるように，女性の法的地位を悪化させることに女性が気づいたからであった。女性活動家たちは帝国議会の男性議員から何の支援も得られなかったので，女性選挙権の獲得が不可欠だという見解を抱くようになった。BDF は新しいリーダーのマリー・シュトリット（1858〜1928年）のもとに，女性選挙権を訴えるとともに，国家管理の売春に反対し，妊娠中絶の立法化を支持する運動を繰り広げた。

1908年の帝国結社法改定によって女性の政治参加が合法化されるや，この女性の公的地位の拡大をめざした急進的展開は短期間で停止した。それまで女性運動に加わらなかった保守派の女性が大挙して BDF に加入したからである。たとえばドイツ福音婦人連盟（1899年設立）の8千人が1908年に BDF に加入して流れを変えた。1910年に穏健派のゲルトルート・ボイマー（1873〜1954年）が新会長に選ばれた。BDF は会員数50万（1914年）を誇ったが，その路線は伝統的な家庭や女性特有な資質を礼賛する，ブルジョア趣味にかなうものであった。これに対して，社会民主党の女性組織は17万5千の女性労働者を傘下において(1914年)，女性の労働条件を改善するための宣伝活動を行った。3月8日の国際婦人デーには常に数千人の女性が女性の投票権を訴えて行進した。女性社会主義組織は，BDF と共通する課題をもったとしても，それとの協力を拒否した。女性の解放は労働者階級全体の解放と同時に達成される，との立場をとっていたからである[1]。

3. 自らの道を切り開いたアニタ・アウグスプルク

　ドイツ帝国で女性解放運動が一定の社会的認知を得るまで約半世紀，二世代に渡る月日が必要であった。1860年代後半にフェミニスト小説家ファニー・レヴァルト（1811〜89年）が書いた『女性への賛否』[2]は，女性が自分で稼ぐことが自立の前提であることを切々と訴えていた。「女性がだれも扶養者がいない時，自分で生活費を稼ぐことについて，もちろん異論はなく，どのようにして暮らしていくのかを問うだけでしょう。この事情はいまでもまだ一般に分かってもらえません。」どうして自活すると言い張るのかと問わて，やむを得ず彼女は「貴方はどうすればいいと言うのですか！」，と答えるのみであった。

　「自分の目で他人の塵は見えても，梁は見えない」，と悲痛な思いを語ったレヴァルトにたいして，一世代後のアニタ・アウグスプルク（1857〜1943年）は，ドイツのフェミニズムを実践的に先に進めた女性である。アニタの父親はブルジョア自由主義者の法律家であり，彼女はベルリーンの女学校を出た後，パーティで求婚者を待つだけの生活に飽き足らなく思い，女性教員養成学校——当時それは求婚者の現れない女性の第二の選択とされた——に通うことを許してもらった。さらにそこを終えてから彼女は女優となり，30代初め（1880年代末），女友達と一緒にミュンヘンで写真スタジオを構えた。彼女はその事業に成功し，その経済力を基盤として，女性の学ぶ場をつくろうとした女性教師グループに加わった。そしてカールスルーエの女子ギムナジウム設立（1893年）に尽力したが，その活動のなかで彼女は法律知識の必要を痛感し，チューリヒ大学に学んで学位を取得した（1897年）。

　アニタはベルリーン国際婦人会議（1896年）の際にリーダ・グスタファ・ハイマン（1868〜1943年）と知り合い，生活を共にするようになった。イギリスの婦人参政権運動家（サフラジスト）の闘いに感銘をうけたその闘い方は激しく，座り込みやハンガーストライキを決行した。生活スタイルも奔放であったため，保守派女性から非難された。2

人は第一次大戦中は平和運動に力を注ぎ，戦後も男女同権主義と平和主義の立場を訴え続けた。アニタは個人の自己責任を思想的基盤とする自由主義の信奉者であって，社会主義派と保守派の狭間で孤立した。終焉の地はヒトラーの毒牙を逃れたチューリヒであった[3]。

次の回想は，1880年代後半に彼女が自らの運命を切り開いていった写真スタジオ建設の場面である[4]。その店構えは曲線と花柄模様の最新のユーゲント様式で飾り付け，当時のミュンヘンでも実にさっそうとした印象を与えたと思われる。1世紀以上も昔，「お嫁さんになるのが1番の夢！」という既存社会の壁を乗り越えようとした先駆者の溌刺とした生き方は，昨今でも新鮮に映るのではないだろうか。

N. 女性だけで開設した写真スタジオ（1941年）

> アニタが舞台を離れたとき，彼女はひとりで暮らしていた。両親は亡くなり，[5人の]兄弟姉妹はそれぞれ自分の仕事で散り散りになっていた。そしていまや彼女は，婦女子がつつましやかな存在以上のものになろうとするかぎり，女性の人生チャンスがどのような柵と金網で取り囲まれているかに気づいた。この認識を得た彼女は，一方で，当時のドイツではまだ控えめに教育の可能性と職業の自由を得ようと努めていた婦人運動に走った。他方で，生活基盤として有望な生計の道を見つけることが必要であった。彼女の姉，ドレスデンの女流画家のもとに滞在した間，彼女はその門下生，ゾフィー・ゴウトシュティッカーと知り合った。ゾフィーは思慮深く芸術的天分のある，実務能力をもつ娘であった。2人は互いに好意を抱き，写真スタジオを建てることに合意した。思い立つ日が吉日！全大都市のなかでミュンヘンは自由な気風の，少なくとも最も偏見にとらわれない都市と思われた。ミュンヘンの町並みは美しく，芸術性あふれていた。そしてその町の優れた人々と，劇場・画家の関係者との多くのつながりが得られた。最上の写真アトリエのひとつにすべく，ひと冬中技術を傾け作業を続けて竣工した結果，ミュンヘンでアトリエ「エルヴィラ」を開店できた。この店はその業績及び女性の管理・経営という新しさによって成功した。————
> 32歳になったばかりの女性が事業に独力で誰にも頼らず成功したこと，髪を短く——前世紀の80年代のことを考えよう——縮れ毛に刈り込み，その家で活気あふれる，面白い社交を常に繰り広げ，世間では女性解放のために闘い，スポーツ・乗馬・サイクリング・ハイキングに出掛

> け，自分の思うままに大胆に暮らしたこと，これは当然にもミュンヘンで人目を引いた。それは俗物や嫉妬深い人に十分すぎるゴシップの材料を与えたが，そのゴシップは2人の女性を冷静にしただけでなく，それを最高に楽しんだので，妬みは減るどころではなかった。

4. 上流社会の壁

　しかしながら，ドイツ帝国時代は階級社会であった。各階級間の仕切りを厳格に保つ意識は統治エリートに根強かったし，社会的出自の異なる男女間の結び付きがタブー視され，日常生活でも社会層の異なる人々が同席することは許されなかった。ハインリヒ・マンの『臣民』には，主人公が事あるごとに市役所の地下レストラン (Ratskeller) に繰り出すシーンが出てくるが，そこは気のおけない同じ階層の人々が出入りし，室内にはツケ払いのきく常席があったからである。ある時——第一次艦隊法案のころか？——，主人公が座る席の周りは，強力な艦隊の砲撃で横着な「イギリス野郎とけりをつける時期が近づいた」ことで盛り上がり，彼は上機嫌となった。そう，彼にとって「常連席(Stammtisch)」に座る同輩諸氏との談義は，その内容よりも自らの身分意識を確認する機会だったからである[5]。

　身分違いの出会いは悲劇を生む。ある男爵がドイツ帝国初期のころを回想したと思われる場面に，レストランでの会食風景と，貧しい母子家庭出の娘と結婚した若い書記官のエピソードが出てくる。彼はベルリーン在郷軍人会のパーティに妻を同伴し，その席でかつての上官に出会った。「上品な」会合に「ウェートレスも」入場させるのかね，という上官の言葉を耳にしたので，彼はその真意を尋ねた。なんと上官は，以前フリードリヒ街レストランでウェートレスとして働いていた妻を見知っていたのである。妻に尋ねたところ，それは真実だと言った。さらに後日，妻は困窮した母の家計費を稼ぐため再びレストランで働いた。そこで夫は在郷軍人会関係者から脱会するよう忠告されたという[6]。

5. 結束する社会民主党員たち

　このような身分格差を当然視する社会のなかで，労働者階級はそこから排除されればされるほど独自の組織を固めて，さまざまな生活領域に「社会民主主義的なサブカルチャー」を打ち立てる道を進んだ。ただし，このサブカルチャーの目的は労働者の道徳的改善に尽くすことにあり，労働者の政治参加の単なる代用品や保健組合のような互助組織とは考えられてなかった点に留意すべきである。労働者クラブの会員たちはブルジョアの読書協会を見習って運営規則や祝典を設け，組織の旗と記章をつくり，会合に出掛ける時には身なりを整え，ひとかどの人物と見られるように言動に気を配った。1890年9月30日，彼らを弾圧した社会主義者鎮圧法が廃棄される瞬間を迎えた時から，労働者のクラブ組織は爆発的に成長して彼らの対抗文化を育んだのである[7]。

　次の記述は，その場に居合わせた少年労働者が，鎮圧法の廃棄を待ち構えて歓喜に沸き立つ人々の光景であり，後年その感動的な体験を回想録に書き残したものである。同時にそれは，労働者の日常的居場所の雰囲気を巧みに映し出してもいる[8]。

O. 社会主義者鎮圧法が廃棄された瞬間（1924年）

> 　「まだら子羊」は町［ハルツ市］の真ん中にあって，普通の居酒屋でしかなかった。それで祝典は食堂でおこなわざるをえなかったが，それは非常に大きくて百人以上も収容できた。私たちが到着した時，室内にはすでに大勢の人達がいた。室内はいくらか角張っていた。その室内全体を見渡せる隅には白布で覆ったテーブルが置いてあったが，別のテーブルは何もかけてなかった。テーブルの背後の壁に大きな赤旗が掲げられ，そこには自由，平等，友愛という字が金色紙で張り付けられていた。旗の左右に2つの肖像画がかけられ，それにも同じように赤旗が書かれていた。1枚にはひとりの男が描かれ，明らかに隣の台座から転がり落ちた野獣を足で踏みつけ，体に肩帯をまきつけ，旗を手にしていた。もう1枚には，赤旗を手にもつ白服姿の女性を見ることができた。その下方に長いスローガンがあったけれども，私はそれを読むことができなかった。向かい側の角に大きな時計が掛けられていて，文字盤の12時の所が

金色の星で覆われていた。時計の脇に台所ランプが掛けられ，その輝きで時計を照らすとされたものの，その明かりは少しだけ足りなかった。
————
　2人の警官が室内に来て，白布のかかったテーブルに行き，その隣にランベルト・シュミット［地区責任者］が座った。警官は彼に話しかけて1枚の文書を示した。——［宴会が始まり，真夜中に佳境となった頃，彼は立ち上がて話し始めたが，途中で言葉につまった。］
　だが仲間の者たちはランベルトをよく知っていて，彼が心中の興奮に圧倒されていることに気づいた。彼もまた法律の手で重い打撃をくらった。彼は我々の町に留まるまで，長年追い立てられ，ここでも苦労と困窮に苦しめられた。
　いまや願いが達せられたのである。そしてこの病人が興奮のあまり言葉を使えなくなったことが分かった。その他の場合では彼が巧みに言葉を使ったからである。
　しかし，仲間の者たちがびっくりして押し黙っていたまさにその瞬間，古い掛け時計が音を立て始め，12時をガンガン響かせた。その時皆は沈黙した——まったく静かになり，大勢の息遣いだけが室内に重く漂った。
　音が鳴りやんだ時，皆が立ち上がった。そして同時に歓声が沸き上がり，ただひとつの，長く深い叫びとなって室内にこだました。テーブルの上に手を差し伸べ，多くが抱き合い，互いに叫び合い，皆の目が輝いていた。私は兄の後ろにいて，その手を握った。そして私の心臓は急に激しくトントン音をたてた。一団の人々がランベルト・シュミットを取り囲んだが，彼は笑い，差し出された多くの手を握った。
　2人の警官は身動きもせず帽子をかぶったままテーブルに座っているだけで，何が目の前で起きたのか，分からなかった。

6. 社会主義鎮圧法時の労働運動と社会民主党

　迫害された時期（1878～90年）に社会民主党は大家族のような性格を帯びたという。つまり，同党の人々は政治的信条をともにする者たちというだけでなく，同志の居酒屋やタバコ屋に通い，主婦たちは社会主義者の店で日用品を買ったからである。国家からの疎外，ブルジョア社会からの隔絶こそが，いわば「社会の中の社会，国家の中の国家」を社会主義者たちにつくらせ，そこで充足感を味わわせたのである[9]。居酒

屋で祝杯をあげた情景は，彼らの組織的活動が日常生活に根付き，働く仲間同士の連帯感が強く滲み出た場面をよくとらえている。鎮圧法の廃棄以降，彼ら社会民主党系の労働者は，労働者祭典のみならず各種の協会活動に積極的に参加していった。

　世紀転換期のころ，こうした労働者独自の活動力に強い印象を受けたブルジョア一家の少年がいた。彼の町リューベック——マン兄弟の郷里——は1917年時点で人口11.7万人[10]，「強制を憎み自由を尊重する」ハンザ同盟都市の伝統をいまだに色濃く残す地方都市であった[11]。彼の回想録にも，町のブルジョアジーは現実政治に無関心で，大半は国民自由主義派に分類される自由貿易を信奉者し，社会民主党と聞くと額にしわを寄せる人々であった。その少年は，ある日父のお供で並木道を散歩したとき，そこを行進する労働者のデモに出会った。デモの理由を父に聞くと賃上げのためだと言うが，少年はその意味を理解できかねた。「右か左かに立つもの，そのすべてが政治家であった」，というリューベック・ブルジョアジーの曖昧な政治観のなかで育った少年にとって，労働者が喜びに満ちた表情で行進する光景は，自分の頭で考えるきっかけとなったと回想している[12]。

　労働組合と社会民主党の示威運動を見た少年が恐怖感を覚えなかったように，同党は実際活動において革命運動を直接煽ったわけではない。1883年初め，社会主義鎮圧法をはねのけて，党理論誌の『ディー・ノイエ・ツァイト』がカール・カウツキー（1854～1938年）編集のもとにシュトットガルトで発行された。彼はエルフルト綱領（1891年）草案を起草し，「正統派」マルクス主義者としてドイツ国内のみならず第2インターナショナルを主導した理論家であった。たしかに，スイスで『ゾチアルデモクラート』を編集したエードゥアルト・ベルンシュタイン（1850～1932年）とともに，カウツキーもロンドンのフリードリヒ・エンゲルス（1820～95年）の指導をうけたマルクス主義者であり，両機関紙——社会主義者鎮圧法末期に前者が約2500部，後者が11000部——を通じてマルクス主義理論が党内に浸透していったことは事実である。さらに，両機関紙の購読者が活動家レベルに限られていたのに対

して，旬刊誌『デア・ヴァーレ・ヤーコプ』は10万部を越える大衆的読者を得て，党支持者層にも急進派が影響力を大きくしていった。しかし，帝国議会議員団は自弁での議員活動を余儀なくされていたため，ほとんどが小市民層で占められていた[13]。選挙運動では，当然にも，現実生活上の直接的成果を示すことで支持者拡大に主眼点をおくことになり，議会レベルでの穏健路線を強めた。その選挙運動の実際を見てみよう。

　1884年の帝国議会ハレ――ライプツィヒ北東部の工業地帯に位置した――選挙区の社会民主党候補者はヴィルヘルム・ハーゼンクレーファー（1837～89年）であった。鞣工出の彼はラサール（1825～64年）の全ドイツ労働者同盟に加わり，その議長（71年），そしてラサール派とアイゼナハ派が合同したドイツ社会主義労働者党の党首（75年）に就くとともに，ヴィルヘルム・リープクネヒト（1826～1900年）とともに機関紙『フォアヴェルツ』の編集にあたった。その創成期のドイツ社会主義運動を支えた1人である彼は，選挙に際して，「靴のどこがきつくて労働者の足をしめつけるか」を知る候補者を売り込んだ。選挙公約は「国家と自治体における普通・平等・直接・秘密投票」，無料の学校教育，徴兵者の税金免除，民主的選挙による裁判員選挙，報道・結社・集会の自由，児童日曜労働の禁止，労働時間の合法的制限，そして共同組合の国家補助であった。これらの公約は，普通選挙制の要求に代表されるように，急進民主主義的な要求項目であっても社会主義的性質のものとはいえなかった。つまり，社会民主党の指導部は革命綱領を掲げたものの，実際活動を担った――帝国議会での言論は保証されていた――議員団と労働組合幹部は，自由主義運動と同レベルの改良主義的要求を提起するにとどまっていた[14]。

　帝国議会の議席は，12（81年）から24（84年）へ前進，そして11（87年）へと後退と波が大きかったが，ベルリーン警察報告（86年7月）によれば，労働組合運動に支えられて社会民主党の組織拡大は続いていた[15]。そして1890年2月20日の総選挙では，例外法の期限切れが間近に迫り，皇帝による新労働法への期待感もあって，社会民主党はロンド

ンのエンゲルスが予測した120万票を越える142.7万票――決選投票の政党間提携のため獲得議席は35にとどまった――を得た。ついに3月18日にビスマルクは帝国宰相辞職の願いを提出し，権力政治の舞台から立ち去ったのである。社会民主党は同年10月に合法的にハレ党大会を開くことができ，翌年にエルフルトで「科学的社会主義の党」にふさわしい綱領を定めることになった[16]。

7. 女性解放運動の戦略的手掛かり

　ところで，かの労働者パレードに感銘した少年が通ったギムナジウム制度も，世紀転換期に変化を余儀なくされた。女性への学校解放が促されたのである。その背景についてベーベルの『婦人論』はきわめてプラグマティクに環境の改善を指摘している。家事労働を軽便にした技術的革新，そして男女の精神的能力の平等性を踏まえた，女性に対する学校教育の開放である。ただし，ベーベルが援用するダーウィニズムは楽観的な環境適応の考え方であり，優生学が言う優劣原理の社会的作用は考慮外とされていた[17]。

　ギムナジウムの発祥は1834年に逆上る。プロイセン政府は諸大学独自の入試制度を廃止して，ギムナジウム終了資格試験（アビトゥーア）の合格者のみに大学入学を認めた時であった（諸邦もこれに倣った）。前述したように，ギムナジウムは古典語（特にラテン語）教育を軸にした人文的教養主義を特色とした。近代ドイツで諸種の専門資格をとるためには一定の大学就学年数を必要としたので，このアビトゥーア取得は教養市民層（Bildungsbürgertum）を形成するうえでの大前提であった[18]。アビトゥーア試験は個々の学校で上級教師によって採点されたので，その権威を高めることとなった。問題はギムナジウムが少女の入学を許可しなかった点にあった。女性がアビトゥーアを取得できないかぎり，その大学入学は不可能であったので，女性解放運動者にとって，少女のギムナジウム入学とアビトゥーア取得は，男性教員の高等教育独占を切り崩すとともに，女性解放の戦略的手掛かりとなるべきものであった。

8. 女性教育の開拓者ヘレーネ・ランゲの奮闘

　次に紹介するヘレーネ・ランゲ（1848～1930年）は，女性の教育は女性の手に委ねよ，と一貫して主張した女性教育運動の先駆者である。彼女はその回想録のなかで，1890年代のドイツで女性運動が質的転換をとげたと記している。80年代のテーマが「我々は何を望むのか」，「婦人問題は人権問題」，「女性の性格形成」などという観念的・道徳的なものであったのに対して，90年代には職業と母性の問題に焦点を絞り，「女性の深夜労働」，「女教師の給料事情」，「出産率の低下」など事物に即した具体的テーマをとりあげるようになった[19]。彼女はこの「流れの変化」を背にして，1910年に自らの名を校名とする女子ギムナジウム――現在は共学校――をハンブルクに創設した[20]。

　それに先立つ1889年，ヘレーネは女子の外国大学入学用の実科コースをベルリーンに，さらに1893年には最初の女子ギムナジウムの設立にこぎつけた。1896年，その最初の6人の女生徒たちはアビトゥーアを受験するため，数日間だけ男子校に在籍し，見事に合格した。これによって，ランゲの教育活動に関するベルリーンの新聞記事の調子は一変したという。次の文は最初のアビトゥーア受験生を引率した時について，その場の緊張した雰囲気をよく伝えている[21]。

P.　女生徒初のアビトゥーア受験（1922年）

> 　私たちは1896年のイースターの日，私たちの最初の6人の女生徒に受験を告げました。彼女たちをベルリーンのケーニヒリヒェス・ルイゼンギムナジウムに委託したのです。近くの小さな飲食店に私たちは――［男女］共通の！――試験日のためにわが本部を設えました。ここで食事をとりながら（食欲が損なわれていることに私は気づきませんでした）報告をうけ，注意と心配事を言い交わし，ちょっとした最後の復唱をして，試験までの数時間にできるすべてのことを話し合いました。些細な失敗は悲劇的とは言えません。というのも，数学問題のひとつを少しだけ解けなかったからです。私たちはそれが確かに実科ギムナジウムの教材の範囲内にあることを確認しましたが，ここでそれを知らせる余裕はありません。しかし彼女たちは当たり前のように，口頭試験で再び「な

んとか切り抜けられる」でしょうと請け合いました。——試験結果は世間で大変な驚きでした。6人の生徒全員が優［4段階中の2番目］で合格したのです。文部省が後に議会に報告したように、彼女たちは「わが男子生徒と同じくよくできたし、部分的には彼らよりもよい成績をあげた」のです。その間、私的に準備した女生徒がアビトゥーアの試験をうけた2つの（デュッセルドルフとジグマリンゲンでの）個別事例の後、女子専用とされた学校で準備した大勢の女性が卒業試験にパスしました。それは［女子教育］方法についての証言ともなったのです。----

当時だれも考えなかったことですが、女性のアビトゥーア取得者に合法的な大学入学許可を与えるという、世間が驚くような実験をプロイセンが決断せざるをえなくなるまで、この国で実に12年もかかったのです［1908年に女性の大学進学が合法化］。これは、旧プロイセンの保守的精神の全能さを説明する数多くの事例中のひとつです。

歴史に照らして、幾多の労力と精神的エネルギーの消費を必要とした本当に些細な歩みを考える時、精神力を傾注して成果を得たこと自体が人生と幸福であり、尽力すことだけが元気の回復と精神力の働きを促す、という考え方は慰めとなります。そしてこれは結局国家のギムナジウム卒業試験よりも有意義なことです。多くを費やしたこれらの年月がまさにこの点を教えてくれました。私に送られた手紙と直接の相談事を通じて、数多くの少女たちの生活を垣間見ることができました。彼女たちは家族内に隔離されて無気力なままに放置されていて、「何かが来てそれに加わる」瞬間を待っているのです。そして若々しい精神は、なんらかの方法で起床の合図がその周りで鳴り響く時、能力と責務の意識に目覚める時、それ相応の成果を挙げたのです。」

9. 女性教育運動への拒否感

ランゲはこの文に続けて、地方医者の娘が雑誌『婦人』をちらと見たところ、彼女が周囲の反対を押し切って医学の道へ進む決心をし、著名な執刀医となった事例を紹介している。とはいえ、社会的障害は依然として大きかった。最初の女子受験生が出た当時、女子の高等教育に関する見解が著名な大学人に求められた。当時ケーニヒスベル大学の神学教授であったアウグスト・ドルナー（1846〜1920年）は、女子教育の主

眼が家事の楽しみを喚起する点にあり，女性の高等教育が結婚を減らすとすれば，それは国家道徳にとって危険であり，社会の原子化を助成するものだ，と不安感を吐露している[22]。またドイツ医師会は1898年大会で，女性が男性と同じ条件で医学研究することに難癖をつける反対決議を通した[23]。ほぼ同時期にカトリック保守派の論客も，男女間の身体的・知的・道徳的な性差を当然視する見方を固守していた。その固定観念を示すのは，「男は理由をつけて裁きを下すが，女の判断はその愛情である」，という決め句であった[24]。さらに，女子の家事労働が家族経営の柱となってきた農村部では農民生活を維持する立場から，すでに80年代の学校教育の改変を不安視する声もあがっていた。農村の娘たちが新しい仕事や趣味に興味をかきたてられて，農作業に不可欠な勤勉と倹約への愛情を薄れさすのではないかというのであった[25]。

　こうした女性解放の動きに反対する典型的な諸言説にたいして，ケーテ・キルマッハー（1865〜1930年）は1905年に『現代の女性運動』を出版して，女子教育の最大の障害物がドイツの官憲国家とその男性支配原理にあると批判している[26]。「几帳面さや徹底性というドイツ人の性格が，国家に後見人と普遍性の父を見る考え方を助長するが，この徹底性はしばしば不毛なこだわりへと退化し，行動する代わりに語り，他国ではずっと前に実施された諸改革をドイツでは不信の目でとらえて滞らせている」，と。だが，彼女の危惧感を裏書きするように，女性解放の進展に反発する女性も実際は多かった。ドイツの女性運動は1908年を「分水嶺」として変質し，それまでの自由主義路線から人種や出生率の問題を掲げる国家主義的路線へと右旋回していったのである[27]。

10. 女性が学ぶベルリーン大学の光景

　しかしながら，恵まれた一部の女性に限られたとはいえ，女性の向上心と自活を求める意志は堅かった。各大学が地方割拠的に独自の権威をもって並立したことや学生の移動登録制のおかげもあって，女学生の誕生を阻むことはできなかった。女生徒のギムナジウム受験は若い女教師

ゲルトルート・ボイマーを刺激し，1900年にギムナジウム教員資格を取らしめた。さらに彼女は大学での勉学に向かった[28]。このように世紀転換期のころ，少数の女性が特例として個々の大学で学べるようになった[29]。1908年にはプロイセンで10年制の高等女子学校規定（「高等女学校の新秩序」）が制定され，女性の大学進学への道が確定するとともに，保母を育成するための女子職業学校もそれに接続された。このように，女子教育は女性教師特有の任務だとする当初の議論をテコにしつつも，公的世界における女性の活動を前提とする教育環境が整えられた[30]。

次の取材記事は，さまざまな年代の女性たちが大学の門をくぐった際の緊張した雰囲気をリアルに描いている。この1897～98年には約200人の，少なくとも中産階級以上の女性たちが，煩瑣な学生登録の手続きをクリアーしてベルリーン大学の聴講生となった[31]。1900年のベルリーン大学の在籍者は1万2063人であった。その3割以上が高級官吏，大学教授，聖職者，弁護士，医師といった専門職の教養ブルジョアジー，4割が商工業ブルジョアジーや大土地所有者などの富裕層出身者で占められていた[32]。これらの男子学生と比べれば，彼女たちの姿はかすんでしまうほどの微々たる存在であった。1914年の女子学生は4156人，60853人の男子学生（人口1000人あたり1人弱）に対する比率が約7パーセントである[33]。

第3章で述べたように，公布されたばかりのドイツ民法典（1896年）は引き続き夫の家族法上の特権を存続させた。夫は妻の嫁入り道具の管理人，子どもたちの法的後見人であった。夫婦間の問題を決定することは夫の義務とされた。マックス・ヴェーバーの母ヘレーネは50歳代になっても，しかも実家の豊かな遺産を相続したというのに家計費を自由に扱えず，浪費家だと妻を責める夫に悩んでいたと伝えられている[34]。しかし，新民法典は既婚女性の完全な法的地位を認めていて，妻が独立した契約主体となったのである。世紀末には，社会民主党系以外にも，女性参政権の要求を綱領に取り入れる女性解放運動団体も現れた。こうした諸運動に支えられて，女性が高等教育機関で学ぶ道が切り開かれたのである。

Q. 最初の女子大学生たち（1899年）

> 昨今フリードリヒ=ヴィルヘルム大学［ベルリーン］の高い，明るい回廊をうろついている古参学生組合員や卒業生は，見慣れぬ光景を見て楽しんでいる。若い女性が彼の目に映るからだ。──初めは，前に黒板のある大きな中央ホールで，人込みのなかで級友たちと頭を並べて，掲示物を勉強している彼女たちである。それから，入口右側の，青白い小川から大学事務長宅へ至る所にいる彼女たちである。緑色の机と使い込まれていないソファーを備えた有名な部屋は，学期が始まるとすぐ人込みで一杯となる。婦人たちは皆書類を手にして，受付所に並ぶ。多くは年若く，おずおずとして困惑しているように見える。そして彼女たちはじっと地面を見つめたり，傍らに目をやったりしている。その他，青ざめた肌色の女性たちは，毅然とした姿で立ち，いつも鼻眼鏡で静かで涼しげな視線を走らせていて，子供らしい臆病な時分を脱した者であることが明らかにわかる。また別の女性は落ち着いた，1人前の気品ある淑女として振る舞い，誰も彼女に尋ねたり怪訝に思ったりしない。そして結局そのような女性たちは，男子学生たちが緑色の机の前をすべてあけてくれるまで待つまでもなく，活発に動き，腕に持つテーブルクロスを敷いて，自分たちの居場所にしようとする。トイレでは皆が目立つような音を出さないように注意する。大半の者は黒い服と暗いジャケット姿である。手にした書類は学期在籍を認める教師試験の証明書であり，それを根拠に彼女たちは──外国人でなければであって，外国人には別な規定がある──通学の許可証を初めて手にするのである。

【註】

1) 以上の叙述は次を要約したものである。Lynn Abrams, op.cit., p.50〜54. なお，BDFの加入団体リスト（1913年）には46の女性協会（会員47万人）が記してある。ドイツ福音婦人連盟を含む，1万人以上の会員を擁する主要組織は14協会（3割）である。ウーテ・フレーフェルト，前掲訳書『ドイツ女性の社会史』晃洋書房，1990年，102頁。

2) Fanny Lewald, Für und wider die Frauen (1870), in: GHS. p.85〜87. このように市民階級の未婚女性が無為のままに家庭生活に埋没する状況について，スウェーデンの女流作家フレドリカ・ブレーマー（1801〜65年）

はすでに 1848 年の小説『ある日記』において，性別役割を固定化する家庭の機能をさして「痴呆化装置」と名付けていた。前掲訳書『女，自分の道を探る』，84～5 頁，290 頁以下。

3) 前掲『女たちの肖像』，46 頁以下。

4) Margrit Twellmann (Hrsg.), Lida Gustava Heymann in Zusammenarbeit mit Dr.jur. Anita Augspurg, Erlebtes-Erschautes: Deutsche Frauen kampfen für Freiheit, Recht und Frieden 1850-1940 (1972), in: GHS. p.88～89.

5) ハインリヒ・マン，前掲『世界文学全集 45』，100, 112, 124, 290, 343 頁。

6) Jeannor Emil Freiherr von Grotthuß, Aus deutscher Dammerung (1909), in: DS. S. 415.

7) シュテファン＝ルートヴィヒ・ホフマン，山本秀行訳『市民結社と民主主義』岩波書店，2009 年，78 頁。ホフマンによれば，世紀転換期に市民結社はその数と会員のピークを迎えたが，市民結社の担い手が多様化（民主化・大衆社会化）するともに，社交による市民道徳の涵養という自由主義的目的は見失われていったという。この局面において，鋼鉄の檻と化す資本主義社会の現状に危機感をおぼえたヴェーバーにとって，市民結社への興味は組織化による人格形成（専門職業人という精神のありかた）を問う次元を切り開いたのであった。同上，126 頁以下。
　なお，社会主義者鎮圧法の 3 年間延期法案は帝国議会で 1890 年 1 月 25 日に否決されたが，法律自体は同年 9 月 30 日まで効力があった。

8) August Winnig, Ein Buch von Heimat und Jugend (1924), in: DS. S.401～403.

9) Das Deutsche Kaiserreich, Ein historisches Lesebuch, S.17.

10) Volker R. Berghahn, Imperial Germany 1871-1914, Oxford 1994, p.311.

11) 高村象平『回想のリューベック』筑摩書房，1980 年，53 頁。

12) Arnord Brecht, Aus nächster Nähe. Lebenserinnerungen 1884-1927 (1966), in: DS. S. 407～408.

13) 安世舟, 前掲『ドイツ社会民主党序説』, 60～61 頁。

14) John L. Snell, The Democratid Movement, p.205.

15) ibid. p.204.

16) 安世舟, 前掲書, 78 頁以下。エルフルト綱領が理論部（カウツキー執筆）と実践部（ベルンシュタイン執筆）で異質なままであり, 改良主義的活動の積み重ねの延長線上で資本主義発展から自然必然的に社会主義に至るという考えを浸透させる結果となった。同, 83 頁以下。

17) ベーベル, 前掲『婦人論』, 256 頁以下。

18) 前掲『ドイツ近代史』, 78～9 頁。

19) Helene Lange, Lebenserinnerungen (1922).in: DS. S.419～420. 小玉亮子「ジェンダーと教育」, 前掲『ドイツ近現代ジェンダー史入門』, 114 頁。

20) 前掲『女たちの肖像』, 9 頁以下。

21) Helene Lange. op.cit. in: GHS. p.91.

22) Arthur Kirchhoff (Hrsg.), Die Akademische Frau. Gutachten hervorragender Universitätsprofessoren, Fraurelehrer und Schriftsteller über die Befähigung der Frau zum wissenschaftlichen Studium und Berufe (1897), in: GHS. p.95～96.

23) Erklärung des Deutschen Ärzetages 1898 zum Medizinstudium der Frauen,in: DS. S.421.

24) Eduard Windhorst, Lebenserfahrung eines Idealisten (1912), in: DS. S.426.

25) Dr.Georg Ratzinger, Die Erhaltung des Bauernstandes (1883), in:

DS. S.417～418.

26) Kaethe Kirmacher, Die moderne Frauenbewegung: Ein geschichtliche Überblick (1905), in: GHS. p.97.

27) R. J. エヴァンズ編, 望田幸男・若原憲和訳『ヴィルヘルム時代のドイツ』晃洋書房, 1988年, 103頁以下。ケーテ・キルマッハー自身も, 第一次世界大戦の勃発とともにそのコスモポリタン的な立場を撤回してドイツ・ナショナリストの隊列に加わり, 1919年のヴァイマル国民議会では, 保守党と帝国党が合流したドイツ国家人民党に所属した (GHS. p.97)。

28) 前掲『女たちの肖像』, 149頁以下。

29) その中にエルゼ・ヤッフェ (1874～1973年) がいた。彼女はマックス・ヴェーバーに促されて, 1897年以降ハイデルベルク大学とベルリーン大学で学び, 1900年に学位を取得した。安藤英治『回想のマックス・ヴェーバー』岩波書店, 2005年, 4頁以下。

30) 小玉亮子「ジェンダーと教育」, 前掲書, 115頁。なお, 女子と男子の同等教育は, ヒトラー・ユーゲントにおける同一の肉体的鍛練論を通じて実現された。それは人種主義イデオロギーが上位概念にあったからである。原田一美「ヒトラー・ユーゲントにおける『教育』」, 同上, 126頁以下。

31) Heinrich Lee, Berlin von heute, Moderne Bilder aus der Reichshauptstadt (1899), in: DS. S.421～422. 通学途上の女子大学生の写真が次に掲載されている。前掲『ドイツ・エリート養成の社会史』, 87頁。

32) 潮木守一『ドイツ大学への旅』リクルート出版部, 1986年, 147頁。なお, この10年後の数字であるが, その時に留学した片山孤村は, 1910年のベルリーン大学関係者の数について, 教官数500余人, 学生数7902人, 聴講生を含めて1万2219人と伝える (『都会文明の画図伯林』, 1913年)。和田博文『言語都市・ベルリン』藤原書店, 2006年, 400頁。世紀転換期のドイツは経済発展を背景にして, 人口が約4670万人 (1885年) から約6450万人へと急増した。それとともに, 総合大学の学生数が1900年の3万4千人余が1910年の約5万人余へと拡大する大学の構造変動期であった。学生の社会的構成も, 貴族子弟が3パーセント以下へと低落し, 教養市民層・有産市民層・中間層の子弟で3分する状況に変わった。前掲『ドイツ・

エリート養成の社会史』，208〜9頁。

33) John L.Snell, The Democratic Movement,1789-1914, P.315.

34) ibid. P.315〜6. ミッツマン，安藤英治訳『鉄の檻』創文社，1975年，41〜2頁。

第6章　民族主義の偏見とそれへの警鐘

愛国心を奮い起こせ！――世界中が悪魔だ！
（第一次世界大戦勃発時のプロパガンダ用絵葉書）［349頁］

1. 身体の劣等感と文明の落差

　20世紀初めのロンドンで夏目漱石（1867〜1916年）は2年間の留学生活を送った。よく知られているように，彼は先進国との文明上の落差に苦しみ，度々「不愉快」な思い吐露した。

　もちろん，中年に差しかかった留学生の苦しさは，漢文学の素養のもとに個々のイギリス小説と詩を知って普遍的な「文学」——いまだ「英文学」の制度もイギリスで未確立な事態のなかで——の構築を志した思い違いに発していた[1]。たしかに大英帝国の側からみると，世紀転換期の日本のイメージは，5，60年代における小ぎれいな「人形の家」を脱して，日清戦争の後には「警戒すべき国」へと変わりつつあった[2]。にもかかわらず，大英帝国の首都に住んで2年目の留学生にとって日英同盟調印（1902年1月）の報も，「富家と縁組を取結」んだ貧者の行く末が案じられる性質のものであった[3]。「西洋とその他」の序列が帝国主義時代の力関係の反映であることは，漱石がいやおうなく日常生活で体験した「不愉快」な事実であった。

　その漱石が異郷で感じた疎外感は，ロンドンで書き綴った文のなかで，市内を歩く「我々黄色人」の肉体的劣等感としても表現されている。「向へ出て見ると逢う奴も逢う奴も皆んな厭に背いが高い。━━━━この度は向うから妙な顔色をした一寸法師が来たなと思うと，これ即ち乃公自身の影が姿見に写ったのである[4]。」苦笑いをすると向こうの人物も苦笑いするとは，まるでチャップリンのパントマイムを見るようである。帰国後の漱石は，『猫』（1905年）の主人には，「大和魂」を云々する世間をからかわせ，『三四郎』（1908年）の先生には，日露戦争後の「一等国」風潮に冷水をかけさせ，『それから』（1909年）の主人公には，日本を借金漬けで牛に伍そうとする「蛙」に擬人化させるなど，矮小な自己の存在意識を味わった留学時期の体験から抜け出そうとするかのように，それをパロディ化した言辞を各所に書き残している。漱石の社会的義憤の背景には，身体的差異を文明間の落差と実感させた苦々しい体験があったのではないだろうか。

そこで，世紀転換期における西洋のアジア人認識がどの程のものであったか，幾つかの風刺画でその特徴を浮かび上がらせることにしよう。

漱石が留学したとき，東アジアではいわゆる義和団事件が発生した。ロンドンで彼はたびたび「支那人」に間違えられたが，「沈淪」した彼らと同一視されるのを嫌う日本人の「軽薄な根性」を皮肉っている[5]。「支那」に「厄介」になったという文人趣味の漱石は，日本を含む列強の中国派兵を肯定することはなかった[6]。しかし，当時の欧米人は実際のところ——いまも！——，矮小な東アジアの諸民族を識別できなかった。たとえば，その義和団鎮圧軍の兵士たちである。出兵した8カ国連合軍兵士の記念写真に写る右端の日本兵の身体は，左端の英米兵の半分ほどにしか見えない[7]。この矮小さは未開地帯の諸民族に共通する表象であった。そしてこのイメージを増幅させて当時の日本人の自意識をも縛ったものに，ビゴーの描く日本人の戯画像があった。

2．デフォルメされた日本人のしぐさ

ジョルジュ・ビゴー（1860〜1927年）は明治中期（1882〜99年）に日本に滞在し，地位・職業・男女の差異をよく示す社会的場面を書き残した人物である。彼の描く日本人像は，その身体動作と表情をデフォルメしつつ伝統社会の日本人の原型を巧みに表現している[8]。ステレオタイプな映像は，先進国の大衆に強い印象を焼き付けただけではない。後進国の知識人ほど，そのデフォルメ画像に含まれた毒気に敏感であったと思われる。

ビゴーの画集『1897年の日本』中の一場面は，イギリス人に案内されて「列強クラブ」に新規加入する日本人を描いている。トランプに興じる古株たちは，毛皮帽子や尖頂付き軍帽などで識別できるおなじみの列強国である。日清戦争に勝利した新興国の勢いを感じさせる画像であるが，入室する新来者は，なんと細目・出っ歯で，膝を曲げて下駄をはき，短髪でシルクハットを着て小わきに洋傘を抱えた人物である。しか

も彼の名は「ムッシュー・ソーデスカ」氏とされている[9]。さらに同画集には「危険な黄色人種 (Le péril jaune)」のキャプションをつけた画像がある。その主人公は，大勢の小さな「アジア人民」が群がって押す岡舟の上に，ナポレオン帽をかぶって仁王立ちになり，「進め！」と「西洋への進路」を指示する。草履に足袋をはき，袴の腰に大刀を縛り付けたその勇姿は，成り上がり者の「アジアの盟主」への揶揄としか受けとれない[10]。黄色と危険を結び付けたキャプションは扇動そのものでしかない。まさにその世紀末，西洋では，危機意識を煽る「黄禍論 (die gelbe Gefahr, yellow peril)」が宣伝されていたのである。

3.「黄禍」の扇動と「義和団」鎮圧の実情

「黄禍」を寓意した代表例として歴史図表などに必ず掲載される絵がある。右奥の黒雲に囲まれたなかに仏陀とおぼしき像が鎮座し，左手の崖の上には7人の女神が並び，大天使ミカエルが指さす右奥を眺める絵である。描かれたのは1895年の夏頃とされ，それは日清戦争後の3国干渉で日本が遼東半島を還付した（5月）後のことである。したがって，女神の先頭に立つのはフランス，ドイツ，ロシアとなり，その後のイギリスはためらいがちにオーストリアに手を引かれる構図となっている[11]。描いたのはドイツ皇帝ヴィルヘルム二世。彼はこの絵に，「ヨーロッパの諸国民よ，汝らのもっとも神聖な宝を守れ！」と書き込み，ロシア皇帝など各国要人に贈呈し，さらにグラビア印刷で至るところに張り出されたという。

　この絵の宣伝効果は確かであった。ロシアは極東に釘付けとなり，ドイツは膠州湾を租借して中国の半植民地化を決定的にした。そして黄禍論をてこにヨーロッパ同盟の必要性を流布させた点が指摘されている[12]。ただし，ドイツでの「黄禍」の使用例は1900年以降であって，むしろフランスで1896年からキャッチフレーズ用に頻繁に使われたという。ヴィルヘルム二世自らが「黄禍」論を云々するのは1900年以降となる[13]。皇帝が行ったいわゆる「フン族（蛮族）討伐演説」（1900年7

月27日）はまさにその皮切りであり，後日，自らにもそのレッテルが貼られることになろうとは思いもよらなかっただろう。

　「義和団」の蜂起者たちは，半植民地を強行する列強の「白禍」の象徴としてヨーロッパ人宣教師を虐殺した。それは清王朝下の民衆社会が自衛をはかって既存秩序の回復を求める動きでもあった。清軍も義和団の活動に同調して北京市内の外国人街を攻撃し，ドイツ公使を殺害した（1900年6月20日）。日本軍1万を主力とする2万の8カ連合国軍（独墺米仏英伊日露）が天津から北京に攻め込み，包囲軍を敗走させた（8月14日）。連合国兵士たちが市内各所を略奪し，露軍も東清鉄道建設保護を名目に満州を占領するなか，清朝は義和団の鎮圧令を出した[14]。ヴァルダーゼー将軍（1832〜1904年）は連合国最高司令官の地位にあったが，その配下のドイツ軍の到着は反乱軍の鎮圧後の10月17日となり，その主要な任務は「私的制裁遠征」の性格を強めて，華北一帯での懲罰的な攻撃を繰り広げた[15]。当時は植民地占領軍による殺害や公的徴発は，高級将官と兵士たちにとって戦闘行動の一環であり，組織的略奪とは見なされてなかった[16]。北京城内占領の際も連合国兵士は多大な戦利品を奪い去った。8カ国連合軍中で日本兵は軍紀厳正を保ったといわれるが，北京駐在武官で総指揮官を務めた柴五郎（1859〜1945年）が明言するように，馬蹄銀や食糧を「公然かつ整然」と差し押さえたにすぎなかった[17]。

4．「陽のあたる場所」を求めて極東へ

　さて，次に引用する2つの演説は，①ドイツの中国利権獲得競争への割り込みを求める外務省長官の演説（1897年12月6日）と，②東アジア遠征軍を激励する皇帝の演説（1900年7月27日）である[18]。1898年にドイツは，前年に起きたドイツ人宣教師殺害事件を口実に膠州湾（青島）を租借し，山東半島一帯を自国の勢力圏とすることを清朝に認めさせた。それは，清朝の日清戦争敗北につけこんだ，列強（日本，ロシア，イギリス，フランス）の勢力圏獲得競争に連なるものであり，帝国主義

的侵略であった。①の演説は、宣教師殺害事件が報じられた後に、外務省長官（後に帝国宰相）ベルンハルト・ビューローが帝国議会において大見えを切った時の主要部である。②の演説は、義和団鎮圧のために派遣されることになった遠征軍兵士を前にして、皇帝ヴィルヘルム二世がふるった弁舌のさわりの箇所である。ドイツ帝国軍は普仏戦争以降大規模な対外戦争を経験しておらず、約30年ぶりの本格的戦争となることが予想された。皇帝はこの間の軍事訓練が祖父の手になることを強調し、公使暗殺など国際法を無視した中国人の前でその成果を示せと檄を飛ばした。

　5世紀半ばのフン族進攻をキリスト教君主が阻止した、という歴史的アナロジーを用いた皇帝の檄にたいして、一部とはいえ、自由主義派のフリードリヒ・ナウマンが賛同の声をあげた。ただし、「キリスト教徒であり、ダーウィニストで帝国主義者である」ことを自認していた元牧師のナウマンにしても、蛮行をキリスト教倫理で粉飾する論法には納得できなかった[19]。そして皮肉なことに、第一次世界大戦になるとこの「フン族（The Hun）」の野蛮人イメージは、英米が宣伝ポスターでドイツ兵（！）を指す用語に活用したのである[20]。

R.「陽のあたる場所」演説（1897年）と「フン族討伐」演説（1900年）

> ①　ドイツ人がある近隣国に地上を、別の国に海上を、そして自国には天国を委ねる時代、空理空論がまかり通る時代、
> 　　　　　　　（哄笑—ブラヴォー！）
> ——これらの時代は過ぎ去ったのである。我々は、まさに東アジアにおいて我が海運、我が通商、我が工業を増進し、振興することを最優先課題とみなすものである。----
> 　我々は、ドイツの宣教師、ドイツの企業家、ドイツの商品、ドイツの旗、そしてドイツの船舶が中国において、他の列強とまったく同じように尊重されることを要求しなければならない。
> 　　　　　　　（盛んなブラヴォー）
> 　我々は最終的には喜んで東アジアで他の列強の利害を考慮するものであるが、それは我々自身の利害が同じくふさわしい評価を得ることが確実に見込まれる場合である。

　　　　　　　（ブラヴォー）
　一言でいえば，我々は誰ひとりとして陰におかれることを望まず，我々もまた陽のあたる場所を要求するものである。
　　　　　　　（ブラヴォー）

② 　十分承知のことだろうが，汝らは狡猾で勇敢な，十分に武装した，残虐な敵と戦うはずである。汝らが敵と遭遇する時はかく知れ。命を助けてやることはない。生かして捕虜とするなかれ！　我々は1000年前エッツェル王下のフン族に名をなさしめ，その勇名で彼らを伝承と昔話のなかで力強い姿を再現させているのだ。中国でもこれと同じようにドイツ人の名が1000年の後までもとどろくようにせよ。汝らは，再び中国人がドイツ人を横目でにらむことのないよう，彼らに思い知らせてやるのだ。軍律を保つならば，神の御加護は汝らにある。全国民の祈り，我が願いは，汝ら，すべての個々人と共にある。文化は必ずや道を切り開く！　出陣せよ，戦友たち！　解散！

5．大艦隊建造の戦略とその利害

　2章でふれたように，ビューローの「陽のあたる場所」演説はリヒターの「個人統治」批判演説と同じ1897年のことである。ティルピッツが海軍長官に就任したのも同年6月，その長官は直ちに第一次艦隊法を打ち出し，翌年3月に同法案を成立させた。この大艦隊建造の戦略的意味について，長官に就任する前年2月にティルピッツは前海軍軍令部長にこう説明している[21]。陸軍に重心をおく従来のドイツ戦略では，イギリスが得意とする列強間の合従連衡策動に対処できない。たとえば，ロシアとフランスがイギリスに敵対する場合，イギリスにとってドイツの敵対性のほうが好ましい。中立の場合にドイツはイギリスの競争相手となる可能性を大きくするからである。ドイツの存在意義を高めるためには「シーパワー（Seemacht）の政治的意義の考え方」が必要であるが，それは従来のドイツ政治に欠落していたものである。「我々が世界に出て行き，海洋で経済力を強めようと望む場合，同時に一定の海戦力

を備えなければ，まったく虚ろな家屋を建てることになる。我々が出て行くと，至るところで既存または将来の諸利害に突き当たる。そのため利害紛争が起きる。いかにして巧みな政治をなそうとするのか。いまや1870年の威信は煙りと消えたし，多面的な諸利害に即応する現実の権力なしに何が成し遂げられるというのか。だが，世界政策上多面的なのはシーパワーだけである。」軍拡は巨額の財政を国民に強いることになり，パワーゲームをもてあそぶ権力当局者にしても，その負担を国民にどう説得するかの問題は重要関心事であった。先月早々に起きた皇帝のクリューガー電報事件も，外交失態どころかむしろ有益な効果をもたらした。というのも，「第1に，イギリス崇拝熱（Anglomanie）が一定の所では決定的に静まり，第2に，我が国民がようやく艦隊を造る決意を固めた」からだ，とティルピッツは語ったのである。

　ティルピッツの海上戦力論は「危険思想（Risikogedanke）」と称される[22]。世界最強のイギリス海軍を潜在敵と想定し，ドイツ海軍がそれに脅威を与えられる――イギリスから「危険」とみなされる――だけの艦隊を保有することによって，軍事力でイギリスを圧倒できないまでも大きなダメージを与えることで対抗できる，という戦略論である。この考え方は民衆の間に戦艦保有を大国のスティタスとみなす気分を生んだが，仏露同盟に伴うドイツ陸軍の二正面作戦の想定とは無縁な代物であって，むしろ「ドイツの政治的英知」がどの程度のものか，その水準を露呈する結果となった。当然，ドイツのパワーゲーム的な軍事戦略は，当時のイギリス海軍にとって「二国標準主義」の原則から看過しえないと映ったため，イギリスはドイツ海軍の増強を逆手にとって，「ドイツの脅威」を政治利用して海軍力の増強に努めた。1900年6月にドイツ帝国議会が第二次艦隊法を可決し，既存の戦艦27隻に11隻を増強・保有することを決定した後，イギリスはドレッドノート（弩級）戦艦を進水（1906年）させた。10門の12インチ砲を搭載するタービンエンジンの新型艦は，戦艦の戦闘能力に関する基準を一気に覆した。またその建造の発表は，他国を緩慢に破産させるプロパガンダ上の成功（「銀の銃弾」）であるとともに，ドイツ宮廷に入り込んだイギリス海

武官の確かな情報収集能力を証明するものでもあった[23)]。

　他方，ティルピッツの戦艦建造プランは，重化学工業の利害を代弁する「ドイツ工業家中央連盟」の支持を基盤として，農業関税の増大で大土地所有者層を納得させ，議会多数派の中央党を与党に引き込む「結集政策」のもとで議会で承認された（1898年3月28日）。皇帝ヴィルヘルム二世は，伯父のバーデン大公に働きかけて戦艦建造への賛同を得るとともに，ティルピッツの根回し活動に便宜をはかってやったことを自慢した[24)]。「提督は伯父のメッセージをもって私のところに来たが，それには，伯父が私のプランの方向に心を動かされ，全身全霊をあげて『艦隊をめぐる闘争(ママ)』で支援・助力したいとあった。伯父はバーデン新聞界を指揮するだろうが，さらには『帝国諸侯全体』に向かって，その際に皇帝を支持することが『彼らの義務と責務』であると，ためらうこくなくはっきりさせるだろう。そしてそれによって，連邦参議院使節が諸邦議会で精力的に説明に努める事態となるはずである。諸侯連合が皇帝を支援しないことについての疑念は，どの邦議会でも拭い去られるはずだ！」。

　1898年4月にドイツ艦隊協会が創立された。当初その構成員は「結集政策」与党の指導者や重工業・造船業関係者，貴族や退役将校などからなり，官製の色合いの濃い団体であったが，大衆扇動向きの組織体質に改めた1900年には第二次艦隊法の大々的な宣伝活動に乗り出した[25)]。そして同法の承認後，同協会会長はこの実績を背景にティルピッツに向かって，同法の経済効果と建艦計画の早急な実施を願い出ていた。「私は，政府への請願を帝国議会にやらせる運動を起こしてほしいという要請をさまざまな党派諸氏から受けています。その請願とは，不況，商工業の不景気，それと関連する数千の労働者たちの失業に直面するなかで，長期［17年間も！］にわたる戦艦建造をできる限り早いテンポで実施することです。」すなわち，戦艦建造は商工業の活況や取引所相場の上昇のみならず，多くの失業労働者を救済する利点があるというのであった[26)]。

6.「社会帝国主義」の手法

　世紀転換期のドイツ帝国は「世界政策」を展開した。ビューロー政権（1900〜09年）は皇帝の「個人統治」を押し立てて，外交上の成功が国内安定につながるという政治戦略，いわゆる社会帝国主義の手法をとった。その政権の目新しさは，伝統的な政党分布を越えた大衆的支持基盤を創出するため，ナショナリズムの感情を民衆の間にかきたてる手法をとった点にある。皇帝と同じく，政府要人もドイツ帝国の偉大さを称賛するスピーチを繰り広げた。ビューローによれば，世論とは賢人の見識を大衆が自らのものと錯覚した結果にすぎないものであった。今日のポピュリズム的な手法が彼の政治資本となっていたのである[27]。

　最初のうちその手法は，艦隊増強政策や高率関税への復帰などで保守・ブルジョアの支持をうけたものの，デーリーテレグラフ事件のような皇帝の失言が度重なると効力を失い，宰相も皇帝の信頼をなくした。だが，宰相は南西アフリカ派兵問題に対する中央党の攻撃を利して，保守・国民自由・自由主義左派の議会多数派連合（ビューロー・ブロック）を形成するのに成功した（07年）。しかしながら，2章でふれたように，保守派と自由主義派の利害は調停できず，ブロックは崩壊して宰相の座はベートマン＝ホルヴェークに移った（1909〜17年）。

　ベートマン（1856〜1921年）は実務派官僚の出で，議会に「超然」する立場をとった。彼の議会操縦法は，諸政党連合の安定議会派を形成するのではなくて，穏健保守の妥協路線を支持する諸政党をそのつど集めるビスマルク流に戻るものであった。しかし，選挙法改革案の途中撤回や相続税導入回避による緊縮財政策など，党派間対立を避けるその微温的な現状維持手法は各方面から不評を買った。外相キーデレン＝ヴェヒター（1852〜1912年）が主導した第二次モロッコ事件（1911年）は，強硬な外政の推進によって選挙戦を有利に運ぼうとする思惑を秘めていたが，その成果は乏しかった。1912年の帝国議会選挙で社会民主党が躍進したが，左翼・中道・右翼のいずれも結集軸とはなりえず，経済界や軍事関係の諸圧力団体，将校団は政府批判を強めた。確固たる支持勢

力基盤を欠く政権は極右勢力の前進を阻めず，宰相は高級軍人たちが唱える予防戦争に反対したものの，彼らの開戦必定論を抑制しきれなかった[28]。

7. 艦隊政策を弁護する歴史家たち

　このような軍部・官僚・宮廷などの「権威的な多頭制の匿名の諸勢力[29]」がビスマルク退陣後のドイツを左右に動かした。これらの勢力が繰り出す好戦的な外交政策を歴史的に正当化する役割を担ったのは，新ランケ派と称される歴史家たちである。ヴィルヘルム時代にドイツ歴史学界の主役の座は，帝国創成期に活動したドロイゼン（1808～84年）やトライチュケ（1834～96年）らのプロイセン学派から新世代へ譲られていた。前世代が歴史学をあまりにもプロイセン愛国主義で塗り固めたのに対して，マックス・レンツ（1850～1932年），ハンス・デルブリュック（1848～1929年），ヘルマン・オンケン（1869～1945年），エーリヒ・マルクス（1861～1938年），フリードリヒ・マイネッケ（1862～1954年）らの新ランケ学派は，ランケ（1795～1886年）の権威（「ランケに返れ」）に拠りつつ，帝国の権威主義的体制を既成事実と認めたうえで歴史叙述の関心を列強間の外交関係に移した。とはいっても，彼らが国家と列強外交という権力関係を主要関心とし，さらに政治家の活動を弁護した点で，その政治的志向性は前世代と変わらなかったのである。ランケ『列強論』（1833年）をマイネッケが大戦中の1916年に再版したように，彼らの導きの星は，国民精神を覚醒させた国家と「勢力均衡（balance of power）」──16世紀以降のヨーロッパ国際政治に特徴的な，中央部における一強国の興隆と，それに対抗する東西からカウンター・バランスの作用──に注目すべきだと説く老師の観点であった[30]。

　歴史家のルートヴィヒ・デヒーオ（1888～1963年）は新ランケ学派の少し後の世代であるが，彼らの同時代人としてヴィルヘルム時代の学問的雰囲気を熟知していた。彼によれば，当時の歴史家は「外政の優

位」という思考様式のなかで，近代ヨーロッパにおいて強国が覇権を求めて離合集散した権力衝動の根源を探り，現代ドイツの歴史的状況を次のように位置付けていたという[31]。ドイツは1890年代後半になって「遅参者 (the late-comer)」として帝国主義的国際秩序に参入した国である。これまではイギリスが海上覇権を握って新規参入を許さなかったが，ボーア戦争後の世界情勢は勢力均衡が崩れて不安定となり，アジアにみるように諸国民の台頭を許すようになった。世界秩序は資金と金融だけで維持できるものではなく，連隊と戦艦で誇示する権力を必要とする。イギリスが勢力均衡の混乱に対処できない時こそ，ドイツの出番である。ドイツは軍備増強に努めて列強間のバランスをうまくとり，列強間の争いをヨーロッパの外における領土争いへと変えさせ，平和を保つことができる。以上はレンツの，師と同じ題名の『列強論』(1900年)の要旨であるが，軍備を増強したドイツがイギリス衰退後のチャンスをうまく活用できる，したがって艦隊増強策は大賛成だという考え方は，デルブリュックやオンケン，マルクスに共通した見解であった。前述したティルピッツの「危険思想」——シーパワーのバランスがイギリスの特権的地位を崩すとすれば，ドイツ側に立つ二流諸国が現れるはずだ——も，ランケの門弟たちが師から受け継いだ，こうあってほしいという願望 (wish-image) の現れであった[32]。

　この勢力均衡論の観点からドイツの戦争目的を論じて，新ランケ学派と同じ願望を表明した歴史家にオットー・ヒンツェ (1861～1940年) がいた。彼は元来プロイセン軍事＝官僚制国家を信奉する国制史家・社会史家として知られ，大戦中は穏健な自由保守派の陣営にいた[33]。その彼も，マイネッケやオンケンらを誘って論文集『ドイツと世界大戦』(1916年) を出し，世論の扇動に一役買った。その序論と結論において彼は，1900年以降のドイツ政治の進路についてドイツの経済力と海軍力の増強がイギリスの世界覇権を危険にさらすこと，ドイツの戦争はイギリスに絶対的な海上権力を放棄させるまで，列強体制に新たな均衡を生み出すまで続くことを率直に認めている。「イギリスの海上覇権のくびきに苦しめられた他の諸国民も，早晩，勇気を奮い起こしてそのくび

きを振り払おうと決心することを，我々は期待している。陸上の勢力均衡を海上の勢力均衡で補完することこそ，我々の目指すころである。————ドイツの海軍増強は明らかに太平洋周辺の諸地域で効果を発揮している。日本は強国の地位に昇りつつあり，そして我々は間もなく『アジア人のためのアジア』という叫びを聞くだろう。白人が支配する世界という夢は失われ始めている[34]。」

　ヒンツェのいう「白人」とはイギリス人を指していた。それは，当時好んで引用された詩人ガイベル（1815～84年）の言葉からも例証される。ガイベルは言う。「いつか世界はドイツ精神によって健全性を回復するだろう。」というのも，ドイツは近代ローマ教会やナポレオンのフランスに反撃するなかで国民意識を覚醒し，それを個性の観念と結び付けたからである，と。大戦中のドイツ教養人の間では7年戦争（1756～63年）時に苦境に追いやられたプロイセンの故事との類比論が流行した。ドイツはいまや再び2人の巨人に挟撃されているが，この過去の最善の要素を自覚して国民的個性を守り抜くのだ，と。「ドイツ精神」を称揚するガイベルの檄文は，周囲を包囲された国民の戦意高揚に最も効果的だったのである[35]。

8. 大ドイツ主義の扇動

　さらに，時局迎合的な扇動本にも事欠かなかった。その代表例はフリードリヒ・フォン・ベルンハルディ（1849～1930年）の『ドイツと来るべき戦争』である[36]。本書は，英仏協商（1904年）が基本的に攻撃同盟であるとする見解をとり，その「ドイツ包囲網」に対して協商側への先制攻撃で対抗すべし，と開戦ムードをドイツ社会に醸し出した。そのため第一次世界大戦中から，大戦はドイツが仕掛けた戦争だという証拠として引用された。引用文は，旧神聖ローマ帝国の版図を回復せんとする大ドイツ主義の立場をアピールした箇所である。ナショナリズム運動を主導した各種の大衆的扇動団体は，この種の「中央ヨーロッパ的ドイツ帝国」の構築を提唱していた。そのナショナリズムは国民を幅広

い「ドイツ民族」の共同体とみなす立場をとり，すでに19世紀初めのナポレオン支配からの脱却をはかった解放戦争時に，ドイツ体操(Turnen)の父ヤーン（1778〜1852年）が提唱したものと同工異曲である。ヤーンの構想によれば，スイス(Oberland)・デンマーク(Nordland)・オランダ・プロイセン・オーストリアを含む大ドイツ帝国の新しい首都(Teutona)は，ジュネーヴ・コペンハーゲン・メーメル・フィウメを結ぶ要衝の地であるエルベ河畔に定められるとされた。ヤーンの大ドイツ主義の理念は，1世紀を経た後に血統原理による国籍法（1913年）で具体化されたといってよいであろう[37]。

S. ドイツの境界線はどこまでか（1912年）

> 　過去の諸々の動乱と戦闘のなかでドイツ帝国は甚だしい領土喪失を被ってきた。今日のドイツは地理的にみて旧皇帝権力［神聖ローマ帝国］の切断された未完成品でしかない。というのも，それはドイツ民族の一断片でしかないからである。大多数のドイツ民族同胞は他国に編入されるか，またはネーデルラント人のように独立国家で暮らしている。彼らは特別な民族へと発展したが，言葉と民族的性格でそのドイツ民族性を否認できない人々である。ドイツはその自然の境界を奪い取られている。ドイツの川，多くの歌に詠まれたドイツ・ライン川の源泉と河口さえも，ドイツの主権範囲の外にあるからだ。ドイツ東部国境地帯は数百年に及ぶスラヴ人との戦いで新ドイツ帝国の中核権力が蘇ったところだが，そこでも今日ドイツ人の財産が危険にさらされている。スラヴ人の大波が絶えずドイツ民族性にぶちあたって，ドイツ民族の勝利者能力を失わせているように思われる。
> 　ドイツ民族性がここでは政治的弱さに屈していると思われるが，他方では数世紀の間ドイツの民族力が過剰に外国へあふれでて，他国民に吸収され異質な精神に組み込まれたので，我が祖国と我が民族性が失われてしまっている。それは現在もなおドイツ帝国は植民地を所有しないからである。植民地では増大する人口に見合った仕事とドイツ人の生存を保証できるというのに。
> 　当然にもこれは強力な国民を満足させうる事態ではなく，ドイツ民族の偉大さと精神的意義にふさわしいような事態ではないのである。

9. 大衆的扇動団体の跳梁

　政府の統治能力への国民の不信がつのる一方，議会と政党政治が機能不全に陥るならば，国民世論は諸種の利害関係団体・圧力団体の議会外における宣伝活動に感染しやすくなる。ヴィルヘルム時代にはナショナリズムを扇動する有力な組織が簇生した。人種主義や汎ゲルマン主義を訴えた「全ドイツ連盟」（1891～1939年），反ポーランドの民族闘争を組織した「ドイツ東部国境地帯協会」（1894～1935年），帝国主義的な膨張政策を宣伝した「ドイツ植民協会」（1898～1934年）が知られていた。これに加えて「ドイツ国防協会」（1912～35年）が軍備増強の宣伝活動に乗り出したのは，まさに前述のベルンハルディ本と同じ年である[38]。そして同年，会長のハインリヒ・クラース（1894～1939年）も『もしわれ皇帝なりせば』を公刊して，自民族中心主義の立場から諸悪の根源をユダヤ人になすりつけ，独裁と東方への勢力圏拡大による現状打破を訴えた。

　両書の売れ行きをともによくさせたものは，1912年に起きた内外の事件，帝国議会における社会民主党の躍進とベートマン政権の無定見であった[39]。とはいえ，政治状況だけが極右団体の扇動運動を国民に浸透させた要因ではなかった。当時のドイツ社会に蔓延した社会ダーウィニズムの考え方も無視できない影響力をもっていた。その俗説はダーウィンの自然選択説を優劣論に組み替えて，生存競争における弱肉強食説を民族・国家にあてはめただけのものである。単純なだけに大衆的受けはよかった。第一次世界大戦直前の「ドイツ国防協会」機関紙も，「戦争は自然法則に根拠づけられ，諸民族間の生存のための闘争における，最後にして最高の決戦場をなす」と，ダーウィニズムの論法をドイツの予防戦争を公然と正当化する根拠に利用した[40]。

10. 社会ダーウィニズムの流行

　ところで，ダーウィン（1802～82年）の『種の起源』の出版は1859

年であり，マルクス（1818～83年）の『経済学批判』と同年であった。エンゲルスはマルクスの葬送の辞（1883年）で，「有機界の自然法則を発見した」ダーウィン（1809～82年）を引き合いにだして，「人間界の歴史法則を発見した」マルクスの偉大さを讃えたように，19世紀後半以降ダーウィン説にもとづく生物学的唯物論は大勢の人々を魅了した。ドイツ社会民主主義の理論家たちも例外ではなく，「進化」を「発展」の原理と読み替えた俗流唯物論を「科学」として世間に流布させるのに一役買った[41]。生活の向上と権利の拡大に団結することが進歩発展する歴史の王道なのだという説は，労働者が安心感と誇りをもつのに打ってつけだったのである。

ただし，ダーウィンその人がそうであったように，社会における自然な秩序が適者生存を保証する立場からすれば，社会生活の人為的管理や保護などの施策は不必要というよりも有害と考えられ，否定すべき主張であった。ダーウィン進化論のキーコンセプトは，変異（variation）と選択（selection）であり，前提とされる事実は生物の多産・常なる過剰繁殖である。「自然選択」の語には，自然界の「自然な」変異の偶然性を強調する意味が含まれているのであって，ダーウィンの立場は優秀家系の「社会的統制下」での交配を論ずる優生学（hygienics）とは一線を画していた[42]。しかしながら，自然科学上の発見を根拠に人間と社会を進化の観点から論ずる風潮は強まり，社会的弱者に目をむけるキリスト教倫理観を弱めていったのである。

11. 「優生学」から「人種衛生学」へ

「優生学」の名が流布するのは世紀転換期である[43]。優生学の根拠はパーソナリティの特性――知性，労働能力，精神障害，犯罪行為など――の遺伝性を確信するところにある。したがって優生学者は，社会福祉制度が自然選択の作用を妨げて民族の劣化を招く原因となると考えた。この確信から彼らは「人種衛生学（Rassenhygiene）」の結成をはかったが，その組織的成長はまさに社会ダーウィニズムが世間で認知さ

れていく過程でもあった。ドイツで世界初の「民族衛生学会」が発足するのは1905年，第1回国際優生学会がロンドンで開かれたのは1912年，そして優生学と遺伝学，医学，人口対策とを結合する一種の社会医学への転換をはかるべく，ドイツ国立遺伝学研究所が設立されたのは1927年である[44]。

　次はマックス・ケメーリヒ（1876〜？）の『現代の文化的珍事』からの引用である[45]。そこにはヴィルヘルム時代からヴァイマル時代にかけての文化史上の事象が鋭く観察されている。そこで名指しされたミュンヘン大学教授フリッツ・レンツは，「身体同様に精神でも最上位の民族は下位の民族と異なる」と説く優生学界の有力者である[46]。その威光のほどは大きく，サナダムシの起源に関するミュンヘン大学教授連の論文集（1925年）は冒頭と末尾の論述がまったく同じだと，「青年の教育者」としての彼らの資質を筆者は揶揄している。というのも，レンツの後ろ盾に枢密顧問官マックス・フォン・グルバーがいたからである。ケメーリヒが暴露したところによれば，大戦中グルバーは政治力を発揮して反英同盟の結成に尽力し，さらにバイエルン学界からヘーゲル哲学を排斥した張本人であった。戦後はシュペングラー（1880〜1936年）の『西洋の没落』に対して，レンツのレポートだけを依存して攻撃を加えたり，学術講演会では，同僚のドイツ三種族説を会場でからかって平然としていたという。

T．優生学者の妄言（1926年）

> 　この人種優生学者から見ると北方住民（大柄，金髪，青い目，長頭）が人類の頂点を具現することは言うまでもない。
> 　ところでゲーテは——ルターほどではないが——この人種に属した。そこでレンツは何と書いているか。
> 　「錬金術師で魔法使いのような気質，体系だった仕事の仕上げ，彼の色彩論の強引な弁明，ファウストなど数多くの長ったらしく，奇妙に冗漫な，だが内容の貧しい部分は，分裂病質の精神病を示す！！！」
> 　しかしこれで十分ではない。「実際，ゲーテの体質には北方的特徴と並んで西南アジア的特徴がありそうだと私には思われる。彼の身体的類型

> と彼の母方の親戚もそれを語っている。」
>   もちろんレンツはゲーテにユダヤ的特徴を見つけてはない。アルメニア的特徴を見つけているだけである。
>   こうしていまや結論が出た！ゲーテはアルメニア的特徴をもつ分裂気質の病理学者である！
>   私は確かに教授殿と決して親しい間柄ではないし，それどころか，私が無条件で彼よりもゲーテを高く評価すると聞けば，おそらく彼は私に気を悪くするだろう。なるほど，どちらからを選ぶことが難しいことは分かっているが，私個人は，卑見ではあるが，アルメニア的で分裂気質のゲーテのほうをよしとする。そしてゲーテがその活動を通じて人種の生命に貢献したかどうか，この点を教授殿がどれだけ疑っていても，私の判断は変わらない。

12. ドイツ嫌いの理由の考察

しかしながら，ドイツ民族第一主義を掲げる優生学説の隆盛に待ったをかけるように，諸外国でドイツ嫌いが目につくのはなぜか，その原因をむしろ自己検証の機会とすべきだと論ずる識者もいた。ヴァイマル憲法の起草者として知られるフーゴ・プロイス（1860～1925年）は，第一次世界大戦中に『ドイツ国民と政治』[47]を著した。彼はそこで，道徳的な価値判断を最初から断念したり，政治に背を向けて利己的にふるまうドイツ人の思考特性を指摘するとともに，他方で，次のように人種論がドイツ人を思考停止に誘い込む「鬼火の役割」を果たしていると批判している。昨今のドイツ人は，「純政治的な問題を考察するまったく非政治的な観点」や，「国家政治にかかわる状況への不満を『人種政策的な』スローガンで統御しよう」として，「スラヴ人とロマン人とにたいするゲルマン人の一大戦い！という作り話」にとりつかれる。この人種論が現実の国際関係を見る目を曇らせて，「分別ある明察力と冷めた頭脳を幻影によって朦朧とさせる毒物」の働きをなしているのだ，と。

このようにドイツ人の民族主義的な思い上がりに距離をもって対峙で

きる能力は，たしかに一部の知識人層のものであった。経済学者ヨハネス・コンラート（1839～1915年）もその認識力をもつひとりであった。

彼はドイツ社会政策学会（1872年）の設立にかかわった経済学界の長老であり，『国民経済学・統計学年報』の編集にあたった人物である。大戦中に出版された彼の遺稿集のなかに，ヴィルヘルム時代のドイツ人の荒々しい口調が軍隊生活と関係すると語る箇所がある[48]。彼が息子や学生たちの観察や学校長との面談で得た結論によれば，その原因は息子や学生たちの苦痛なギムナジウム生活に，そしてなによりも教師の不適切な話し方にあった。というのも，軍事訓練に参加した教師が生徒に罵言をあびせる傾向が目立つからであった。そして外国人学生がドイツ学生の無作法で荒っぽい言動に苦情を述べるが，これは兵舎暮らしで学生に仕付けられたものだったからである。以上の分析を補強するため，彼は自らの外国体験で得た知見を披露している。それは彼がアメリカ滞在中――おそらく1904年のセントルイス国際学術会議に参加したとき[49]――に得た感想であるが，一種の近代市民社会論といってよい直感的な認識――「近代的な市民的＝資本主義的なエートス」というマックス・ヴェーバーの観察[50]に近似する――に発展できる内容を含むと思われる。

U．ドイツ人の粗野な言動（1917年）

　――私自身，自分の口調が粗野だということに初めて気づいたのは，アメリカで満員の馬車鉄道から降りようとしたときであった。そのとき車掌が私を補助するよりも邪魔したので，私は幾分かとげとげしく，ドイツでは当然と思われたよう仕方でどなりつけた。乗客と車掌全員が驚いた表情をし，一言も発しなかったので，私は恥じ入り，我が国でこのようなことを再びすまいと思ったほどであった。わが官僚の無愛想でそっけない態度は，外国では当然にも悪名高い。というのも，フランスやイタリアでも，イギリスやアメリカでもそれを知らないからである。粗野な対応によって規律が保たれると考えるのは，完全に間違っている。その反対に，上司と部下，雇用者と被傭者との関係は損なわれ，道徳的水準はそれによって押し下げられる。それに代わって名誉感情が喚起されるべきであろう。私は北米合州国に滞在中この問題に特に注意を払っ

た。どこでも私は工場のなかに厳しい規律があって，自負心の強い労働者が自発的にそれに服していることを知った。逆らったり怠けたりする者は，ある大きな企業家が私に言ったように，1度目は注意し，2度目となると，かの地では我が国よりも労働者が不足しているにもかかわらず，即刻解雇される。とても考えさせられたのは，あるドイツ人の，アメリカに移住した労働者が私に「あちらでは」と言ったことである。「私はここでは仕事じまいの後に服装を整えて，――彼が語調を強めて――その場にふさわしく振る舞えば，私はどこでも紳士と見られ，教養ある階級の者のように処遇されます。ドイツでは決してそうではなく，私は労働者であり，いつでもそう扱われたのです。」

【註】

1）佐藤泉『漱石片付かない〈近代〉』NHKライブラリー，2002年，92頁以下。

2）東田雅博『大英帝国のアジア・イメージ』ミネルヴァ書房，1996年，222頁。

3）夏目漱石「書簡：明治35年3月15日」，三好行男編『漱石文明論集』岩波文庫，1986年，332頁。

4）夏目漱石「倫敦消息：1901年」，同上，281～2頁。出口保夫／アンドリュー・ワット編著『漱石のロンドン風景』中公文庫，1995年，92頁以下。藤田榮一『漱石と異文化体験』和泉書院，1999年，93頁以下。

5）「1901年3月15日」，平岡敏夫編『漱石日記』岩波文庫，1990年，46頁。

6）水川隆夫『夏目漱石と戦争』平凡社新書，2010年，38頁以下。

7）ちなみに，漱石の身長は160センチメートル弱で現在の中学生程度である。必ずしも貧弱だったとは思われず，彼もポルトガル人に見間違えられたと記している。拙稿「" 吾輩 "の『コンプレックス』」，『ドリコムニュース高

校生』(2001年9月25日付) 5頁。

8) 膝と腰を曲げた歩き方,身分差を示す姿勢,裸体,フンドシや着物の着衣スタイルなど,興味深い画像は次に豊富に収蔵されている。清水勲編『ビゴー日本素描集』岩波文庫,1986年。同『ビゴーが見た日本人』講談社学術文庫,2001年。同『ビゴーが見た明治ニッポン』講談社学術文庫,2006年。同『ビゴーが見た明治職業事情』講談社学術文庫,2009年。なお,このような伝統的な所作は,当然にも生活環境の近代化や身体鍛練方法の工夫とともに変質する。拙稿「西郷どんの足半」,『ドリコムニュース高校生』(2001年5月25日付) 5頁。拙稿「諭吉流『健康ノススメ』」,『同上』(2001年11月22日付) 5頁。

9) 同上『ビゴーが見た日本人』,228〜9頁。

10) 同上,232〜3頁。なお,ビゴーは英仏協商 (1904年) 前にイギリスと対立していたフランス人である。日独,日英の接近策は,いずれにしても「警鐘を鳴らす」べき動きであった。「イギリス印の新玩具」(1899年) はイギリス兵に操られる日本兵のマリオネットを描くが,それは「日本の自主外交」云々が彼の念頭にあったからだと思われる。清水勲・湯本豪一『外国漫画に描かれた日本』丸善ブックス,1994年,58〜9頁。

11) 飯倉章『黄禍論と日本人』中公新書,2013年,51頁以下。

12) ハインツ・ゴルヴィツァー,瀬野文教訳『黄禍論とは何か』草思社,1999年,220頁以下。

13) 飯倉章『イエロー・ペリルの神話』彩流社,2004年,51頁。なお,ゴルヴィツァーによれば,帝国主義時代となって「危機」に関する標語が氾濫し,それは時代の精神的状況を明示するものであった。使用順からすれば,1880年代に「アメリカの禍」が最初に云々された後に,列強のアジア侵略に「白禍」が,20世紀になって「黄禍」が登場したとされる (1904年のものであるが,フランスの風刺画2枚を掲載)。Heinz Gollwitzer, Europe in the age of Imperialism 1880-1914, Norwich, 1979. p.172-177.

14) 川島真『近代国家への模索 1894〜1925』岩波新書,2010年,42頁以下。なお,日本軍の動員総数は,華北に展開した連合国総兵力7万人中の2万2千人とされる。海野福寿『日清・日露戦争』集英社,1992年,102頁。

15）小林一美『義和団戦争と明治国家』汲古書院，1986 年，330 頁以下。旧東ドイツの歴史教科書（世界の教科書『ドイツ民主共和国：3』ほるぷ出版，1983 年）は，義和団員と思われる 2 人の人物を斬首する写真を載せているが，軍装から判断すると，周囲にいるのは日本，インド兵，清国（？）の兵士たちである（173 頁）。

16）小林一美，前掲書，363 頁以下。

17）8 カ国連合軍中で日本軍がよく軍紀厳正を保ったとされるが，柴五郎『北京籠城』が明言するように，馬蹄銀や食糧を「公然かつ整然」と差し押さえたにすぎない。石光真人編『ある明治人の記録』中公新書，1971 年，148 頁。

18）①：Der Platz an der Sonne, in: Das Deutsche Kaiserreich, S.300〜301. ②：Deutscher Reichs-Anzeiger und KoniglichPreußischer Staats-Anzeiger, 28.Juli 1900. in：GHS. p.14〜15. 皇帝の演説はビューローの『回想録』に基づくオレジナル版である。宰相は公開された時の反響を予想して，「当時最悪の，おそらくは，ヴィルヘルム二世がそれまで行った最も有害な演説」と記している（GHS. p.16）。

19）Hans Kohn, The Mind of Germany, p.287〜8.

20）「ドイツに蹂躙されるベルギー」のポスターには "THE HUN AND THE HOME"，「ドイツ兵により殺害」のポスターには "MURDERED By Huns" とある。前掲『戦う女，戦えない女』，41，62 頁。さらに，戦時公債の購入を呼びかけるポスターには "Beat back the Hun with Liberty Bonds" とある。『モード・オブ・ザ・ウォー』印刷博物館，2007 年，115 頁。

21）ティルピッツの前海軍軍令部長アルプレヒト・フォン・ストッシュ宛の手紙（1896 年 2 月 13 日付）。in: Das Deutsche Kaiserreich, S.302.

22）林健太郎編『ドイツ史（新版）』山川出版社，1977 年，331 頁。

23）矢吹啓「ドイツの脅威―イギリス海軍から見た英独建艦競争 1898〜1918 年」，三宅正樹・石津朋之・新谷卓・中島浩貴編著『ドイツ史と戦争』彩流社，2011 年，270 頁。ジェレミー・ブラック，内藤嘉昭訳『海軍の世界史』福元出版，2014 年，195 頁以下。ドレッドノート型（弩級）戦艦の軍事技術的画期性と 1895 年以降それに追随したドイツ建艦技術の独自性に

ついては次が詳しい。福井静夫『世界戦艦物語』光人社，1993 年，70 頁以下，210 頁以下。

24) ヴィルヘルム二世のフィリップ・オイレンベルク宛の手紙（1897 年 8 月 20 日付）。in: Das Deutsche Kaiserreich, S.303.

25) 望田幸男，前掲『軍服を着る市民たち』，177 頁以下。

26) オットー・フュルスト・ツウ・ザルム＝ホルストマールのティルピッツ宛の手紙（1901 年 12 月 3 日付）。in: Das Deutsche Kaiserreich, S.304.

27) Wolfgang J. Mommsen, Public Opinion and foreign policy in Wilhelmine Germany, 1897-1914.in: Imperial Germany, p.189ff.

28) Wolfgang J Mommsen, Domestic factors in German foreign policy before 1914, in. ibid. p.175ff. なお，バルカン危機に際して皇帝は陸海軍指導部を集めて，開戦瀬戸際の情勢と国民世論の動向を検討させた（1912 年 12 月 8 日）。この「戦争諮問委員会」の開催は宰相と外務省に内密であって，宰相が報道機関によって国民に一大衝突の可能性を伝えるべし，という曖昧な結論を出しただけであった。政府は大衆の熱狂を引き起こす方策をとらず，有力者の発言や出版物を通じて軍事法案や対英協調外交を支持する世論を喚起するにとどめた。ibid. P.199ff.

29) エヴァンズ編，前掲『ヴィルヘルム時代のドイツ』，9 頁。

30) 20 世紀初頭のドイツにおいて，列強間の権力抗争や勢力均衡策，内政を規定する対外関係や「外政の優位」といったランケ学説が復興した状況については次が指摘している。ジェームズ・ジョル，池田清訳『第一次世界大戦の起源』みすず書房，2007 年，190 頁以下。近代国家の存立基盤を国民の「道徳的エネルギー（moralische Energie）」にみるランケ独特の歴史観は次に見られる。ランケ，相原信作訳『強国論』岩波文庫，1940 年，76，78 頁。ランケと新ランケ学派の関係については次を参照。西村貞二『マイネッケ』清水書院，1981 年，58 頁以下。

31) Ludwig Dehio, Germany and World Politics in the Twentieth Century, London 1959, p.38〜39. ユダヤ系の出自であるデヒーオが『歴史学雑誌』の編集者として学界で発言し始めたのは，60 歳近くなった第二次世

界大戦後のことである。ドイツ史における覇権欲求の連続性，したがって二つの大戦を「覇権戦争」とみる彼の立場は，戦後の西ドイツ学界でもアウトサイダーとして扱われ，結果としてフィッシャーの「精神的父親」にされてしまった。しかし，彼が鳥瞰する歴史の大筋は，一方における権力のデーモンにとりつかれた膨張衝動，他方における自由の理想の擁護，という相互対立する２つの原理がからまりあった外政の展開である。デヒーオについてはベルクハーンの論文を参照。前掲『ドイツの歴史家第5巻』，117頁以下。

32) Ludwig Dehio, Germany and World Politics, p.42～50.

33) ユルゲン・コッカによれば，ヒンツェは出自と成育環境からしてプロイセン官憲国家の擁護者であり，勢力均衡におけるドイツの世界強国政策の支持者であった。前掲『ドイツの歴史家第3巻』，146頁以下。

34) Ludwig Dehio, Germany and World Politics, p.51～54. Hans Kohn, The Mind of Germany, p.294～5.

35) Ludwig Dehio, ibid., p.55.

36) Friedrich v. Bernhardi, Deutschland und der nächste Krieg (1912), in :GHS.p.29～30.

37) Hans Kohn, The Mind od Germany, p.91. 伊藤定良，前掲『近代ドイツの歴史とナショナリズム・マイノリティ』，118～121頁。この種の大ゲルマン帝国という民族主義的なユートピア論がこの時期に数多く出現した。前ナチズム的な土壌を培ったのは，反社会主義や社会ダーウィニズムのイデオロギーであり，そしいなによりも強い指導者に率いられた民族の世界支配というユートピアであった。ヨースト・ヘルマント，識名章喜訳『理想郷としての第三帝国』柏書房，2002年，50頁以下。なお，国民国家における国籍の血統主義と出生地主義の問題は次で扱った。拙著『近代の光芒』日本評論社，2000年，13頁以下。

38) ハンス－ウルリヒ・ヴェーラー，前掲訳書『ドイツ帝国 1871-1918年』，141頁。このベルンハルディ本と関連して注目すべきなのは，大戦中に爆発的な反響を呼んだF・ナウマンの『中欧論』(1915年) である。ただし，ナウマンの場合は権力国家理念が全面に出て，民族・領土問題などの政治的現実の認識があいまいであった。こうした現実の権力関係に関するナウマンの

認識の甘さは彼の政治活動に一貫してつきまとっていた。三宅正樹『世界史におけるドイツと日本』南窓社，1967年，第1章参照。

39) 谷喬夫『ナチ・イデオロギーの系譜』新評論，2012年，115頁。

40) 望田幸男，前掲書，225頁。

41) ハンス-ヨーゼフ・シュタインベルク，時永淑・堀川哲訳『社会主義とドイツ社会民主党』御茶の水書房，1983年，69頁以下。

42) たとえば，ダーウィンは従兄弟のF・ゴールトン（1822〜1911年）が優生学研究所の意向を示したのに対して，自然性を歪めるとして反対した。Gertrude Himmelfarb, Darwin and the Darwinian Revolution, New York 1962, p. 425.

43) ゴールトンによる「優生学」の造語は1883年，国民優生学研究所の設立は1906年，優生教育協会の設立は1907年である。ダニエル・J・ケヴルズ，西俣総平訳『優生学の名のもとに』朝日新聞社，1993年，5, 70, 107頁。

44) 米本昌平『遺伝管理社会』弘文堂，1989年，67, 85頁。

45) Max Kemmerich, Moderne Kultur-Kuriosa (1926),in: GHS.p. 78〜79.

46) レンツらの共著本『人類遺伝学と民族衛生学』（1923年）は，後にナチス優生学のバイブルとみなされるようになった。米本昌平，前掲書，93頁。なお，いわゆる相対的安定期（1923〜29年）に入ったこの時期に民族衛生学の思想は具体的な形をとって影響力を及ぼしていた。その「学問的な」装いを借りて「北方人種の改良」を説く大衆小説が出回ったり，北方人種を純化させるという構想のもとに東部国境開拓運動が展開されたりした。ヨースト・ヘルマント，前掲訳書『理想郷としての第三帝国』，130頁以下。ドイツの青年運動が優生思想と近い関係にあることは次の事実からも推測できる。日本の「優生運動」は1926年の「日本優生運動協会」の設立と雑誌『優生運動』の創刊に始まるが，その推進者の池田林儀は報知新聞特派員としてドイツ滞在中（1920〜25年）にヴァンダーフォゲル運動とその民族主義に共感し，その根幹に優生学思想があると感じとった。彼は帰国後に優生学の普及に努め，ついにはヒトラーとナチスを宣伝するに至った。和田桂子「池田

林儀——優生運動の旗手」（前掲『言語都市・ベルリン』，280頁以下）の指摘による。

47) Hugo Preuß, Das deutsche Volk und die Politik (1915),in: GHS. p.34〜36.

48) Johannes Conrad, Lebenserinnerungen (1917), in: DS. S.78〜79.

49) ヴェーバー夫人の伝記はコンラートの娘婿の家を訪問したと記す（前掲訳書Ⅰ，225頁）。

50) W. J. モムゼン，中村貞二・米沢和彦・嘉目克彦訳『マックス・ヴェーバー社会・政治・歴史』未来社，1977年，108頁以下。

第7章 教養知識人に特有な思考様式

カフェ（上流市民層の居場所）
官僚からジャーナリストまで、将校から文筆家まで、
多くの紳士方がベルリーン・ポツダム広場の「カフェ・ジョスティ」に出入りした。
（P. ホーニッガーのスケッチ）［114頁］

1.「知識人」の登場

　「知識人（intellectuel）」という新語は，19世末フランスのドレフュス事件をきっかけとして生まれた。周知のように，作家エミール・ゾラ（1840～1902年）はドレフュスのスパイ容疑を冤罪と確信して，『オーロール』紙（1898年1月13日）に「われ糾弾す」を発表した。これを「知識人」の暴走と揶揄した反ドレフュス派の用法に対して，それを逆手にとって反撃したのは新聞社主筆のクレマンソー（1841～1929年）であった。彼はドレフュス擁護の請願運動に立ち上がった人々を「知識人」と命名し，むしろ共和主義，世俗主義の普遍的価値観や道徳威信を与えることに成功したのである[1]。

　しかし，「知識人」概念をフランス風に狭く限る必要はない。それは世紀転換期のヨーロッパで広義の文化・社会批判者として活動した人々に与えられた言葉でもあった。たとえば，シドニー・ウェッブ（1859～1947年）やH. G. ウェルズ（1866～1946年）に代表されるイギリスのフェビアン協会の人々は，人間の支配を事物の管理に置き換える社会工学的なユートピア像を描いた。これと対極の類型はロシアのインテリゲンツィア（Intelligentsia）である。たとえば，心情的急進主義の立場をとる教養人たち——そのなかに，ロシア革命後に亡命したピョートル・ストルーヴェ（1870～1944年）がいた——は，論文集『道標（ヴェーヒ）』（1909年）を刊行して，自らの行動目標が次の点にあると宣言した。「知識人，要するに，教育をうけて知識のある階層（インテリゲンツィア）は，『社会的奇跡』に賭け，それゆえに日常瑣事を蔑む。というのも，人生で意味あるのは1つだけ，つまり独裁政治の打倒だけだからである。——それ以上のことはすでに手に入っている。つまり，革命政治に直結しないすべてのことは気晴らしなのである。」彼らは自らを「神の摂理」の実行者になぞらえていた[2]。これに対して，ドイツの精神的伝統において「知識人(Intellektuelle, Intelligenz, die intelligent Kreise)」と呼ばれることは，その根無し草さを取り沙汰されるのであって，むしろ侮辱的な意味合いをもってきたという[3]。それでは，

ヴィルヘルム時代の「知識人」たちは自らをどのような存在と考えていたのか。

2. ドレフュス事件の反響

まず「知識人」誕生の糸口となったフランスのドレフュス事件は，スパイ行為の当事国とされたドイツではどのような動きが波紋を引き起こしたか。

復讐戦争の危機を感じたドイツ政府は，当然にも慎重な対応をとった。さらにドイツ教養人層も控えめな態度に終始したという。ドイツ帝国内の定期刊行誌を分析したクルマイヒによれば，フランスの弱体化がドイツの攻撃性の強化につながるとして，ドレフュス擁護論に冷水を浴びせたのは例外であった。皮肉屋のカール・クラウス（1874～1936年）の『ファッケル』は，フランスの弱体化がドイツの攻撃性を強めることを恐れた左派のヴィルヘルム・リープクネヒトに誌面を提供し，そして右派のマキシーミリアン・ハルデンの『ディー・ツクンフト』も同様の論を載せた。大半は，社会民主党の中央機関紙や修正主義派理論紙のように，フランス軍国主義の動向に報道の主眼点をおいた。自由主義派機関紙も，ドレフュス擁護運動が市民的自由と正義の回復を求める闘いだと称賛している。ただし彼ら自由主義者は，ドレフィス派報道機関が言論・報道の自由を問う「知識人反乱」の性格をもつことに関心を払わなかった。というのも，フランス「知識人」に相当する社会集団が当時のドイツには存在しなかったからである[4]。

3. 20世紀初頭における「知識人」論

その後，20世紀に入ってから「知識人」の存在に注目する言説がドイツに現れた。ヒュービンガーの整理に従って，3人の発言を紹介しよう[5]。

① 大学人を労働者党に受け入れる課題を扱うなかで，彼らの役割が議員活動にあるのではなくて，歴史的・社会科学的な洞察を仲介する点にある，と規定したカール・カウツキー。
② 貨幣経済と没主観性が進行する大都市の生活条件を論ずるなかで，大都市の客観的文化に抗して個人的文化を担う可能性を知識人に求めた社会学者のゲオルク・ジンメル（1858〜1918年）。
③ 近代西欧知識人の役割を歴史的・体系的に把握しようとしたマックス・ヴェーバー。

V. 「知識人」の存在規定について

①：－－－－したがって，学問教養のあるブルジョア的要素，我が党における知識人または「大学人」の課題とは，なによりも，大きな，社会的関連をもった洞察，遠くを見る，瞬間的利害を高く越える社会主義的な認識，すなわち，言葉の最高の意味における革命精神を発展させ，広めることにある（1902年）。

②：－－－－人間は区別する存在者である。－－－－大都市はまさにこれらの心理学的な諸条件をつくり出すことによって――街路上にみられるそれぞれの往来，経済的，職業的，社交的な速度と多様性とによって――小都市や田舎の生活に対する深い対立をつくり出した。－－－－小都市の心的生活がむしろ情意や感情的な関係にもとづいているのに対して，大都市のそれが主知主義的な性格をもつことが理解される。－－－－もはやたんにそれぞれの個人における「普遍的な人間」のみならず，さらにまさに質的な唯一性と代替不可能性とが，いまは個人の価値の担い手となる。－－－－この両者の闘争と和解の試みの場所を提供するのが大都市の機能である。－－－－（1903年）。

③：－－－－知識人層が世界と自らの人生の「意味」を根拠づけようと思索し，そして――その直接合理主義的な努力が失敗に終わると――，その体験をとらえ直して，間接合理主義的に意識に組み込もうとする場合には，とにかく彼らはインド的なとらえがたい神秘主義の静寂な世俗外の広野へ向かう途上にある。他方，ある知識人身分が，かの世俗逃避的努力を断念して，その代わり意識的で意図的に，美しい身振りの優雅と品位を，世俗内的完成の最高度合に可能な目標とする場合には，とにか

> く彼らは儒教の高貴な理想に到達する。しかし，あらゆるアジアの知識
> 人文化の本質的部分は，以上の2つの要素が組み合わせからなる。「日々
> の要求」に即した飾らない行為を通じて，特殊西洋的な意味での「人格」
> を基礎づける，かの現実世界との関係を得ようとする思想は，世界をそ
> の固有な非人格的法則性の発見によって実践的に支配しようとする，西
> 欧の純即物的な合理主義と同様に，アジアの知識人文化とはかけ離れた
> ものである（1916年）。

4. 教養市民層という社会基盤

　以上のように描かれた「知識人」の輩出母体は，「教養市民層（Bildungsbürgertum）」と呼ばれるドイツ特有の社会層である。一般に近代社会の担い手は，「教養と財産（Bildung und Besitz）」ある「名望家層（Honoratioren）」とよばれる階層であり，具体的には，医師・学者などの専門職層と行政・教会・司法などの実務官吏層，商業・工業を経営する実業家層にあたる人々である。彼らは人口の5パーセント程度の割合を占め，前者の「教養市民層」と後者の「経済市民層」に分けられるが，その両者が融和せず，しかも前者が後者よりも優位の社会的権威を保ったのも，ドイツ特有の現象である。教養市民層は資格制度の整備に伴ってその数を増し，特にドイツ帝国時代には行政制度と教育制度が拡充されたことで社会的優位を保った。大半が「教養と財産」のある階層出身の大学生の数は1872年の1万8千人から1912年の7万2千人へと，40年間に4倍増を遂げている[6]。

　彼ら教養ブルジョアジー層は1918年に「身分」としては解体したが，世紀転換期（ヴィルヘルム時代）に彼らは独自の慣習と生活態度をもつ「現実の身分」であった。いま少し詳しく彼らの類型的特質を挙げておこう。

1. 大学でアカデミックな教育を受けたこと。その第1の職業グループは大学教授，行政官，裁判官，上級教師（ギムナジウム教師）といっ

た高級国家官僚層があげられる。その国家公務員資格からすると福音主義派聖職者も含まれる。第2グループは自由業とされる医者と弁護士であり，文筆家，芸術家，ジャーナリスト，出版編集者もそれに準ずる職業分野である。
2．自らの教養ブルジョア層を主要な出身母体としたこと。官僚の多くは父親も同じ官僚身分であった。
3．同一集団への帰属意識をもっていたこと。共通の教養を学んで同じ学舎で苦楽を共にした体験から，彼らは「仲間」として社交生活を送った。
4．社会的威信を重視したこと。彼らは経済的収入の多寡よりも，「常席テーブル」に座る者と見られることを決定的と感じていた。官僚層にとって社会的威信は最大の関心事であり，それが彼らの道徳心と義務感（官僚層の精神）を培う土台となった。
5．プロテスタントであること。彼らは住民人口中のプロテスタント比率よりも多くを占め，大学教授と学生のプロテスタント比率も大きかった。その背景には，19世紀の教養理想がプロテスタントに担われた観念論哲学とドイツ古典派文学に発していたことや，プロイセン覇権下の自由主義ブルジョアジーが反カトリック感情を抱いたことがあった。その反対に，南部と西部に多いカトリックはヨーロッパ普遍主義に魅せられていた。
6．「文化的エリート」として「公式の文化」を形成する者という矜持をもったこと。
7．社会秩序を形成する職業に就いたこと。学校教育や文化活動の仕事は，教養ブルジョア層の育成に関係しただけでなく，現実解釈や人間陶冶，世論形成といった，社会形成の中核をなすものであった。

以上の特質に準拠すると，カトリック，小学校教師，技術者，貴族，ボヘミアン，労働運動指導者は教養ブルジョア層の周辺部にいる存在であった[7]。

5. 大学総長閣下の呼び方

　中世以降のヨーロッパ社会で資格取得を認定してきた組織は，大学とギルドであった。とりわけ大学卒業者は「アカデミカー（Der Akademiker）」と敬称を奉られ，その予備軍であるギムナジウム生徒も「ヘル（Herr）」と呼ばれて，庶民から一目おかれた。もう死語になってしまったが，前者の語義は「学士様」，後者のそれは「旦那様」であろうか。彼らは民衆から威圧感と羨望を交えた特別な目で見られる存在であった。それは，彼らが一定の給与を保証される官僚身分への途上にいたからである[8]。さらにそのことは，彼らの資格認定にかかわる人々の権威を増幅させるように働いた。ドイツ帝国時代の大学教授の高い社会的威信は，彼らが教養市民層に属しただけでなく，官僚・裁判官・聖職者・教員などの資格認定にかかわったからである[9]。このドイツ社会構造の特異性に気づいたのは，若き学徒としてヴァイマル時代半ばのドイツに留学した社会学者のタルコット・パーソンズ（1902～79年）である。

　パーソンズが観察したところでは，個人の身分地位の呼称の仕方がドイツ独特なものであった。それは公的称号があらゆる職業界で，しかも常時使用されていること，そして地位と権限が詳しく区分表示されていることである。アメリカ社会で育ったパーソンズは，フォーマルな社会関係を職業領域を越える範囲まで広げず，インフォーマルな要素を可能なかぎり大きくする人間関係に慣れていたので，公的地位を極大化するドイツ社会の慣習に面食らった。彼はこのような社会関係について，不偏不党性をうたうプロイセン保守主義のイデオロギーと関係するとみなす一方で，ドイツ社会における家族・結婚・社交など親密な人間関係での男女間の性差にも注目した。「アメリカ人，特に女性から見ると，ドイツの男は支配的で権威主義的であり，その反対に，妻の側に柔順で依存的であることを期待する傾向にある。」パーソンズにとって，3K主婦の従属的地位や夫の肩書付きの妻の呼称，兵士の間柄や青年運動におけるホモ・セクシュアル的傾向も，ドイツ社会の特異性を示す指標で

あった[10]。

　この指摘と関連して，彼はハイデルベルク大学に入学した時（1925年），前年に留学していたロンドンでも体験しなかった「面白い実例」に出会い，それを注に書き込んでいる。

　「ドイツ大学への正式な交換留学生として私は大学学長から公式に招待された。［学長との］面談後，あるドイツ人の学友がこう言った。『貴方は学長に向かって正確に大学総長閣下殿（Euer Magnifizenz）と話したと思いますが。』『いいえ，私は教授殿（Herr Professor）と言いましたよ』と答えたら，その学友は絶句した。しかしながら，1人のアメリカ人［学生］には，むしろみすぼらしく見える年配の教授に『大学総長閣下殿』と呼びかけるという考えは，少し馬鹿げたこと以上のものと思われた。」

　前述したように，勲章と称号はヴィルヘルム時代に社会的威信を表示するものであったが，事情通によれば，今日のウィーン社会でもなお肩書や称号に執着する風潮が強く残っているという[11]。これは貴族社会の堅苦しい社交生活の名残りであるとともに，ウィーン風の「裏表のある態度（Schmäh）」とも関係するといわれる。かつてのドイツ帝国時代の知識人にとっても，権威主義の雰囲気を濃密に感じさせたウィーンは格別の思い入れの深い地，ファンタジーをかきたてる「異郷の親戚」が住む「隣の庭園」と感じられていた[12]。

6. 多様な職業分野の「知識人」

　ところで，ドイツ帝国時代の「知識人」は大学教授にかぎられなかった。作家・ジャーナリスト・職業政治家・官僚・聖職者・教師など，多様な職業分野にわたる人々をあげることができよう。ジャーナリズムに例をとれば，1900年におよそ4000の新聞が発行されていた。ハイデルベルクに「ドイツ・ジャーナリスト及び作家の協会」が設立されたのは1895年，それが編集者の組織と統合されて「ドイツ報道機関協会」となるのが1910年であった。それはジャーナリズム業がヴィルヘルム

時代に急速に発達したことを示すものであった。大戦中の1916年となるが，ライプツィヒ大学に「新聞学研究所」が設立された。これによって，その当時ジャーナリストはブルジョア的階層秩序のなかで下位とみなされたものの，その専門職（専門資格）扱いが明らかとなった[13]。

　ジャーナリズム業務の発達は技術的進歩によっても支えられた。ドイツ郵便・電報局に電話機が置かれたのは1877年，アレクサンダー・グラハム・ベル（1847～1922年）がフィラデルフィアで磁石式電話を実際に使った翌年のことである。1905年末までにドイツの2万1千市町村を結ぶ電話網ができあがり，1914年には142万台の電話——およそ48人に1台——が設置され，ニュース伝達を格段にスピードアップした。さらにタイプライター，自動鋳造植字機，蒸気ロータリー，木材パルプ用紙など，新聞発行業務を円滑にした技術もあげなければならない。社会民主党の場合，1890年の日刊紙は『フォアヴェルツ』を筆頭に地方紙を含めて16紙，26万部であったのが，1914年には90紙，150万部を発行するようになった。新聞情報が中央統制を欠くままに流されていたので，1908年7月——まさに英国紙に皇帝失言が載せられる直前——，党独自の通信社として社会民主党報道局（Sozialdemokratisches Pressebureau）をベルリーンに設立した。社会民主党系の新聞・雑誌・書籍など販売収益は同党収入のほぼ半分に達した。新聞販売だけでも約2150万マルクの資金を調達でき，1100人の雇用者，267人の編集者，89人の業務管理者，7600人の販売員の生活を支えたという[14]。

　このような新聞に代表される情報媒体が活況を呈するなかで，広く文筆業に携わる人々，「文筆家（Literat）」と「ジャーナリスト（Journalist）」はどこが違うのか，という問題が出てきた。換言すれば，近代ジャーナリストが1つの社会身分なのか，そうでないとすれば，その職業根拠を何に求めるべきなのか，という問題が浮上したのである。

　新しい学問分野として社会学の呼称を名乗る学者が現れたのは20世紀初頭である。この動きをうけて，1910年に第1回ドイツ社会学者大会がフランクフルトで開催された。大会でマックス・ヴェーバーが市況と新聞社の資本保証金の関係，読書習慣の変化への対応などの調査研究

を提起した。その発言中，彼は皮肉っぽく，ドイツのジャーナリストの運命が外国のそれとまったく異質なのはなぜなのか，と問いかけている。「イギリスでは場合によって新聞経営者のようなジャーナリストが上院議員となりますが，彼らはしばしば，ビジネスマンとして彼らの党のために輝かしい，安売りする——高値をつけない，と言ったほうがよかったでしょうか——新聞を商ってきたこと以外に何も功績のない人達なのです。ジャーナリストはフランスでは大臣となります。しかも数多く。これに対してドイツでこれは非常に稀な例外と言ってよいでしょう[15]。」

7.「文筆家」と「ジャーナリスト」の識別

その後，ヴェーバーは大戦中に書き続けた長大な新聞論説，『新秩序ドイツの議会と政府』のなかで，「文筆家連中（Literaten）」を一般の論争相手への非難語として多用している。その一部を抜き書きしよう[16]。

W.「文筆家連中」とはどのような人々か（1917年）

- アカデミー内外のかなり広範な文筆家連中の意見によれば，----戦場で血を流し死んでいく人びとのために，さまざまな「理念」をつくり出すことが自分たちの仕事だ，と心得ている。
  こんなむなしい作業で，わが将兵の重い義務が軽くなるとは思われない。----
- ビスマルクに血道をあげた文筆家は，その身振りをうわべだけ真似た心卑しい連中の伝説までつくり出したのだ。ビスマルク自身はといえば，わが国で軽視できない力をもっているこの賤民層を，ことのほかひどく軽蔑していたようである。----
- 政党の闘争そのものを排除してしまうことは，能動的な国民代表の制度一般が廃止されることにでもならないかぎり，不可能である。ところが，そのようなことをなしうる，またなすべきである，という混乱した考えで，文筆家の頭はことあるごとに一杯になる。----
- 「ローマ法」が資本主義を促進した，といういかにもディレッタントらしい文筆家的観念の持主は幼稚園に行くべきである。----近代資本

> 主義を特徴的に示すあらゆる法的諸制度は，ローマ法とは無関係で，中世に——かなりの部分はとくにゲルマン法に——起源を有する。
> ----国家の指導において選抜を行われないことが----ビスマルクの支配の最悪の遺産のひとつある。彼の後継者は----みな単純な官僚であったが----政治的に教育されてない国民［を残した事態に］，文筆家は例によって喝采をおくった。----
> ・議会の消極的政治に不平を鳴らしながら，指導的人物にたいして議場の追随者の支持をえた責任ある権力を得させ，積極的な活動につかせる道をふさいでいるのはだれか。----政治的成熟について判決が下されなければならないのは，今日のドイツ人文筆家その人にほかならない。

　これに対して，ヴェーバーが『職業としての政治』（1919年）で描く「ジャーナリスト」は，法律家と並んで「職業政治家にいたる最も重要なコースのひとつである」とされている。ジャーナリストは「固定した社会階層」には入らず，「一種のアウトサイダー」と評価される存在である。彼には学者と同等な「才能」が求められるとともに，学者以上に「責任感」を求められる。彼の生活は「冒険そのもの」であり，その「内的確信をテストされる」場面に度々会う。彼は自ら信ずるところに従って判断すべき点で，政治家のそれに類似する職業モラルを求められるとされたのである[17]。

　ということは，ヴェーバーのいう「ジャーナリスト」は，後にカール・マンハイム（1893〜1947年）が提起する，階級を越えた「自由浮動的インテリゲンツィア（die freischwebende Intelligenz）」の類型[18]とは異なっていた。つまり，ヴェーバーはジャーナリズム業に社会超越的役割を期待したのではなく，責任倫理を求めたのであり，この倫理的極大値に耐えられない者が「無責任なジャーナリスト」，そして「文筆家」とされたのである。「文筆家」の端くれも教養ブルジョア層の知識人に属したとすれば，「知識人」の悪評の一部もそこに由来したと考えられる。

8. 第一次世界大戦のイデオロギー合戦

　こうした知識人論は，第一次世界大戦からドイツ革命にかけての興奮した雰囲気のなかで交わされた論戦の産物であった。大戦勃発時に西欧諸国の「文芸戦線」に馳せ参じた学者やジャーナリストは数多かった。大戦を「野蛮性に対する文明の闘争」と正当化するフランス知識人に対抗して，ドイツ知識人は「文明に対する文化の闘争」と切り返した[19]。この言論宣伝合戦は政治体制の根底にある知的伝統間の闘争でもあった。多くのドイツ知識人にとって，大戦はヨーロッパ中央におけるドイツ文化の保持・強化のための「国民文化の最高価値に奉仕する」戦争と考えられた。6章でふれたように，新カント学派の歴史家たちも，大戦がドイツ国民の倫理的エネルギーを実証する場，世界の勢力均衡情勢に割って入る歴史的責務を果たす機会だと論じて，大戦の大義を支持したのである。そこで彼らドイツ知識人陣営は，あたかも西欧文明から被った積年の負い目を晴らすように，「1789年の理念」に優位する「1914年の精神」のスローガンを考案した。ドイツの半立憲制国家は，国家が国民の福祉を保証し，市民はその国家に自発的に服従する組織体質に支えられる点で，イギリスに立ち遅れているわけではなくて，むしろ未来への道を指し示すものと宣伝された。つまり，ドイツ国家には官僚的介入によって階級闘争を仲裁できる有利さがあるというのである。戦時統制経済を指して「未来の社会主義」「協同経済」を云々するドイツ官僚礼讃論に対して，ヴェーバーが「普遍的官僚制化」という冷厳な事実を指摘した。しかしながら，その批判の声は「ドイツの使命」に熱狂する人々の耳には聞こえなかった[20]。

　開戦当初，ドイツの世論は反イギリス感情を急激に高まらせた。しかし，イギリスの海上封鎖の圧倒的な力とドイツ海軍の無力さが知れ渡ると，風向きが変わりだした。ドイツの責務はロシアの進攻に対してドイツ主導の下に大陸全体を結束させることにある，とする発言も現れた。バルト海から地中海に伸びるドイツ防壁こそが，ロシアの氾濫におびえる西欧の救い主だというのである。哲学者マックス・シェーラー（1874

〜1928年)はその『戦争の守護神』(1917年)において、ヨーロッパの勢力均衡を排除してドイツの主導権を確定するうえで、大陸勢力は結束して主敵をロシアとすべきことを主張した[21]。この方向転換を裏付ける外交戦略もあった。ドイツの世界政策が頓挫した後のドイツ外交政策は、海軍ではなくて陸軍の増強を背景にヨーロッパ東部と南東部の農業地帯に視点を移していた。これらの農業国を「非公式の帝国」としてドイツ経済圏に取り込もうとしていたからである[22]。たしかに、このヨーロッパ大陸支配の戦略構想はロシアに多大な犠牲を求めていて、イギリスの海上覇権と直接衝突する性質のものではない。とはいえ、このシェーラーのロシア主敵論は、1916年の戦場の悲惨な現実――西部戦線のヴェルダン要塞攻防戦や東部戦線のブルシーロフ攻勢など――を等閑視する、あまりにも身勝手な理屈であった。東からの脅威に対して西欧を守ると称するのは、「自分の家に火を放ってから、助けを求めて地域の住民たち呼び集める」類いの行動だ、と評されたのも無理はない[23]。

9. トルストーイ・ブーム

　他方、世紀転換期のドイツではかなりの数のロシア人学生が、さまざまな動機――第一次ロシア革命後の政治亡命も含めて――からドイツ諸大学に留学した。たとえばフライブルク大学の場合、1910年の夏学期に学籍登録した外国人143人中、67人がロシア出身者であった。ロシア人はドイツ大学教授のもとで学位を取得するため勉学に励んだが、ほとんどの大学都市に設立されていた彼ら専用の読書室や協会にも出入りした。それらロシア人学生に居場所を提供した施設は、たとえばミュンヘンに6つ、ベルリーンに3つ、ハイデルベルクに2つあった。そこではロシア国内の合法出版物だけでなく、非合法の書物・機関紙を読むことができて、政治的または民族的な催し事も可能であった[24]。その1つにハイデルベルク・ロシア読書室があった。それは1912年12月に50周年記念式典を催すほど長年の活動実績を誇っていた。式典の主催者は

ロシア人留学生の間で著名なマックス・ヴェーバーを招いたところ，彼は強い感情に動かれて次のようなスピーチをしたと伝えられる[25]。ロシアとドイツは「生死」を分かち合う間柄である。ロシアは，トルストイのような，どのヨーロッパ諸国の尺度もあてはまらない作家を生み出す，無限の可能性をもつ国である。この「ロシアの無尺度」を「ドイツの尺土概念」と結びつけることができるならば，「世界を越えるような」調和を生み出せるのだ，と。こうしたロシアの発展可能性の評価は，すでにヴェーバーが書き上げていた最初のロシア論文の『ロシアにおけるブルジョア民主主義の状態について』の末尾に記された考察と符合するものであった[26]。

「何をなすべきか」を説くトルストイ（1828〜1910年）の人生論は，学問の職分を問うヴェーバーの強い関心をひいた[27]。そのトルストイは1879年に皇帝独裁と正教会を批判し，その後，文学活動を放棄して宗教的訓戒本で道徳的教えを民衆に語った人である。彼は1901年に破門され，ロシア体制からアウトサイダー扱いとされたものの，逆にその生き方は彼の聖者然とした，「仕事着をつけた伯爵」の人物像を増幅させた。ドイツの出版社や新聞はさまざまなトルストイ本を出版し，そして1910年の劇的な出奔と死去を伝えた。前述のヴェーバーのスピーチはまさにトルストイ死去ニュースの余韻が残る雰囲気のなかでおこなわれたのである。

トルストイの読者層は教養ブルジョア層であったが，トルストイを論じた雑誌をみると，ドイツ帝国時代の思想，宗教，文学，政治のすべての傾向——アナーキズム，表現主義，自然主義，公式マルクス主義，自由主義，保守主義，そしてプロテスタンティズムとカトリック——を含み，あらゆる立場の知識人がトルストイに引き寄せられたことがわかる。第一次世界大戦が勃発した直後，オーストリア＝ハンガリー二重帝国に志願し，東部戦線に出陣した25歳のルートヴィヒ・ウィトゲンシュタイン（1889〜1951年）は，トルストイの『要約福音書』（ドイツ語訳，1892年）を「お守りのように常に携帯している」，と日記に書き込んでいる。彼は死と背中合わせの戦場に臨んで，「人間

は肉において無力だが，霊を通して自由だ」という言葉を何度もかみしめていたのである[28]。

　ヴェーバーに魅せられたアナーキスト作家のエルンスト・トラー（1893〜1939年）はすでにグスタフ・ランダウアー（1870〜1919年）から影響をうけていたが，そのランダウアーはジャーナリストとして，ドイツのサブカルチャーにおけるトルストイ紹介者のひとりだった。後年，ドイツ革命のなかで彼はバイエルン・レーテ共和国の設立に身を投じ，その非暴力の立場にもかかわらず政府軍に殺害された人物である。彼は近代西欧の合理主義を厳しく批判し，伝統的倫理を保つロシアの宗教人を理想化した。1909年以降彼はますますトルストイに傾倒し，彼の『社会主義者』誌はトルストイのための公開討論会となった。だが，彼の理解したトルストイの神秘は，宗教的起源から解き放たれた，純個人間を結び付ける媒体と理解されたものであった。つまり，現世において社会的結合をはかる世俗的神秘主義が彼の社会主義の内容だったのである。彼が呼びかけた「社会主義の具体的実現」は，彼の死後，資本主義世界内における移住構想，コミューン対案運動を刺激した。生活改革運動家や「アウトサイダー」が各地につくった移住村は，ロシアやイギリスのトルストイ・コロニーをモデルにしていた。一例として，1921年にデュッセルドルフ近郊の「自由な大地」コロニーは，「グスタフ・ランダウアー精神」で建設された[29]。トルストイの思想は，このように現実の世界に救済の場を求める運動を刺激した。1922年に設立された「キリスト者共同体」も，同じくトルストイ精神の流布者，福音主義説教師フリードリヒ・リッテルマイアー（1872〜1938年）によるものであった。彼は自由主義ブルジョアジーを支持層とするプロテスタンティズム教会の革新運動を進め，現代の救済宗教の意味を「人間の思想・感情・意欲全体の救い」という包括的な救済欲求に求めていた[30]。

10.『モルゲン』誌上のゾンバルト

　世紀転換期において教養ブルジョア層がロシア神秘主義思想に魅了され，現世逃避の生き方へ関心を高めた，ちょうどその時，現実社会に背を向ける生活態度をアピールした人物がいた。経済史論に健筆をふるったヴェルナー・ゾンバルトである。彼は資本主義経済の起源をめぐる論争で，ヴェーバーのプロテスタンティズム的な欲望統制説を批判して，冒険家企業精神のような欲望解放説を説いた経済学者として有名である[31]。だが，そのゾンバルトは『19世紀のドイツ国民経済』(1903年)の末尾において，現代ドイツを「偉大な理想が色あせた」「索漠とした機会主義と精神的高揚を知らない事務万能主義がわれわれの政治生活を支配するようになった」時という時代認識を記していた[32]。つまり，自らが現代文化の行方を悲観主義的に見る者，俗悪な現実政治に背を向けて，無力な精神の世界で超然たる姿勢をとる者である旨を披露していたのである。ゾンバルトには「文芸好きの，唯美主義者気質へと向かう天性の性向[33]」があったと評され，一時期文芸雑誌『モルゲン』の文化哲学部門の編集に携わり，その毎号で文化批判論を展開する人物でもあった。この事実はあまり知られてないと思われるので，彼の諸論説に関するレンガーの分析・紹介に依拠して，「教養人」としての彼の素顔の一端を垣間見ることにしたい[34]。

　『モルゲン』は，音楽・文学・芸術・叙情詩・文化哲学の5部門からなる純粋の文芸雑誌として，1907年に創刊された。同誌の編集責任者は5人からなった。ゾンバルトの他に，音楽家リヒャルト・シュトラウス (1864～1944年)，文芸評論家ゲオルク・ブランデス (1842～1927年)，美術史家リヒャルト・ムター (1860～1909年)，作家フーゴー・ホーフマンスタール (1874～1927年) が編集の任にあたったが，彼らの間で意志疎通がないまま同誌は発刊された。そのため彼ら全体が「モデルネ」の代表者とみなされたが，ゾンバルトはその編集方針に賛成せず，さまざまな機会をとらえて専門領域を越える介入を試みた。彼はリヒャルト・シュトラウスとはカード遊びをするほどの間柄であった。そ

のなじみの音楽家の権威を無視して，ゾンバルトはベートーベンの素晴らしさを公言するありさまだった。なにしろ彼は，「近代音楽の騒音を近代都市のそれと関係づける」センスの持ち主だったからである。しかしながら，『モルゲン』はリルケ，シュニッツラー，ヴェデキントらの作品を掲載して，「モデルネ」を標榜する雑誌であり続けた。

　しかし，この方針にゾンバルトは服さず，彼の担当する分野を越えて口だしをすることを繰り返した。というのも，彼にとって「ドイツ芸術はおよそ1850年代までしか認められない」からであった。これは芸術趣味にとどまらず，モデルネへの批判は彼の社会批判と軌を一にしていた。たとえば，『モルゲン』第1号の冒頭論説「文化哲学」のなかで，ゾンバルトは進歩を確信する時代の終焉をこう断言している[35]。「我々はあふれんばかりの文化財のただなかで貧しくなり，豊饒のなかで痩せ衰え，宝物に囲まれて餓死する。こう思う人々の声がいまや増えている。つまり，これらの声はすべて，文化的偉業が日々新たに何を我々に提供するのか，とののしっているのである。というのも，瓦礫と瓦落多の山に埋もれた栄華のように，それらの偉業の下に高貴な人間性が埋葬されているからである。」

11．ゾンバルトのアメリカ体験

　以上のように現代芸術・文化のありようを毛嫌いしたゾンバルトであったが，1904年のセントルイス国際学術会議に多数のドイツ人学者が招待された時，その一行に加わることにした。だがこのアメリカ旅行は，彼が「このぞっとするような文化地獄」を味わった苦痛が友人に書き送った文面に記されているように，アメリカという新天地に住む人々の「低い文化本能」と「数量的判断」にたいする彼の軽蔑感をかきたてただけの結果に終わった。ゾンバルトが見物した北アメリカ都市は「『合理的』な原則によって人工的に建設された，ゲマインシャフトの痕跡をすべてかき消した，純粋のゲゼルシャフトが沈殿した都市」であった。注目すべきな点は，この彼の態度は大半のドイツ人同僚学者と同列

水準のもの——年配の経済学者コンラートはそれと違う対応をとったが——であった。『社会科学・社会政策アルヒーフ』の編集者としてゾンバルトと名を連ねたマックス・ヴェーバーは，同行したドイツ教養知識人たちが新大陸世界に鈍い反応を示したことに愕然とした。マリアンネ夫人（1870〜1953年）の記すところによれば，ヴェーバーはアメリカ社会における「近代的世界」と宗教精神の痕跡を見聞したことに強烈な印象をうけていたからである。「1日半のニューヨーク滞在でアメリカについて愚痴をこぼすドイツ人の同行者たちに」，ヴェーバーは腹立たしい思いを隠しきれなかったという[36]。

　アメリカ旅行の体験が語るように，現代の都市文明はゾンバルトの性に合わなかった。1907年7月の論説『ウィーン』のなかで，彼はウィーンを引き合いに出して現代都市への嫌悪感を吐露している。「ほんの10年前のことだが，ウィーンが夜の歓楽も知らない，都市交通の便もない，10万足らずの住民の町だ，と私は笑いものにしていた。しかし，ウィーンに滞在した時からすべてが逆転した。私は心底からベルリーン人だということを思い知った。この10年間に私の文化人への成長が進んだ（と私は思う）。だからこそ私はいまや愛するのだ，ウィーンを。」ゾンバルトにとってニューヨークは「荒野，大規模な文化埋葬地」であって，ベルリーンも「ニューヨーク近郊の町」に位置する，それと同類の文化荒廃の地と見なされた[37]。

　同時期に執筆された論説『我々の政治関心』においても，大都市の住民である教養人一般は政治論争を重要事とは思わないとされたが，その理由をこう説明している。「あらゆる価値は結局のところ人格に安らい根付くものである」から，文化人たる者は自然や孤独を愛し，そしてなによりも職業活動に縛られない「女性との真正な交際」を愛する。文化人が「人格を培うことに」全力を注ぐとすれば，当然にも「あらゆる社会的，あらゆる国家的，及びあらゆる外的規制一般を」軽視せざるをえないのである[38]。

12.「文化人」ゾンバルトの矜持

　こうして文化人（der Kulturmensch）はあらゆる政治的なものに優越する位置におかれたのである。そのうえでゾンバルトはヴィルヘルム時代の政治生活そのものに取り組んだ。次の抜き書きは，彼が「我が正面攻撃を『政治と文化』と題する論説シリーズで開始する」と述べた論説の主要箇所を抜粋したものである[39]。
　［①『職業としての政治』，②『ドイツにおける政治生活の要素』，③『ドイツにおける政治生活のスタイル』，④『教養人の政治離反』］

X．ゾンバルトの現代政治拒否論（1907年）

① 「政治という職業は，現代の職業のなかで最も困難な，最も骨の折れる，最も不毛なもの」に数えられる。「絶えず『熱狂の炎』を燃え上がらせる」必要があるため，論拠をスローガンに短縮し，デマゴギーの支配に任せざるをえなくなる。「そして憂慮すべきことに，このように大多数の大衆が低水準へ順応することは，知的な領域だけでなく道徳的・美的な領域でも生じている。――精神が荒廃し，倫理を偽り，美的に粗野なこと，これがつまり，我々が日々受け入れているサインなのである。」この事態に直面する教養人には，そこから遠ざかるか，職業政治家として深入りするか，そのどちらかの選択しかない。「というのも，教養人にとって第3の可能性は政治的衆愚の役割を演ずるという結果になるからである。」

② 「我が先祖が命を懸けたような，大きな政治的理想は残っていない。それらの一部は実現され，一部はごくわずかが認められる。――今日我々をナショナリズムへと誘うものは，誰の興味も呼び起こさないといってよい，つまらぬ二流の模造品である。そこで叫ばれる決まり文句はまさに中身の無さを隠すのである。」政治は「経済利益をめぐる，悪意に満ちた了見の狭い争い」となり，経済利益をめぐる「階級ゲリラ戦」となったが，それは議会の無力さの反映であって，その原因は「プロレタリア運動とブルジョア野党との間に」生じた早期分裂にある。

③ 「次の世代におけるドイツ政治の歩みは，ほぼ確実に現状の大枠のままだろう。」その理由は「ドイツ東部全体の経済構造，その宗派分裂，その軍国主義的伝統」にある。「我々のなかで政治統治に参加しようと

> する者は，なによりもまず特定の政治的信念————保守的なそれ————を保障しなければならない（中央党員であることは，同党が時局に便乗して2つの権力を乗り換える際に危険をもたらす）。」次に決定的な問いは，「我が志願者がユンカーの血統なのか，それともブルジョアの一族なのかである。」前者には軍人や外交官としてキャリアを積む道が，後者には「最終的に省庁の局長として，または若干の場合には大臣として政治権力のおこぼれに与かる」道が，それぞれ開かれている。
> ④ かつて学生時代にあこがれた自由主義派が野党議員のままだとすれば，それは「彼の理念を実現するわずかの希望もないまま，彼の全生活を扇動と演説で満たすことを意味する。そして最悪なのは，彼が既存政党のひとつに与しなければならないことである。————そこで，誰と，という問いが生じる。求婚者は気まずい当惑に行き着く。つまり，自由主義の花嫁か，それとも社会主義の花嫁を娶るべきなのか，と。両者ともきわめて魅力に乏しい，色香のうせた気配を感じさせる女性だからである。」

『教養人の政治離反』の結論は，「我々は政治と手を切ろう。我々はもっと良きことをなすべきである」とされた。そこで，「政治と文化」シリーズの最終論説『我々，疲れた魂』は，政治的無力感の克服に挑む事例を紹介することになった[40]。彼が推奨するのは，「住宅改善，土地改良，郷土保全，動物保護，性病撲滅，養魚，養蜂，その他数多くの有用物擁護を目的に明記する諸協会」の活動であった。政党政治よりもそれらの実際的活動が優るのは，一方で，「政治に横行している愚劣な文句，浅薄な生半可な知識やずうずうしい知ったかぶり」を防げるからであり，他方で，極端に走る政治活動よりも高い価値があるからだというのであった。

ゾンバルトの姿勢は大衆民主主義の拒否であった。それは自由主義者のフリードリヒ・ナウマンが「反政治（Antipolitik）」と名付けた，まさに彼の論題そのままの「教養人の政治離反」を示していた[41]。ゾンバルトは「生粋の政治的人間」のヴェーバーはもとより仲間の学者たちと疎遠であったが，それも無理はなかった。ところがまさに，資本主義・都市化・近代技術に脅かされた文化価値を取り戻せと呼びかける点で，ゾ

ンバルトは論壇雑誌から受けがよかったのである。教養人の非政治的感覚を弁護する彼の論調は，ドイツ教養人層の伝統的気風と適合的だったからである。それでは，彼ら教養人層は一般的にどのような政治感覚を持ち合わせた人々だったのだろうか。

13. 自由主義陣営の支持基盤とその裂け目

　ヴィルヘルム時代の帝国議会選挙における有権者の投票行動の推移（1890～1912年）を見ると，投票率（第1回投票）で自由主義諸党派は漸次的下降状態にあるものの，20世紀になると約4分の1程度を維持していた。上昇傾向の社会民主党は約3分の1，中央党と保守諸党派が約6分の1ずつと，四極構造が続いていた。それは労働者層，プロテスタント有産者層，カトリック中産層，貴族・大農家層という社会的ミリューの棲み分けを示していた。三級選挙法に代表される差別選挙制が温存されたため，投票数は議会勢力に直結しなかった。ベルリーンなど大都市の議会ではむしろ自由主義勢力が圧倒的多数を占めて，自治体議会は「自由主義の最後の砦」と目される状態であった。だが問題は，ドイツ帝国創設前夜に自由主義勢力が左派のドイツ進歩党と右派の国民自由党に分裂して以来，「中間層（Mittelstand）」をまとめあげる政党が存在しなかった点にあった。自由貿易主義の闘将オイゲン・リヒターは，なおも1900年に自らを全国民代表に擬していたが，彼が頼みとした「健全な中間層」はすでに新と旧の中間層に分岐していたのである。その存在規定に関して，グスタフ・シュモラー（1838～1917年）らの経済学者は所得水準に求めるしかなかったほどである[42]。

　自由主義諸党派の対立は，自由貿易か保護貿易かの選択に始まり，軍事法案や植民地法案など政府政策への賛否をめぐって政局ごとに繰り返された。1893年，左派の自由思想家党は自由思想家連合と自由思想家人民党に分裂した。国民自由党の一部（「分離派」）の流れを組む前者は，商工業と銀行の利害を代弁し，旧進歩党系の後者は中小企業と自営業，知識人から支持を得た。1896年にナウマンが国民社会協会を立ち

あげて，新たな結集基盤をつくろうとしたが，失敗に終わった。南ドイツのドイツ人民党を含めて自由主義左派が合同したのは1910年，その進歩人民党が1912年の選挙で獲得したのは42議席（10.6パーセント）にすぎなかった。国民自由党の45議席（11.3パーセント）と合わせて，全自由主義派はようやく帝国議会議席の2割に届く勢力にとどまった[43]。それは旧来の名望家政党スタイルを脱皮できなかった彼らの限界でもあった。

14. 自由主義支持者の組織政党嫌い

　これに対して，社会民主党の選挙活動はその組織政党たるゆえんを如実に示していた。フィリップ・シャイデマン（1865〜1939年）の回想録によれば，たとえばブレーメンでは次のように周到に対策が練られていた。あらゆる選挙区で有権者リストを作成し，街頭や家ごとに確認する。選挙当日は2人の党員が投票所で待ち受け，有権者がやって来るとその投票行為を確認する。選挙監視人は定時毎に報告者を走らせ，その最新の情報を地区責任者が投票者リストに記入する。投票しない者がいる場合，その戸別担当員にその旨が伝達されて，「引き船（Schlepper）」と呼ばれる選挙運動員が投票に行くよう急がせた。もちろんこれは警察の厳しい監視体制をかいくぐっての活動である。1899年の新結社法が政党の存在を合法化した後でも，地方警察は社会民主党の集会と党役員に関する分厚い報告書を作成していた[44]。

　自由主義勢力の組織が脆弱であった点はよく指摘されている[45]。ドイツ自由主義の研究者シーアンはその事情をこう説明する。ナウマンが『自由主義と組織』（1905年）のなかで，個人名に頼る旧式の選挙戦を大型ディスカウントストアー対個人営業の店棚に例えたように，自由主義諸党派の指導者たちも政党組織を整備して，大衆をつかむ政治運動スタイルを取り入れる必要性を十分認識していた。国民自由党系の地方団体は1890年の300から1814年の2207へと7倍余も急増し，常勤職員による事務処理体制も整えられた。統一された進歩人民党の地方組織

も，1912年だけでも1452から1680へと増加した。しかし，このような組織改革は紙上の数字といってよく，1912年の選挙の場合，国民自由党の党員は得票数の11.4パーセント，左派党員の対投票数比率も8パーセントと少なかった。では，政党組織の立ち遅れにもかかわらず，なぜ広範な有権者が自由主義派に得票したのか。そこには自由主義支持者層に特有な政治家のイメージが作用していた。すなわち，実務に精通する「職業政治家」の指導者は彼らの好みに合わなかったからだという。したがって，規律や組織的統制を強めて権力と対峙した社会民主党の党風は，知識人層には個人主義的気質を育まない「新たな隷属の外枠」――ロシアのブルジョア民主主義の発展過程についてヴェーバーが評したような[46]――と映ったわけである。

　シーアンによれば，支持した自由主義者が政治活動を活発化すると，背を向けるケースは大学人に顕著な傾向であった。たとえば，ナウマンの国民社会連盟に加入した大学人の多くは，彼が帝国議会に当選すると，「普通の議員」のようになったとして手を引いた。この「脱政治化 (depoliticization)」現象は，大学における伝統的な法治国家観，社会政策論，外交史・理念史に偏る史学となって表れただけでなく，学生層の現実政治への無関心と無知，政治とは一線を画す官僚層の「中立的」行政観など，社会各所に認められた。つまり，自由主義を支持者した有産者層は，政党活動の活発化を期待して投票したわけではなかったのである。「自由主義」の意味について，彼らの多くは政治的カトリック主義，社会民主主義，国民的少数派ではないことを示す消極的な標識と理解し，大義のために闘うというよりも，「国民」「寛容」「自由」といった曖昧な概念で充足していた。たとえば，社会政策学会のような組織は大学教授に濃密な社交ネットワークを提供したが，それは「政治活動の代替物」としての役割を果たしたのである[47]。

15. 自治能力を欠く国民の問題

　ドイツ帝国時代の市民社会像は同時代のフランスやイギリス，北アメ

リカのそれとかなり違うように映る。それは知識人のあり方とも関連していた。その歴史的理由として次の点があげられている。まず，19世紀初めに近代化のイニシアティヴをとったのが前工業的なプロイセン官憲国家のエリート層であったこと，そのため官僚主義的気風が企業組織や人間関係に浸透したことである。次に，プロイセン将校層が社会的威信を得たこと，そして貴族層文化の社会心理的な影響力が大きかったことである。貴族的・農業的な，軍事的・官僚主義的なエリートの権威とその行動規範は，目覚ましい工業資本主義的な近代化と著しいギャップを生み出した[48]。その特質は，前述したように，ヴィルヘルム時代における社交組織での生活充足，学校制度や諸資格制度の整備拡充につれて，有産者階級全体に政治からの離反を促すように作用したのである。

かくして，大国意識をかきたてて特権階級の既得権益をめくらましする保守政党，日常権益を分与することに汲々とする一方の宗派政党，日常権利の拡大に焦点をあてて大義を先送りする労働者政党，そして政治活動をうとましいとして忌避する教養ブルジョアジー，この手詰まり状況のなかで官憲国家体制は生き延びることができたのである。法学者フーゴ・プロイスは，第一次世界大戦が予想外に長期化するなかで出版した『ドイツ国民と政治』において，官憲国家を許容する国民の根本的な問題点をこう指摘している[49]。官憲国家が存続する「究極的で決定的な理由」は，「デマゴーグ訴追や例外法を繰り出す官憲国家の弾圧政策にあるのでもなく，特定の社会集団とその利害の影響や優遇策にあるのでもなく，官憲国家の官僚層の頑強な支配にあるのでもない。似通った種類のあれこれの現象は，むしろ本質的な原因――自治によって国民のなかから立ち上がってくるような，別種の統治能力ある勢力の欠落――に付随して現れる現象，またはその自然な結果にすぎないのである」，と。

16. ドイツ教養人層の「政治的未成熟」

このようにドイツ国民全体の自治能力の欠落を問う視点と関連して，

ドイツ知識人の非政治的な思考様式を反省的にとらえる回顧録を紹介しよう。

すでにこの著者は5章で登場しているが，19世紀末のリューベック・ブルジョア家庭で生まれ育ち，大戦前に司法官職にあった人物である。彼は7歳でギムナジウム準備校に入学した。両親は小規模校のほうが彼にあってると考えたからだという。9年制ギムナジウム本校に編入したところ，そこでは体罰がまかりとおっていて，彼も頻繁に藤のムチで叩かれた。ある日，帰宅後にこのことを両親に話したところ，父は本人が病弱である旨を校長に書き送ってくれた。その後彼はムチ打ちに代わって教室の外へ出されたという[50]。

大学卒業後，任官してから彼はいかなる政治的有力者や政治活動とも関係せず過ごした。だが，この態度——彼は国民自由党に近いものとしている——は，帝国官庁の高級官僚のそれ——彼らの多数は保守派であった——とは違っていた。選挙権（当時は25歳）を得てから最初に投票したのは，1912年の帝国議会選挙のとき（28歳）であった。この選挙は社会民主党を帝国議会第一党に躍進させた画期的なものであったが，彼は左翼と右翼を問わず党派概念になじめなかったので，人物本位で投票した。彼のベルリーン選挙区の社会民主党候補者は「ゲーテとは程遠かった」し，他の候補者も似たような人達であった。そこで彼の1票はビューローに投じられた。その理由は，ビューローが皇帝に直言して解職されるほどの勇気をもつ人物と考えたからであった。回顧録ではこの判断を政治的未熟の産物としているが，彼にとっては，そもそも政治全体が当惑させられるものであった[51]。このように政治に背を向けることをよしとする姿勢は，ヴィルヘルム時代のドイツ教養層の知識人に共通するもの（「市民性のドイツ的変種」）とみてよいだろう[52]。

Y.「ゲーテのドイツ人」を自負する官吏たち（1927年）

> 大戦前の帝国時代に多くのブルジョア・ドイツ人がそのような非政治的生活を送ることができたし，そう願った理由は，彼らの政治的無力さ

と無教育にだけあったのではない。まさに高い教養の持ち主，そしてなかでも特に「ゲーテのドイツ人（Goethedeutsche）」は，次のような高尚な思い込みを抱いて生きていた。つまり，政治に関与することは教養人にふさわしくないこと，ひどく騒々しい揉め事はいわば下々のレベルで起きること，「本質的なもの」と取り組んで，優れた人間へと精神と心を培うほうがよいだろう，と思い込んでいたのである。————

　教養ある知性の持ち主たちが世紀初めに社会批判的な考察をしたとき，彼らはまず理想的な観客席にいた。というのも，彼らは批判と警句を発するときに民主主義社会のあらゆる自由を享受したからである。ただし，彼らが国家公務員の経歴（彼らは司法官や地方自治体官吏となれた）を歩んだり，実入りの良い政府ご用達として身をたてたりしなければ，という前提付きであったが。————

　批判が当時のドイツで民主主義国家のように自由であったと私が言うとき，それは十分ではない。それは<u>もっと</u>自由であった。なぜならば，それは責任のない自由だったからである。この際限なく自由に才気を発揮することに多くの知識人は満足した。彼らは，責任なき自由がいかにみすぼらしいか，そしてそのような自由の<u>享受</u>，内輪での楽しみがなんともみすぼらしいものかをまったく感じることなく，自らを優秀な同時代人と考えていた。

　官吏にはさらに他の言い訳があった。若い試補見習い，試補，地方裁判官，その所管庁の主席顧問官も，政治から遠ざかっていたが，その際ひとつの役割を果たしたのは，官吏，特に裁判官の無党派性，先入観のなさ，廉潔という，望ましい，それどころか一般にも必要な理想であった。

17. 教養世界という「非政治的」安住地

　前述したゾンバルトも，『19世紀のドイツ国民経済』の結語のなかでゲーテを呼び出していた。ゾンバルトにとって，「非政治的感覚」は「我が国民の偉人や最良者たちが我々知識人に残してくれた最も貴重な相続物」であるからこそ，「我々の物質的文化が我々を追いやっている不毛の地のただなかで，その相続物を育てる」ことは，文化世界に住む「我々」教養ブルジョアジーの義務であった。彼の結論はこうである。

「我々は再びまたゲーテのなかで生きたい。それは我々に絶対必要なことだ[53]。」

「大都市という岩石砂漠の説教師」（フォス新聞）と評されたゾンバルトは，『モルゲン』誌編集部と最終的に決裂した時，『モルゲン』誌用に書き上げていた原稿を『ツクンフト』誌——すでに1907年，ヴィルヘルム二世のスキャンダル暴露で名をあげた雑誌——に乗り換えることができた。彼の『広告陛下』と題する論説（1908年6月）はこう締めくくられた。「たしかに，私の理念は大衆の理念ではない。しかし，我が日常の営みの味気無さを知る者，生活の持続的価値を自覚する者，そして有意義な暮らし方に思いを寄せて，愚民の群れから，彼らの道化芝居から身を離して，そこで正しい生活を始めるために静寂のなかへ逃れた者，こうした人々の数は日毎に増えているのである[54]。」

世紀転換期のゾンバルトにとって，現代社会の大衆化，資本主義・都市化・近代技術の三位一体はアメリカニズムとして災いの元であり，その前進はくい止められないと思われた。旧中間層の衰退に哀惜を感じていた彼は，「非政治的感覚」を養って「永遠の」文化世界に沈思黙考することしかなかった。これが世紀転換期のゾンバルトの模範解答であった。さらに彼は大戦からヴァイマル共和国時代にかけて，労働者階級の階級闘争を敵視し，前工業化社会像に現代経済を組直す手掛かりを求める「社会保守主義」イデオローグへと転身するのである[55]。

そもそも，ヴィルヘルム時代の政治家が中庸の立場を範とする姿勢をとっていた。宰相ビューローにしても，外交官としてヨーロッパ諸国でキャリアを積み，父親——1873〜78年にビスマルクを補佐した——と同じく外務長官（1897〜1900年）に就いた官僚出身者である。政権リーダーとしての心構えについて，彼は「保守的でも自由主義的でもなく，カトリック派でも進歩派でもなく，儀式主義でも無神論でもなく」という立場を信条とした。彼は自らの「自然な弾力」を誇りにしたが，同時代人は彼に「ゴム宰相」のあだなを呈した。この定見なく変わり身のはやい外交業務屋の身の処し方は，まさにデーリー・テレグラフ事件の後始末にもいかんなく発揮された。

ビューローの後を継いだベートマン゠ホルヴェークも生粋の行政官出身であった。29歳で郡長地位に就いた彼は，43歳で県知事，そして同年（1899年）すぐさま，プロイセン高級官僚中でもっとも若くてブランデンブルク州知事に栄転した。プロイセン内相（1905～7年）時に都市選挙区に有利な定数是正を実施し，プロイセン帝国宰相代理へと昇進した時に新結社法（1908年）を成立させ，彼は「改革保守派」とみなされた。とはいえ，ベートマンは「比類のない管理能力」を買われて宰相に起用されても，旧友にこうもらしていた。「権力欲に駆られた人物だけがこのポストを務めることができるのだが，私はまったくそうではない。」その人物評は，義務感が強いが，独善的に政策を追及する粘り強さに欠けるというものであった。「軍人階級の独善性や頑固さがなく，他人を押しのけるというドイツ人にありがちな習性がない」好漢である，というのは駐独アメリカ大使の弁であった。こうした人物評を踏まえて，皇帝は自ら統治なさるおつもりのようだ，と宮廷サイドはうわさしたという[56]。

　以上のような既存体制内で大過なく「非政治的」に生きる官僚的気質は，ヴィルヘルム時代の上層階級の心性に深く浸透していた。さらに，「静かな世俗化（silent secularization）」（フリッツ・スターン）の進む世紀転換期においては，芸術や教養，学識を物神化し（芸術宗教や文化宗教という造語まで現れた！），現実と向き合わず，沈黙や隠蔽を徳目とする生活態度が広く教養ブルジョアジーに受け入れられていた[57]。ゴーロ・マンによれば，ヴィルヘルム時代の知的な生活態度は，俗悪な現実世界と別世界にとどまることで居心地よかったという。だからこそ，「精神はその開花にもかかわらず無力だった」と総括された[58]。この「精神と無力」の表現は，まさに文化史家ゾンバルトが推奨する教養知識人の生き方そのものだったのである。

【註】

1）ピエール・ミケル，渡辺一民訳『ドレーフュス事件』白水社，1990年，9，54，65頁。

2）Gangolf Hübinger, Die intellektuellen im wilhelminischen Deutschland, in: IDK. S.198ff.

3）IDK. Einleitung, S.7.

4）Gerd Krumeich, Die Resonanz der Dreyfus-Affäre im Deutschen Reich, in:IDK.S.23ff.

5）G. Hübinger, op.cit. IDK. P.200ff. : Karl Kautsky, Akademiker und Proletarier (Die Neue Zeit,19.2.1901). Georg Simmel, Die Großstädte und das Geistesleben (1903). Max Weber, Gesammelte Aufsätze zur Religionssoziologie, Bd.2 (1920), S.377. なお，ジンメルは『ジンメル著作集12』（居安正訳，白水社，1976年，270，277，284頁）から引用。ヴェーバーは『アジア宗教の基本的性格』（池田昭・山折哲雄・日隈威徳訳，勁草書房，1970年，220頁）を一部改訳。

6）前掲『ドイツ社会史』，43頁以下。

7）Klaus Vondung, Zur Lage der Gebildeten in der wilhelminischen Zeit, in: Das wilhelminische Bildungsbürgertum (hrsg. von K.Vondung), Göttingen 1976, S.25〜28.

8）望田幸男『2つの戦後・2つの近代』ミネルヴァ書房，2009年，152頁以下。

9）同上，137頁。野田宣雄『ドイツ教養市民層の歴史』講談社学術文庫，1997年，30頁。

10）Talcott Parsons, Democracy and Social Structure of Pre-Nazi Germany,in: Essays in Sociological Theory, New York, 1954, P.112ff.

11) ポール・ホフマン，持田鋼一郎訳『ウィーン』作品社，2014年，42頁以下．

12) Birgitt Morgenbrod,《Träume in Nachbars Garten》, in:IDK, S.111,123.

13) Gangolf Hubinger,《Journalist《und》Literat》, in: IDK. S.101f.

14) John L. Snell, The Democratic Movement, p.260〜263, 268. 1914年の発行部数はそれぞれ次の通りである．『フォアヴェルツ』16.1万部，『ディー・ノイエ・ツァイト』1.05万部，『デイー・ヴァーレ・ヤーコプ』36.6万部．その他，女性運動機関紙『グライヒハイト』12.5万部があった．

15) Max Weber, Gesammelte Aufsätze zur Soziologie und Sozialpolitik, Tübingen 1924,S.439. もちろん，ヴェーバーの最終的な問い掛けは次のように近代報道機関の文化意義に関するものであった（S.441）．「報道機関は近代人の形成にどう役立ったのか．第2に，客観的，超個人的な文化財はどのような影響をうけたのか，文化財への態度のどこを変えたのか，大衆の信仰，大衆の希望の何を否定し，何を新しく創出したのか，『生活感情』の，——今日言われるように——可能な態度の何を永久に否定し，何を新しく創出したのか．」

16) Max Weber, Gesammelte Politische Schriften, 3Aufl. Tübingen 1971 (以下GPSと略記する), S.308, 311, 325, 323, 347, 440. 中村貞二・山田高生訳「新秩序ドイツの議会と政府」，マックス・ヴェーバー『政治論集2』みすず書房，1982年，335, 340, 355, 353, 379, 478頁．

17) Max Weber, Politik als Beruf, ibid. S.525f. 脇圭平訳『職業としての政治』，同上2，576頁．他方で，政党指導者の資質として官吏よりも弁護士が有利な位置にあるともされている．この評価を裏付けるのが，自由主義左右両派の議員団構成に生じた変化である．1890年と1912年を比較すると，弁護士は，右派の国民自由党で2名（5パーセント）から9名（20パーセント），左派の進歩人民党系で7名（10パーセント）から12名（29名）へと増加したが，実業家は前者で17名（40パーセント）から6名（13パーセン）へ，後者で18名（27パーセント）から3名（7パーセント）へと減少した．党大会参加者中の弁護士比率は，右派（1913〜17年）が20パーセント，左派（1912年）が29パーセントである．ジャーナリスト議員は両派とも数名で

ある。両派とも「財産と教養ある階層」であるが，前者が裕福であった。進歩党スポークスマンのエルンスト・ミュラー＝マイニンゲン（1866〜1944年）が議会食堂で右派の面々と食事したところ，いつもの２倍を支払ったという。James J. Sheehan, German Liberalism in the Nineteenth Century, Chicago and London 1978, P.240〜243.

18) 秋元律郎『マンハイム亡命知識人の思想』ミネルヴァ書房，1993年，179頁以下。なお，マンハイムを含むハンガリー知識青年たちがブダペシュトの「日曜サークル」に結集して心情倫理的革命家となり，革命挫折後に亡命して各自の道を歩んだ経緯は次に詳しい。Eva Karádi, Macht und Ohnmacht des Geistes, in: IDK. S.124〜140.

19) トーマス・マン，前田敬作・山口知三訳『非政治的人間の考察』筑摩書房，1968年，344頁以下。

20) Wolfgang J. Mommsen, The spirit of 1914 and the ideology of a Germam 'Sonderweg', in Imperial Germany, P.208ff.

21) Ludwig Dehio, Germany and World Politics, p.102〜3. Hans Kohn, The Mind of Germany, p.298.

22) フォルカー・ベルクハーン，鍋谷郁太郎訳『第一次世界大戦』東海大学出版部，2014年，55頁。

23) Ludwig Dehio, Germany and World Politics, p.105.

24) Dittmar Dahlmann, Bildung, Wissenschaft und Revolution, in: IDK. P.145〜146.

25) ibid., S.155〜156. 招待したアーロン・シュタインベルクの回顧談による。Aaron Z.Stejnberg, Max Webers Rede zum 50jahrigen Jubilaum der Russischen Lesehalle in Heidelberg, in : Russica Palatina21 (1992), S.70-78. 彼は社会革命党左派のイーザクの兄弟で，法学者フラナーのもとで『二院制とロシア帝国におけるその形態』（1913年）で学位を取得した。

26) 「譲り渡すことのできない人権」思想がロシアに定着するかどうかをヴェーバーは注視した。林道義訳『ロシア革命論』福村出版，1969年，78

頁以下。

27) 出口勇蔵訳「職業としての学問」, ウェーバー『社会科学論集』河出書房新社, 1982年, 386頁。

28) 丸山空大［訳］／星川啓慈・石神郁馬［解説］『ウィトゲンシュタイ『秘密の日記』第一次世界大戦と『論理哲学論考』』春秋社, 2016年, 19, 35, 184頁。ウィットゲンシュタインは友人にこう書き送ってもいる。「君はトルストーイの『要約福音書』[1881年] を知ってるかい。この本は読んだときから僕の命を支えてきたのだよ。」(IDK. S.159)

29) Edith Hanke, Das》spezifisch intellektualistische Erlösungsbedürfnis《, in: IDK. S.166ff.

30) Ibid., S.162ff.

31) ヴェルナー・ゾンバルト, 金森誠也訳『ブルジョワ』中央公論社, 1990年, 訳者解説。

32) ゴーロ・マン『近代ドイツ史2』の長大な引用文による (44～45頁)。

33) ベルンハルト・フォム・ブロケ「ヴェルナー・ゾンバルト」, ドイツ現代史研究会訳『ドイツの歴史家 第3巻』未来社, 1983年, 222頁。

34) 以下でページは明記しないが, ゾンバルトの文章はレンガーの論文に依拠して各所から抜粋した。Friedrich Lenger, Die Abkehr der Gebildeten von der Politik. in: IDK. S.62～77. ブロケによれば, ゾンバルトは「マルクスに魅了されたブルジョア的な社会改革家」としてスタートしたが, ヴァイマル時代に「社会保守的陣営およびドイツの中間層イデオロギーの指導的な頭脳の1人」となった。彼の「反政治ならびに反民主主義へと貴族主義的転換」は「1908年に先立つ数年間のこと」と指摘されているものの, その理由は説明されていない。まさにその時期はゾンバルトが『モルゲン』誌の編集に参画していたときであった。

35) Werner Sombart, Kulturphilosophie, in: Morgen,14.6.1907, S.1～5.

36) マリアンネ・ウェーバー, 前掲『ヴェーバー伝』I, 224頁以下。

37) Werner Sombart, Wien, in: Morgen 19.7.1907, S.172-175.

38) Werner Sombart, Unser Interesse an der Politik, in: Morgen 28.6.1907, S.40-44.

39) Werner Sombart, Politik als Beruf, in: Morgen 26.7.1907, S.195-199. Die Element des politischen Lebens in Deutschland, in: Morgen 27.9.1907, S.255-259. Vom Stil des politischen Lebens in Deutschland, in: Morgen 2.8.1907, S.132-134. Die Abkehr der Gebildeten von der Politik, in: Morgen 27.9.1907, S.479-483.

40) Werner Sombart, Wir müden Seelen, in: Morgen 4.10.1907, S.513-517.

41) Friedrivch Lenger, ibid. S.72. この時点のナウマンは，国民社会連盟の結成を呼びかけた1896年とは異なり，ヴェーバーに影響されて自由主義の階級的性格を踏まえた政党組織づくりを訴えていた。モムゼン，前掲『マックス・ヴェーバーとドイツ政治』I，241～2頁。

42) James J. Sheehan, op.cit. p.252ff. なお，シュモラーの『中間層で何を理解するか』は福音社会会議での講演（1897年）である。そこでは新中間層の増加が強調されているが，このように新旧を問わず「健全な中産層」の形成が社会全体の安定要因とする観点は，シュモラーの出発点以来のものであり，体制内改革派である社会政策学会主流の立場であった。田村信一『グスタフ・シュモラー研究』お茶の水書房，1993年，315頁。

43) John L. Snell, The Democratic Movement, p.263～264.

44) 望田幸男「ヴィルヘルム時代」，前掲『ドイツ史2』山川出版社，1996年，410頁。ヴェーラー，前掲『ドイツ帝国』，124頁以下。自由主義政党の系譜は，大内宏一『ビスマルク時代のドイツ自由主義』の付表（23～34頁）を参照。

45) ナウマンは『新ドイツの経済政策』（1906年）のなかで，「組織」が時代の象徴となったことを次のように例えている。いまや大企業勤めが誇りとなり，農夫も組織されだしたが，近代社会では「幸福は自分の手で築くものだ」といって独立個人を説いたのに，社会主義者や土地改良家も国家や諸団

体の介入を求めるようになった。畜産家は市場向けに出荷してもその値段を新聞で知るように、「私という人格」を欠いた平均人として生きなければならない時代なのだ、と (DS. S.32〜33)。この現代社会の疎外現象の記述はゾンバルトの文化批判論を想起させる。

46) 林道義訳『ロシア革命論』、79〜80頁 (Max Weber, Zur Lage der bürgerlichen Demokratie in Rußland (1906), in: GPS. S.60.)。社会民主党の民主主義と縁遠い組織的体質を嘆く声は身内からもあげられていた。「ドイツの労働者たちは、もし独裁が彼らに利益をもたらすと確信すれば、それを本能的にを受け入れるだろう」(ラサール、1863年)。「ドイツでは大衆が上からの司令を待つように訓練されている」(カウツキー、1909年)。進歩党のフーゴ・プロイスも大戦中の『ドイツ国民と政治』で、「プロイセン軍を除いて社会民主党以上にプロイセン的なものは他にない」と述べていた。John L.Snell, The Democratic Movement, p.301.

47) James J. Sheehan, op.cit., p.231ff.

48) DS. S.66〜69.

49) Hugo Preuß, Das deutsche Volk und die Politik (1915),in: GHS. p.40〜41.

50) Arnold Brecht, Aus nächster Nähe. Lebenserinnerungen 1884-1927 (1966), in:DS. S.331〜332.

51) Ibid., S.378〜379. ビスマルク時代には有力な政治指導者が官僚出身であり、ヴィルヘルム時代初期にも外務省の主ホルシュタイン (1837〜1909年) が「官僚内閣は議会主義内閣よりも有能だ」と自慢したが、その後の世紀転換期を境に官僚が政界で活動する動きは見られなくなった。レールによれば、その変化をもたらしたものは、ライン〜エルベ河を結ぶ運河建設法案 (1899年夏) をめぐる政治的軋轢であった。このミッテルラント運河が穀物輸入運賃を安くするというエルベ大農場主の危機感をうけて、保守党のプロイセン下院議員の多くが政府法案に反対投票をして馘首された (結局、短縮ルートの別法案が1905年に採択された)。「反乱者」の多くは1年後に再任用されたものの、それは官僚の議員兼職禁止令を承諾したうえでのことであった。ある郡長が保守党員として同法案に反対して失職したが、ヴィルヘルム二世は彼の復職を願い出た大臣らに向かって、皇帝命令に反対する者を

再任用するような不穏当なことは今後慎むようにせよと厳命した。議会との連絡路をなくした官僚層は，統治者と張り合える政治力を失ったのである。John C. G. Röhl, Beamtenpolitik, a. a. O., S. 304ff. 311 (Anm. 70).

52）ユルゲン・コッカ編著，望田幸男監訳『国際比較・近代ドイツの市民―心性・文化・政治―』ミネルヴァ書房，2000年，36頁。なお，ヴェーバーは大学教授就任講演（1895年）のなかで，ドイツ・ブルジョアジーが指導者気質と権力本能を失ったことを厳しく糾弾していた（前掲『政治論集1』, 60頁）が，この亜流世代という意識（Epigonentum）やフリードリヒ・マイネッケにみられる黄昏・没落に瀕した現在という認識，さらには，大都市の悪徳環境や統制不能な人口増加などのモダニティ現象にたいする教養エリート層の違和感や文化防衛的姿勢は，彼らを育んだ大学とその小都市に温存されていた伝統的道義感と関係深いという。James J. Sheehan, op.cit. p.254～256.

53）Werner Sombart, Die deutsche Volkswirtschaft im Neunzehnten Jahrhundert, Berlin 1903, S.479, in:IDK. S.76.

54）Werner Sombart, Ihre Majestät die Reklame, Zukunft LⅧ（1908）, S.475-487, in: IDK. S.76～78.

55）ゾンバルトは，ヴァイマル共和国初期の超インフレを体験した後，社会政策学会の講演「階級闘争の理念」（1924年）で階級闘争論に対置して，社会問題の解決策が「宗教と愛情」によるとするなど，その観念性を強めた。同年の『プロレタリア社会主義』でも社会主義を単に「反資本主義」と定義してマルクス主義を「堕落した社会主義」と攻撃した。さらに世界恐慌とナチ政権を体験した後の著作『ドイツ社会主義』（1934年）では，19世紀以来の放縦な資本主義が辿った歴史コースを正すため計画経済の導入を推賞し，農業や中小企業の優遇策によって旧中間層が社会・経済秩序の柱となって，「プロレタリア文化」を凌ぐ豊饒な文化生活を享受できると夢想した。彼の中間層社会主義像は実に牧歌的にこう描かれている。「厚紙箱や蜜蜂箱以上によく手入れされた庭付きの快適な持ち家。それはただ寝室と調理室からなるのではなくて，数多くの部屋を備えて，家族員それぞれが分かれて暮らせる，つまり，結構な酒宴を楽しめるというわけである。上質なワイン，高級なリンネル，食卓上の金属食器類，友人間での洗礼式と結婚式，先祖の肖像画を飾った部屋とその鑑賞，精選された図書室，これらすべてを我々は否定できない文化的価値をもつものと考える。お好みならばそれを『ブルジョア』と

呼ぼう。」Herman Lebovics, Social Conservatism and the Middle Classes in Germany, 1914-1933, Priceton 1969, p.64〜75. 引用文は英訳本によるものである。A New Social Philosophy (Priceton 1937), p.247-48.

56) John L. Snell, The Democratic Movement, p.337〜338, 352〜354.

57) フリッツ・スターン，檜山雅人訳『夢と幻惑 ドイツ歴史とナチズムのドラマ』未来社，1996年，198頁以下。スターンによれば，ドイツ帝国時代の教養ブルジョアは，式辞の冒頭と結びに必ずゲーテ（1749〜1832年）とシラー（1759〜1805年）からの引用句（「美学的主祷文」）を入れることを慣用としたほど，文化と人格を崇拝する理想主義に呪縛されていたという。Fritz Stern, Die politischen Folgen des unpolitischen Deutschen, in : Das kaiserliche Deutschland (Hrsg.von Michael Stürmer), Berlin 1977, S.178.

58) ゴーロ・マン，前掲『近代ドイツ史2』，47頁。なお，ヴィルヘルム時代の教養市民層が「文化（Kultur）」概念を乱用するようになった点については，没落にさらされた教養市民層が「文化」の非政治性を掲げることで政治的優位を回復できると願ったとされている（野田宣雄『ドイツ教養市民層の歴史』，37頁以下）。

第8章 | 国民の政治的「成熟」への問いかけ

エードゥアルト・バウムガルテン『マックス・ヴェーバー　人と業績』
［写真11頁］

1. 知識人層の戦争目的論争

　開戦早々，いわゆるドイツ文化人の声明として，政治的陣営を横断する芸術家・学者93名による「文化世界への布告」(1914年10月) が出された。それはドイツ帝国の開戦責任と国際法違反を否定する一方，ドイツの戦争遂行意志を確約するものであったので，直ちにイギリスとフランス側から，文化精神なるものの背後に軍国主義精神が潜むことを指摘された。7章でふれたように，それ以後，相互の文化人による非難合戦が続くことになった。1914年末からは北海からスイスまでの西部戦線が膠着状態に陥り，大戦は「動かない戦争」の様相を呈した[1]。ドイツの勝利が不確かとなるなかで，戦争目的をめぐってドイツ教養層の間の亀裂が露になった。開戦当初に皇帝が発した言葉――「予はもはや政党を知らず，ただドイツ人を知るのみ」(8月1日) と，「我らを駆り立てているのは征服欲ではなく，場所を守ろうとする不屈の意志が我々を鼓舞するのである」(8月4日) ――は，ドイツ人の多くを興奮させたものの，戦争の大義としては曖昧な内容にとどまった。前者のいわゆる「城内平和 (Burgfriede)」論は，社会民主党を念頭においた，政党政治を沈静化するための発言であり，後者の防衛戦争論は，ヨーロッパの現状維持をはかること以外にドイツの野心はないとするアリバイ発言である。しかし，これらの発言は重く国民に受けとめられ，一種の綱領的性格をもつと見なされるようになった。前者は，平等選挙権の実現をめぐる国政改革の争点となり，後者は，戦線拡大にともなってドイツ国境をめぐる論争を引き起こしたのである[2]。

　開戦後まもなく政府は帝国宰相ベートマン＝ホルヴェークの名で「9月覚書」を公表した。それはドイツ軍の東西進攻と経済界や全ドイツ派への要求に対応した，巨大な――東ではロシア領に大きく食い込み，西ではベルギーの大半とフランス東部の重工業地帯をドイツ領とする――中欧帝国の建設計画であった。ベートマン＝ホルヴェークは予防戦争論に反対して軍部から「弱腰」を云々され，「交渉による講和派」「合意の追及者」ぶりを熱烈な併合主義派から批判された人物であるが，この

「9月覚書」をみるかぎり，世界強国としての地位を確保せんとする好戦派の意向を政府が受け入れ，防衛戦争論の影は薄れたようにみえる。だが，戦争目的論に関する公的な意見表明が1916年11月27日まで禁止された点にうかがえるように，「9月覚書」は，城内平和の撹乱を恐れて常に合意形成をはかり，いずれ訪れる講和締結への束縛を嫌った宰相の政治的判断によるところが大きかった[3]。そしてその併合計画は，そもそも，世界強国の栄光を吹き込まれて戦争の到来を待望するようになっていた国民諸集団の心理的枠組みに符合したものであった[4]。

いずれにしても戦争目的に関する議論は過熱していった。1915年春に宗教社会学者エルンスト・トレルチ（1865～1923年）は，帝国の安全保障を確保することが戦争目的であるとの立場から，同時期の世論をこう説明している。「我々の目的に課せられた諸限定は，ヨーロッパの勢力均衡，我々の地理的位置とその国境線，我々の過去の歴史，そしてなによりも我々の生存権を守り維持するように我々をつき動かす深い倫理的信念によって，我々に強いられたものであるが，それと同時に，他の諸国民の独立と彼ら自身の真に発展する機会とを尊重するように我々に命じるのである。」これに対して熱烈な併合主義派がドイツ戦勝の目標とするのは，「国境を接する諸大国，すなわちイギリス帝国とロシア帝国を永久に弱体化することである。それはまたドイツにたいするフランスの脅威を永久に拭い去るはずである。世界帝国のドイツはこれらの弱体な帝国に取って変わらなければならない。」少なくとも開戦1年目の間にドイツ国民の状況認識はこのように2つに分岐していた。併合主義派からすれば，一方に権力への意志や勇気をもつ頑健な人々がいる反面，感情的な幻想に惑わされた弱腰の人道主義派がいる，と誹謗中傷する傾向が強まった[5]。当初は防衛戦争のはずであり，列強に対抗してドイツの安全をどう保障するのか，というラインがいつの間にか踏み越されていた。世界帝国にふさわしいドイツ領の範囲をどこまでとするか，という発言が横行する事態となったのである。

1915年5月20日，6経済団体が戦争目的に関する覚書を宰相に届けた。これに続いて7月8日，ベルリーンの神学者ラインホルト・ゼーベ

ルク (1859〜1935年) の監修下に, 帝国宰相宛への請願の形をとった「知識人請願」(「ゼーベルク請願」) が作成された。それは全ドイツ連盟の会長ハインリヒ・クラースが作成した戦争目的論 (1914年9月) を下敷きにして[6],「政治権力なくして文化政策なし」のスローガンを掲げる併合主義派の一大デモンストレーションであった。広範な地域――西方ではフランドルのブーローニュからアルザスのベルフォールまで, 東方ではパイプス湖 (エストニア・サンクトペテルブルク間) からドナウ河口まで――をドイツ領とする請願書に, 1347人の大学教授, 教師, 聖職者, 官吏, 芸術家が署名した (大学教授は352人)。この集団は翌年9月に「ドイツ祖国党」を結成し,「勝利の講和 (Siegfrieden)」のスローガンを宣伝した。

　ゼーベルク請願書の署名集めが進むなか, 併合主義者からの圧力をうけて苦境にあったベートマン政権を支えるため, 歴史家ハンス・デルブリュックが主催する「水曜の夕べ」の人々が中心となって, フランクフルト新聞関係の政治家とジャーナリストの手になる「対抗上申書」を作成し, ゼーベルク請願の翌日に提出した。頑なに「勝利による講和」を求める風潮に反対する署名者はわずか141名であった。限られた範囲にしか声がかけられなかったものの, 物理学者アインシュタイン (1879〜1955年), 神学者ハルナック, トレルチ, 経済学者ブレンターノ, シュモラーら,「協調による講和 (Verständigungsfrieden)」に賛同する知識人が名を連ねた。ヴェーバーもそれに加わり, その後, 併合問題や潜水艦作戦といった戦争政策論, 議会政治の改革などの国政機構論をフランクフルト新聞に発表して, 現状打破の可能性を探った。彼らの多くは1918年に「自由と祖国のための人民同盟」に加わり, 連合国側との停戦交渉を訴えた[7]。

2. ゾンバルトの反イギリス扇動

　いかにしてヨーロッパの勢力均衡のもとにドイツの権力を伸長できるのか, そして戦後になった時ドイツの主敵国はどこになるのか, これが

デルブリュックの問題提起の柱であった。彼にとってイギリスに対する憎悪は「一時の感情」であって、戦後の情勢からするとイギリスは世界的地位から滑り落ちるのだから、主要敵国をロシアに定めて、イギリスには共存可能な協和政策をとるべきだと考えられた[8]。

開戦当初、ドイツ軍部はイギリスの参戦を想定してベルギーからフランスへ進攻したが、ベートマン＝ホルヴェーク政府はなおもイギリスが国内情勢や世界金融・貿易上の立場から中立を維持すること頼みとしていた。しかし、1839年のベルギー中立条約が普仏戦争時もイギリス政府の法的根拠とされた事実について、ドイツ政府の見通しは甘かった[9]。英独開戦となった8月4日、ドイツ留学中の経済学者河上肇（1879〜1946年）は、対ロシア戦の楽勝ムードに浸ったベルリーン市内の雰囲気が一変し、イギリス憎悪の念を燃えあがらせたようすを書き留めている。日本のドイツ宣戦布告を聞いたゾンバルトが、日本人を憎むこと、「路傍の犬を悪む能わざるに等しと公言している」とも記している[10]。デルブリュックの冷静な分析とは対照的に、まさにイギリス憎悪をぶちまけた人物が、かの「ゲーテのドイツ人」に憧れたゾンバルトであった。

戦前、彼は『モルゲン』誌上で「非政治的精神」を推奨し、将来の文化について悲観的な気分に落ち込んでいた。それから10年と経たない時点で、彼はドイツ戦争目的を弁護する陣営に馳せ参じた。もっとも、すでに90年代後半において『19世紀の社会主義と社会運動』で名をなし、「赤い教授」や「サロンの扇動家」とあだ名された少壮学者のラディカリズムは奇妙なものであった。女性解放運動家のリリー・ブラウンが伝えるところによれば、ゾンバルトの社会主義シンパぶりを買った彼らブラウン夫妻——社会民主党の修正主義派——は彼を社会民主党陣営に獲得しようと試みたものの、国際問題を白人対非白人の世界支配をめぐる戦いとする彼の発言に驚いた。彼がドイツの艦隊建造政策と植民地獲得をめざす帝国主義政策を支持していたからである[11]。

彼は大戦初期に『商人と英雄』（1915年）を書き上げ、興奮した感情を押さえ切れないようにこう記している。「奇跡が起きて、戦争が起き

た。新しい精神が数千の源から立ち現れた。----我々ドイツ人は文化的に独立している。地上のいかなる人々も，学問・技術・芸術・文学の分野で我々が現実に必要とするものを与えることができない。外交・憲法・行政について，地上のいかなる人々からも我々は学ぶことがない。ドイツ主義という無尽蔵の富を考えよう。」ゾンバルトは良きヨーロッパ人という考えを無用とみなし，ドイツ人をさらに良きドイツ人たらしめることしか考えなかった。「ヨーロッパ人が英雄的ドイツ人と計算高いイギリス人の混合から現れるなんて，考えられることか」，というわけである[12]。このように彼の著書は，イギリス人の人生観と政治観のすべてを商人根性の発露と決めつけ，悪し様にののしる，「最も慎みを欠いた部類に入る」と評される扇動本であった。そこではイデオロギー的特性がすべて民族集団固有のものと決めつけられている。イギリス人は国家を「大きな商事会社（Handelsgsellchaft）」とみなし，経済的価値を重視して自分の権利に固執したため，彼らは「金儲けと趣味のための余暇」にうつつをぬかすようになった。これに対してドイツ人は義務の観念を固守したことから，ドイツ人は戦時における兵士のような英雄精神の持ち主となり，国家を「国民が身につける強力な甲冑」とみなすようになった。ゾンバルトにとって軍国主義はドイツ精神の発露であり，「ドイツ人の英雄精神の現れ」とされた。しかしながら，ゾンバルトが使った決まり文句は「大学人の共有財産」でもあった[13]。合理的で形式的な西欧文明と対比されるドイツ文化の「独自性」——詩人，魂，神秘主義，精神，兵士のエートス，秩序意識など——のキーワードは，大半のドイツ知識人の共通意識となっていた点も考慮しておく必要があるだろう[14]。

3. 大衆扇動団体に加入した人々

　教養ブルジョア層，とくにその代表格である大学教授たちが，どうしてこのようにエキサイトしたのだろうか。戦時下の切迫した状況下であった。彼らも「尽忠報国」の心意気を示したかったのは理解よ

う。かのマックス・ヴェーバー（50歳）も開戦の知らせに「自己放擲の時」来れりと思い，予備役将校の資格に基づいて衛戍司令部に出頭し，ハイデルベルク予備陸軍病院に——1915年秋まで——勤務した[15]。すでに，第一次艦隊法が議会に提出された1897年の時点で，ヴェーバーは新聞社のアンケート調査に応じて，「反資本主義的なきまり文句をあやつる」結集政策には反対という留保を付けながら，「わが国の力強い市民的－工業的発展の諸帰結の断固たる貫徹」を求めていた[16]。6章でふれたように，世紀転換期の「結集政策」は，艦隊建造と保護関税を足場に大土地所有と大工業の同盟を実現させる政策であった。ヴェーバーはその同盟には反対の立場をとりつつも，「反ユンカーの姿勢を堅持してあくまでもブルジョア的利害の貫徹を志向する」という，ヴィルヘルム時代のブルジョア階級の一部の立場を表明したのである[17]。とはいえ，教養ブルジョア層の多くは工業界と直接の利害関係のなかった人々である。なぜ彼らが帝国主義政策に熱狂したのか。工業資本主義の経済的利害を誘導因としてドイツの海外進出政策，とくにヴィルヘルム二世時代の「世界政策」が展開されたと単純に解釈するとしても，彼らが政府や工業界の利害の代弁役を務めたのは一部の利益団体による扇動活動に影響されたからだ，という指摘は，直接の原因を説明するものではない。なぜ彼らはドイツの帝国主義的海外進出に賛同し，そのアジテーションに協力したのだろうか。

　帝国主義政策を扇動する大衆団体には数多くの教養ブルジョア層が加盟していた。1887年設立のドイツ植民会社（Deutsche Kolonialgesellschaft）と1898年設立のドイツ艦隊協会（Deutsche Flottenverein）を見てみよう。前者は2つのドイツ植民協会を併合して設立された，新たな植民地獲得と海上権益保護を標榜した団体であるが，1893年に約1万8千人の会員中，約3割が教養ブルジョア層（約3千人の自由業・教師・聖職者，2千3百人の政府官吏，210人の学者・作家・芸術家）である。後者は当時の重工業界や軍部，官界の有力者を連ねた組織として設立され，個人会員1万4千人，団体会員6万4千人（51団体）を擁した。大衆的組織へと変質したのは，1899年に有力な大学教授グループが艦隊増強を訴え

る「艦隊講義のための自由連合」を結成してからであった。同連合には総数270人の大学教授が加盟し、講演会や冊子を通じて建艦宣伝戦に協力した。その結果、艦隊協会は1913年には個人会員33万4千人、団体会員79万人（総計100万人超）まで会員数を伸ばした。さらに、1891年に設立された全ドイツ連盟（Alldeutscher Verband）にも数多くの教養ブルジョア層の会員がいた。同連盟は「ドイツ人という高貴な種族の指導者資質」に基づいて、ヨーロッパと海外への攻撃的な侵略政策を呼びかけた、最初の扇動的圧力団体であり、第一次世界大戦末期まで正規会員3万5千人を擁した（その他に団体会員13万）。1901年時の会員は2万弱であるが、その半数近くが教養ブルジョア層（大学関係者5千9百人、芸術家・官僚・教師4千人）であった[18]。

4. 教養ブルジョア層のイギリス観

　ここでは以上のデータを踏まえて1点だけ付言しておこう。それは、世紀転換期におけるドイツ教養ブルジョア層の海外膨張政策支持の潮流は彼らの対イギリス観の変質と関連して広まった、という事実である。1895〜1913年間はドイツの工業・経済力が伸びた時期であって、帝国主義政策は経済危機への対処策からとられたのではない。むしろこの経済生成長こそが教養ブルジョア層にイギリスへの対抗心、ドイツ人に一種の自己実現の心理機制を働かせた誘因である。イギリスとの資源獲得・輸出拡大の競争が激化するに伴い、相互関連性を深めていた国際経済の現実を彼らは合理的に把握できなくなった。先進国イギリスへの憧れ（Anglophilie）は一転してイギリス嫌い（Anglophobie）となったが、その心理的変化を促したのはドイツ人の経済成長に伴う自信であり、ドイツ文化の優秀さの表れとするナショナリズムであった。そしてヴィルヘルム時代後期にその民族主義的文化論を後押ししたのが、社会ダーウィニズムの「生存競争」論なのである[19]。

　6章で記したように、ベルンハルディの『ドイツと来るべき戦争』は、戦争が民族間で当然起こる生存競争を最高度に表現したものである

からには，敗北は人間進歩を阻害するものだと主張した。好戦的な膨張欲求に火をつけるこの種の扇動本は，まったく他国・他民族の存在や国際政治の現実を無視する，夜郎自大な自民族ファースト主義といってよい。そしてそれを真に受けたドイツ人も他国民への関心が高かったわけではなかった。第一次世界大戦中に執筆された『英国』（1923年）は，ドイツ人英学者による最初の（！）イギリス社会・制度概論とされるが，著者のボン大学教授ヴィルヘルム・ディベリウス（1876〜1931年）はイギリスに関するドイツ人の無知・誤解をその序文でこう慨嘆している。宰相はドイツ軍のベルギー進攻がイギリス人の戦闘意欲をかき立てるとは思わず，軍人はイギリス徴兵軍について何も知らず，飢えた大衆は大農業家や経済組織をののしっても，イギリスの海上封鎖には思い及ばず，そして我々英語教師は「英語を，ある程度までイギリスの文献と国家諸制度を知っていたが，イギリス全体の国家的・文化的生活を貫く巨大な政治的意志については少しも知らなかったのだ」，と。ただし，この英学者のイギリス人論は「国民性（national character）」の概念に立脚し，「イギリス国民性」をドイツのニーダーザクセン農民の性格と同一視するような観念性の強いものであった。つまり，イギリス人は曖昧な意味でドイツ人の同類とみなされているのである[20]。いぜんとして彼の頭は，ベルンハルディに扇動された大ドイツ主義の幻想から自由ではなかったのである。

　それはかのヘレーネ・ランゲのイギリス体験とは性質が異なっていた。ほぼ同時期に出版された彼女の『回想録』（1922年）には，若き日（1888年）のイギリス・カレッジ滞在の体験にもとづいて，具体性に富む英独女性の対比論が展開されている。イギリスの娘たちが国家の干渉なしに自然な発育にまかされていることや，上流階級の女性たちが女性教育に支援をおしまないことをドイツの事情と比べて，彼女は悲痛な思いにとらわれた。このイギリスの先進性を見据えて，彼女は視察記を翌年の『婦人論』に発表し，次のような実践的目標を立てた。まず，男性が女性の学問的適性を疑う風潮を考慮して，女子高等学校を設立して女子特有の学業内容を研究すること，そしてドイツの男性主体の教育体制

を克服する道は、女性が主導するイギリスの女子高等教育の成果に学ぶことにある。男性中心の学校の不自然さよりも、「成長途上の少女を女性主導の学校で教育する偏りのほうがベターだ」というのが、イギリスの女子教育を体験したランゲの結論であった[21]。彼女はこの先進国に学ぶ謙虚な姿勢を持して、女子教育の壁を乗り越えたのである。

5. 文化集会における亀裂

さて、上述したように彼ら教養ブルジョア層の一部、とりわけ大学教授や作家、ジャーナリストは大戦勃発以前に好戦的な自民族中心主義の大衆組織に属して、世論形成になんらかかわっていた。そして大戦中にその活動がエスカレートしたといえよう。著名人が戦争目的に関する声明や布告にかかわったことで、論戦の範囲が立憲主義や経済構造の将来性をめぐるものへと拡大していった。この論戦の状況を好機とみたのがイェーナの出版業者オイゲン・ディーデリヒス（1867～1930年）である。彼はテューリンゲンのラウエンシュタイン城で文化集会を開こうと呼びかけた。その集会のテーマは「我らの時代の意味と課題」と「国家と文化における指導者問題」とされ、前者の集会が1917年5月、後者の集会が同年10月にもたれた。参加者は約60人であり、そのなかにヴェーバーの姿もあった。集会は親密な雰囲気のなかで思想交流をはかる場と設定されたものの、参加者の思考様式ははなはだしく食い違っていた。野放図な主観主義にふけるユートピア論者（「文筆家」）と客観的な現代批判をおこなう合理的立脚点を探る社会学者（「ジャーナリスト」）とは、疎遠な関係を埋める接点をもたなかった。結局、集会の思想的分裂は「対立の並列」と総括されたが、それは時代の特徴でもあった[22]。マリアンネ・ヴェーバーが伝える集会の記述によれば、老成した世代も政治的信条で分裂していたし、伝統からの離反を求める青年たちとの断絶も大きく、理解しあうことが困難であった[23]。

集会の緊迫感を1枚の写真（『ヴェーバー伝記』に掲載）から伺うことができる。左手を軽くあげたアッシリア髭のヴェーバーが何かを語り、

左側に正面を向いたエルンスト・トラー，右側に背中姿のエーリヒ・ミューザム（1878〜1934年）が立ち，両者ともヴェーバーの横顔に食い入るような目線を送っている構図である。トラーはこの時24歳，開戦とともに志願兵として西部戦線に出動させられたが，戦闘不適格者として除隊となっていた。その西部戦線への出陣について後年彼が記すところによれば，部隊指揮官がこう訓示したという[24]。「我々が赴くところは，まだドイツの地である。しかし，その所には疑わしい輩が暮らしていて，ほとんど敵であり，奴らの陰謀にたいして我々は身を護らなければならない。我々は民間人宅を宿舎に割り当てられるはずだが，家主を信用するな。夜は必ずドアに鍵をかけ，武器を側において眠るのだ。」出陣地はアルザス・ロレーヌであり，長らく皇帝直属の総督が統治する属州とされてきた地域であった。同地にはプロイセン軍が駐屯し，大戦勃発の前年に多数の市民を逮捕する越権行為（ツァーベルン事件）を公然とするなど，対仏前哨基地の性格を濃厚にする地域であった。まだ国内に駐留しているはずであったから，敵地と見まがうばかりの反ドイツ感情にユダヤ系のトラーは愕然としたと思われる。

6. 若者の焦燥感

このようにトラーは従軍を予感しつつ実際に戦闘を体験した世代に属した。彼らを「1905年の世代」と括る見方がある。すなわち，世紀転換期の変動期に彼らは理性の可能性に疑いを抱く非合理主義者，さらには反合理主義者として成長し，ニーチェの教説を直接行動の意味で受け止めて「自由ドイツ青年」の組織に加わった若者たちだというのである[25]。ラウエンシュタイン集会で先行世代が予言者としてふるまうことを期待したトラーたちは，まさにこの種の若者たちだったのである。

たしかにトラーはヴェーバーとの出会いに「人格的な感銘」をうけて，1917年の冬学期にヴェーバーのもとで学んでいる[26]。しかしながら，「ユートピアへの志向」が強い彼らアナーキストの若者[27]たちにとって，ラウエンシュタイン集会で抑制した口調で社会科学的分析を述

べる年配者は，思想指導者の出現を待ち望んだ気持ちを裏切るものでしかなかった。集会の10年後，トラーは自伝『ドイツの青春』に次のように記している[28]。「皆がその仕事場から狩り立てられている。彼らすべてが昨今の価値を疑っている。若者だけが明快さを求めている。――――何日も語り，議論し，外のヨーロッパ戦場では砲声がドイドン響いている。我々は待っている。待っている。なぜこれらの人々は救いの言葉を発しないのか。彼らは口がきけないのか。耳が聞こえないのか。目が見えないのか。――――我らに最後には道を，燃え上がる日々と夜を示せ，と私は叫ぶ。我々はもう待てないのだ。しかし，誰も平和と友愛にいたる道を示さないのだ。」

　こうした旧世代との隔絶感は，すでに大戦前に各種の青年運動で表明されていた。第4章の末尾で述べたように，世紀転換期にヴァンダーフォーゲル運動が広まっていた。多くの若者はブルジョア社会の硬直した因習と階級的排他性に反発し，仲間たちと自然のなかで陶酔感を味わい，民族主義的心情を共有する体験に魅了されていた。1913年は対ナポレオン戦勝百周年にあたる年であった。これを機に同年10月にカッセル南部のホーエ・マイスナーで大衆集会を開き，大きな規模の統一体を結成しようという考えは，各種の青年運動関係者の間で反響を呼んだ。呼びかけ団体には，自由学校，社交改良，民族主義，理想主義教育などを活動目的に掲げた実に多様な運動体が入っていた。主に徒歩旅行を目的とするヴァンダーフォーゲルのグループと「生活改革」運動家たちとは，当初から意見の対立があった。劇作家のゲルハルト・ハウプトマン（1862～1946年），女子教育運動家のボイマー，政治家のナウマン，そして社会学者のアルフレート・ヴェーバー（1868～1958年）らが支持声明をだしたが，ロマン主義運動をめざす若者たちと年長の支援者との問題意識のズレも大きかった。集会初日（11日）で主張の対立に疲れた参加者たちも，2日目のホーエンマイスナーで民族舞踊を踊る段階になると緊張もほぐれた。学校改革運動家グスタフ・ヴィーネケン（1875～1964年）が「祖国を愛するからこそ戦争に反対する」と総括演説をおこなうと，若者たちは感動的な渦に包まれて再開を約束しあった

という。しかし，参加した若者の多くにとって集会は人生最後の語らいの場となった[29]。

次の資料は，青年運動関係者にこのホーエ・マイスナー集会への参加を呼びかける第2回目の声明である[30]。

Z.「自由ドイツ青年団」集会への呼びかけ（1913年）

　ドイツ青年は決定的な転換点に立っている。彼らはこれまで年長世代の付属品でしかなく，公的生活から締め出され，受け身の役割を押し付けられたが，自らを自覚し始めのである。彼らは因習の戒律から独立して，その生活を自らの手で形成してみる。彼らは青年の本質にかなう生活態度，彼らが自らとその行いに真面目に向き合うとともに，特別な要因として一般の文化事業に組み込まれることを可能とする生活態度を得ようとする。彼らは，自らのなかに生きている最高の人間課題を求める真の熱意，高貴な存在への不撓不屈な信仰と勇気なるものを，さわやかな，若々しい流れとして民族の精神生活に補給したいと思う。彼らは，万一の場合はいつでも彼らの民族の諸権利を命懸けで擁護する覚悟があり，戦いと仕事日の平和のなかでも彼らの新鮮な純血を祖国に捧げるつもりである。

　だが彼らは安直な愛国主義には背を向ける。その愛国主義とは，自らの行為に義務感もないままに，祖父らの英雄的行為を大言壮語して横領するものであり，祖国の心情が特定の政治的公式への同意に，外的な権力拡大への意志表明に，そして政治的紛争による国民の分裂にくみ尽くされるものである。

――――

　我々すべての念頭に浮かぶ共通の目標は，なによりもドイツ青年のために新しい生活形態を修得することである。この点で我々のすべては，その独自性をもつままに協力しようと思う。我々は今後も分離して行進しようと思うが，それは我々を基本的感情が結びつけていて，我々が互いに協力する関係にあると意識するからである。我々は益々同じ志操をもつ青年団へと結集することを希望し，信ずるものである。

――――

7. ドイツ政治の隘路

　敗戦直後，このような心情吐露型の生き方についてヴェーバーは，「自分の負っている責任を本当に感ぜずロマンチックな感動に酔いしれた法螺吹き」と酷評した。彼がそれと対置したのは，「結果に対する責任を痛切に感じ，責任倫理に従って行動する」，心情と責任を兼ね備えた「政治への天職をもちうる真の人間」であった[31]。

　これに先立つ大戦中においてヴェーバーは進歩人民党の非公式な助言者，憲法政治問題に精通した専門学識者として，幾つかの制度機構の改革案を出していた。たとえば，帝国憲法の連邦主義的構造の特性を考慮した「連邦参議院の議会主義化」がそれである。これによって政党指導者が参議院議員として議会の信任を得た国政の舵取役を務められるとされたのである。もちろん彼は断固たる権力政治の擁護者であった。しかし，権力政治の現状は政治家の輩出を許さない「無力な議会」のままであった。かの「1914年の理念」は，権威的な官僚支配と国王旗にひれふす議会政治との共存をドイツに最適な憲法理想とするものであった。これとは正反対にヴェーバーは，ドイツ政治の弊害の核心こそ，まさに議会から監督をうけないまま官僚が国民の運命を左右した点にあると考えたのである[32]。

　一方で，「官僚制化と合理的な財政運営が民主化の随伴現象であることは，ドイツでもどこでも同じである」，という普遍的官僚主義化の認識があった[33]。他方で，国民大衆の権威主義的な臣民根性――「非政治的」な教養ブルジョアジーの心性も含めて――が根付いたドイツの歴史的な政治文化があった。そして総力戦体制が強まるなかで国政改革が遅々として進捗しない政治状況がこれに加わった。

　ラウエンシュタイン城で文化戦線における「対立の並列」が露呈した1917年秋の内政は，プロイセン三級選挙法の改定をめぐる権力闘争のさなかにあった。大戦勃発直後に燃え上がった愛国ムード（「城内平和」）も，塹壕戦による戦線膠着状態とともにしぼんでいった。たしかに，1916年夏にドイツ軍は第三次最高司令部（ヒンデンブルク＝ルーデ

ンドルフ体制）を成立させ，総力戦体制を固めていた。同年末に帝国議会は「祖国勤労奉仕法」を可決し，軍需産業への国民総動員と職場（従業員50人以上）での労働者委員会設置を義務づけた。軍事動員だけでなく，工業力動員と労働力動員ができる体制を実現させたわけである。しかしながら，プロイセン邦における三級選挙法の存続は大半の兵士（男性）の政治参加権を狭めていて，総動員体制を空洞化しかねないものであった。国内が飢餓状態となった1917年の「カブラの冬」の2月，ドイツ軍は無謀な無制限潜水艦作戦に打って出たものの，4月にアメリカの参戦を招く結果となり，皇帝ヴィルヘルム二世——総力戦体制のなかですっかり影を薄くしていた——も，復活祭親書で国民の結束をはかるため三級選挙法の廃止を約束せざるをえなくなった。しかし，7月に帝国議会多数派の多数派社会民主党・中央党・進歩人民党が「妥協の平和」を決議するや，宰相ベートマン＝ホルヴェークは軍部と保守派から弱腰をなじられ，罷免されてしまった。次期宰相も議会に足場がないため政治力を発揮できず，選挙法改定問題も保守派が審議引き伸ばしに出ていた[34]。大戦末期のドイツ政治は軍部独裁の前で立ちすくんでしまったのである。

8.「国民国家を共に担う主体」とは何か

　この時期にヴェーバーは「ドイツにおける選挙法と民主主義」を発表し，「国家からの自由だけを要求する時代遅れの消極的な民主主義」の成長を阻む現実を乗り越えるためには，「国家における権力に議会主義的政党指導者が自己責任をもって参加する」ことを掲げた[35]。そしてその末尾で国民にこう問いかけた。「見かけだけは議会主義の官僚主義的『官憲国家』(der bürokratische 》Obrigkeitsstaat《 mit Scheinparlamentarismus) のなかで，国家市民大衆は権利も自由もなく家畜の群のように『管理』されるか」，それとも「国家の共同の主人 (die Mitherren des Staates」となるのか，と[36]。この論説に先立つフランクフルト新聞紙上の論説においても，議会が官僚を統制できる体制（「行政の議会主義

的統制」）を「国民国家 (der Volksstaat)」とみて，「官憲国家」の対極の型と述べている[37]。ここで提唱された国家共同体の主体について，ヴェーバーはどのような構想を練っていたのだろうか。その手掛かりを記して本書のまとめとしよう。

　プロイセンの民主化の最大の障害は三級選挙制であった。保守派がその改革に反対したのは，彼らの既得権益を防衛する立場から当然と思われるが，同じく社会民主党の進出に脅えるブルジョア階級とその利害を代弁した国民自由党は，三級選挙制に代わるものとして複票選挙制を提起していた。複票とは納税差額票をベースに年齢・家族状態・兵役・教養で上積みされた付加票のことであり，その選挙制度は，第1章でふれたように，すでにザクセンなど諸州で実施されていた。その根拠は，「人間の間に価値の相違がある」という「自由主義的な要求」であるが，その他，彼らブルジョア階層が自らを「すべての社会層」を代表すると位置付けるイデオロギー——封建勢力や君主権と対決した「普遍的身分 (allgemeiner Stand)」という自負心[38]——も依然として機能していた。たしかに国民自由党の支持者層は，工業界と「知的職業」界という「財産と教養」ある上層市民を中心に，労働者階級との間の中間層も抱え込んだ広範囲の人々であった。彼ら中間層の大部分は，1913年になっても有権者の8割に及ぶ第三級に押し込められていたから，なにほどか複票の恩恵を享受できたはずであった。しかしながら，大戦が勃発して2年半が過ぎた1917年3月，すべての邦議会に平等選挙権の導入を求める進歩人民党の動きや，差別選挙法の存在を否定する皇帝の復活祭勅書が出されるに及んで，国民自由党の指導者グスタフ・シュトレーゼマン（1878～1929年）も選挙法改革に取り組む姿勢を鮮明にした[39]。まさに政局が動き出したこの時，ヴェーバーは国政改革の手掛かりを求めて選挙法改革や議会主義化をめぐる論戦に打って出たのである。

　さて，なぜ教養ブルジョア層は選挙法改革にしりごみするのか，その理由をヴェーバーは彼らの年金生活者心性にあるとみた。そしてそのメンタリティーのよって来るゆえんを学校制度の社会的選別・上昇機能に

求めて，こう指摘する。「『教養』の違い(der Unterschiede der》Bildung《)は今日では，所有や経済的機能による区分という階級(klassen)を形成する要素と比べて，疑いもなく真に身分(stände)を形成するもっとも重要な違いである。おもに教養という社会的威信によって，現代の将校は前線の兵士に対して，現代の官吏は社会共同体の内部で，自己の地位を維持する。『教養』の違いは————心のなかでもっとも強力に作用する社会的制約のひとつである。とりわけドイツではそうである。ドイツではほとんどすべての特権的地位は，公務の内外を問わず専門知識(Fachwissen)の資格とだけでなく，なによりも『一般教養(allgemeine Bildung)』の資格と結びついていて，すべての学校制度と大学制度がこうした役割を果たしている。————企業家と労働組合指導者は，自由な経済的生存競争の渦中にあって国家の構造を自分の肌で毎日感じているが，彼らなら誰でも，国家のことを教養的特権によって身分相応な，確実な，年金資格のある所得を得られる金庫ぐらいにしか見てない人よりも，政治についてはるかに多くのことを知っている[40]。」ヴェーバーによれば，議会は官僚に対する「監督をおこない，指導者選抜の場として機能する団体」であり，平等選挙権の意味はその「選挙の際に，特権層よりも数の多い，社会的に支配された層を対置すること」にあった。つまり，平等選挙権によって，財産や教養がもたらす「社会的不平等に対する一定の平衡錘」が機能するととらえられたのである。それと同時に——いかにもヴェーバーらしく——，平等選挙権は死線(「死の前の平等」)をくぐり抜けた帰還兵にたいする「最小限の政治的儀礼」とも考えられたのである[41]。

　以上の学校制度による社会的格差機能の指摘は，前述したように，大学の拡大期と女子教育の端緒期にあった当時の実情を越えていた。ドイツ帝国の学校制度は，まだ出自や財産による社会上昇機能を越える位置に達していなかったのである[42]。それは鋭敏な社会学者の眼力と現実変革を求める学者政治家の実践的意欲との賜物であった。同時期にヴェーバーは自らの論文常設展示場たる『社会科学・社会政策アルヒーフ』において，社会関係の秩序の評価に関する学的基準をこう説明していた。

「例外なくすべての，いかなる種類の社会関係秩序も，それを評価しようとするかぎり，結局は，それが外的淘汰または内的（動機の）選択の過程で，いかなる人間類型（der menschliche Typus）に支配的類型となる最適のチャンスを与えるかという点で検討されなければならない。そうでなければ経験的研究は真に徹底的とはならないし，また，意識して主観的な評価であれ客観的な妥当を要求する評価であれ，ともかくなんらかの評価のために必要な事実的基盤が存在しないからである[43]。」そして具体的な，とくに政治に関与する者（議会人）に必要な資質として彼があげたのは，「闘争の訓練」を経ることであった[44]。

「科学的な問題の展開を刺激するものは，経験的には，実践的な『問題』であるのが普通である」ともヴェーバーは言明していた[45]。まさに自らの学問的立脚点を裏付けるように，ドイツ帝政が崩壊した1918年11月，ヴェーバーは憲法制定の議論に一石を投ずるごとく，国家技術的問題よりも重要な論点として人間類型の観点を押し出したのである。「むしろドイツの将来にとってはるかに決定的なのは，市民層の大衆が新たな，責任をとる覚悟と自己意識とを備えた政治的精神を育てるのかどうか，という問いである。これまで数十年来『安全』の精神が支配してきた。すなわち，官憲の庇護への埋没，大胆な革新への不安感，要するに意気地ない無気力がこれである。行政の技術的優秀さ，つまり全般的に物質的にはことがうまく運んでいるという事情こそが，（たんに市民だけでなく）住民の広範囲な層をこの外枠に慣れさせ，あの国家市民の誇りを押しつぶしたが，この誇りがなければ，どんな制度でも幻影にすぎないのである[46]。」

一方で，「非政治的な」教養世界に退避しつつも大衆扇動に浮き立つ教養ブルジョア層と官僚層，そして心情倫理的な焦燥感と行動主義に駆られる青年層，他方で，既得権益にしがみつく頑迷な伝統的エリート層と宗派集団，そして体制排外の再来を恐れて組織温存に走る労働者組織，この隘路に立つヴェーバーはそれでもこう言い切った。「祖国は我々にとって祖先の土地ではなく，子孫の土地である。そして我々は古い世代よりも子孫にたいして信頼を寄せるし，寄せねばならない。我々

は王朝の正統性への断固たる拒絶を，究極的には市民層を政治的に自立させるための手段とみなしている。だからこそ我々は憲法制定会議と人民投票による多数決の決定に忠実に従うものであるが，我々としては無条件で明確に共和制を支持するのである[47]。」

【註】

1) ジャン＝ジャック・ベッケール，幸田礼雅訳『第一次世界大戦』白水社，2015年，47頁。

2) Annelise Thimme, Hans Delbruck als Kritiker der Wilhelminischen Epoche, Düsserdorf 1955, S.117.

3) ベルクハーン，前掲『第一次世界大戦』，57頁。

4) Wolfgang J. Mommsen, The Debate on German War Aims, in : Walter Laqueur & George L. Mosse (ed.), 1914: The Coming of the First World War, New York 1966, p.61.

5) Wolfgang J. Mommsen, ibid., p.47〜48.

6) 谷喬夫『ナチ・イデオロギーの系譜』新評論，2012年，150頁以下。

7) A. Thimme, Hans Delbrück als Kritiker, S.120〜121. 注に「対抗上申書」の主な署名者が記されているが，この「勝利による平和」派と「協調による平和」派の確執と顔触れは次を参照。モムゼン，前掲『マックス・ヴェーバーとドイツ政治』II，370頁以下。フリッツ・リンガー，西村稔訳『読書人の没落』名古屋大学出版会，1991年，128頁以下。伊藤定良，前掲『近代ドイツの歴史とナショナリズム・マイノリティ』，170頁以下。

8) A. Thimme, ibid., S.122〜3.

9) J. ジョル，池田清訳『ヨーロッパ100年史 1』みすず書房，1975年，247頁。

10) 河上肇『祖国を顧みて』岩波文庫, 2002 年, 145 頁以下。

11) Herman Lebovics, Social Conservatism and the Middle Classes in Germany, 1914-1933, Princeton,1969, p.57 (Lily Braun, Memoiren einer Sozialistin,1911). 前掲『ドイツの歴史家』第 3 巻, 222 頁。

12) Hans Kohn, The Mind of Germany, p.299〜300.

13) ibid. p.62〜63. リンガー, 同上『読書人の没落』, 123〜5 頁。初期のゾンバルトは労働者階級の境遇に同情を惜しまず, マルクスの資本主義分析に依拠して工業化の趨勢を分析したのに対して, 第一次世界大戦とドイツ革命を経た後は, 反マルクス・反社会主義・反民主主義の立場から旧中間層の復権を訴える「社会保守主義 (social conservatism)」の陣営に身を投じた。この変身についてレボヴィクスは, ゾンバルトのなかに帝政時代の社会・政治構造への愛着心が生き続けたこと, そして現状への道義的憤激を支えた彼の唯美主義的資質——ヴァイマル時代の社会保守主義思想家に共通する人格——を指摘している。たしかに, ゾンバルトが経済史の段階区分で用いる, 初期, 高度, 後期資本主義といったカテゴリーは, 経済学者というよりも文化史家のものであろう。Herman Lebovics, ibid. p.76〜78.

14) K. D. ブラッハー, 山口定・高橋進訳『ドイツの独裁』I, 岩波書店, 2009 年, 52 頁。

15) マリアンネ・ヴェーバー, 前掲『マックス・ウェーバー』II, 407 頁以下。

16) マックス・ヴェーバー, 中村貞二訳「艦隊アンケートへの回答」(1879 年 12 月), 前掲『マックス・ヴェーバー研究』, 428 頁。

17) 大野英二『ドイツ資本主義論』未来社, 1965 年, 388 頁。

18) Peter Hampe, Soziologische und psychische Hintergründe der bildungsbürgerlichen Imperialbegeisterung, in: Das wilhelminische Bildungsbürgertum, S.68〜70. ドイツ艦隊協会が官製団体から大衆組織へと変質していった過程は次に詳しく記されている。望田幸男, 前掲『軍服を着る市民たち』, 179 頁以下。

19) ibid. S.72〜79.

20) Wilhelm Dibelius, England, Bd.1 (1923), in: GHS, p.119〜121.

21) Helene Lange, Lebenserinnerungen (1922), in: GHS. p.110〜114.

22) Gangolf Hübinger, ibid, in: IDK, S.107.

23) マリアンネ・ヴェーバー，前掲『マックス・ウェーバー』II，446頁以下．

24) トラーはナチの迫害を逃れて1933年にアメリカに亡命した．その翌年，『私はドイツ人であった』(I was a German, New York 1934) と題する回顧録を出版した．引用は同書の67頁である． John L. Snell, The Democratic Movement, p.371.

25) ヒューズ，生松敬三・荒川幾男訳『意識と社会』みすず書房，1965年，229頁以下．ただし，「1905年の世代」はドイツとフランスで相反する態度をとった．フランスの息子たちはドレフュス派に与した父親よりもずっと保守的であった．

26) ディトマー・ダールマン，松井克浩訳「マックス・ヴェーバーのアナーキズムとアナーキストに対する関係」，『マックス・ヴェーバーとその同時代人群像』ミネルヴァ書房，1994年，330頁以下．

27) 山本差定祐『世紀末ミュンヘン』朝日新聞社，1993年，44頁以下．トラーは小柄に見えるが，バイエルン警察手配書（同，252頁）にはその身長を165〜8センチメートルと記している．

28) Ernst Toller, Gesammelte Werke, Bd.4 (1978), in: Gangolf Hübinger,ibid, S.108〜9.

29) ラカー，前掲『ドイツ青年運動』，52頁以下．なお，ヴェーバーの弟アルフレートは兄と違い，19世紀のブルジョア的諸理想とロマン主義や生の哲学を受け入れた青年運動家たちとの橋渡し役の立場をとった．Gangolf Hübinger,《Journalist《und》《Literat》, in:IDK. S. 103〜4.

30) Freideutsche Jugend.Festschrift zur Jahrhundertfeier auf dem Hohen Meißner,Jena 1913, S.4-5. in: Das Deutsche Kaiserreich 1871-1914. S.363〜4.

31) Max Weber, GPS. S.547. 脇圭平訳「職業としての政治」,『政治論集2』,611頁。

32) Wolfgang J. Mommsen, Max Weber. Ein politischer Intellektueller im Deutschen Kaiserreich, in: IDK. S.46ff. この指摘に続いて, モムゼンはミヘルス (1876〜1936年) の影響下にヴェーバー独自の民主主義論——官僚制的政党機構を乗り越えるカリスマ的指導者論——が展開されたとする主張するが, ここではこの論点に立ち入らない。

33) Max Weber, GPS. S.375. 中村貞二・山田高生訳「新秩序ドイツの議会と政府」,『政治論集2』, 423頁。

34) 成瀬治・黒川康・伊東孝之, 前掲『ドイツ現代史』, 176〜180頁。

35) Max Weber, GPS. S.257. 山田高生訳「ドイツにおける選挙法と民主主義」,『政治論集1』, 288頁。すでに『社会科学・社会政策アルヒーフ』発足時において, 労働者階級の物質的・精神的文化財に寄与するためには,「物質的なことがらへの国家の干渉が現在の国家および法秩序の自由な発展とむすびつかねはならぬ」という立場が表明されていた。Max Weber, Gesammelte Aufsätze zur Wissenschaftslehre, 3.Auflage, Tübingen 1968, S.159 (以下 WL と略記). 出口勇蔵訳「社会科学および社会政策の認識の『客観性』」,『社会科学論集』, 22頁。

36) ibid, S.279. 同上, 311頁。

37) Max Weber, GPS. S.328.「新秩序ドイツの議会と政府」,『政治論集2』, 372頁。

38) Theodor Schieder, Staat und Gesellschaft im Wandel unserer Zeit, München 1958, S.60, 76. Th・シーダー, 岡部健彦訳『転換期の国家と社会』創文社, 1983年, 61, 79頁。

39) 大内宏一, 前掲『ビスマルク時代のドイツ自由主義』, 211頁以下。

40) Max weber, GPS. S.236.「ドイツにおける選挙法と民主主義」,『政治論集1』, 266頁（一部改訳）。

41) Max Weber, GPS. S.254,256. 同上, 285, 287頁。なお, 兵士の資格は早くから複票投票権のひとつに数えられてきたが, 大戦中少なくとも国民自由党内の議論では平等選挙権の根拠づけとされるに至った。前掲『ビスマルク時代のドイツ自由主義』, 223〜4頁。

42) ヴェーラー, 前掲『ドイツ帝国』, 186頁。

43) Max Weber, WL. S.517. 中村貞二訳「社会学・経済学の『価値自由』の意味」,『社会科学論集』, 331頁（改訳）。

44) Max Weber, GPS. S.378.「新秩序ドイツの議会と政府」,『政治論集2』, 426頁。とくに弁護士の職業がそれに最適とれている。「言葉の効果を計算すること」にかけて弁護士は官吏にまさるともされている。GPS. S.512.「職業としての政治」,『政治論集2』, 574頁。

45) Max Weber, WL. S.158. 前掲『社会科学論集』, 21頁。

46) Max Weber, GPS. S.441〜2. 山田高生訳「ドイツ将来の国家形態」,『政治論集2』, 500頁（一部改訳）。

47) ibid, S.442〜3. 同上, 501頁（一部改訳）。

補章 | W. J. モムゼンのドイツ帝国時代史研究についてのスケッチ

軍人の増長と軍国主義の浸透——軍備拡大に対する風刺画
「ミヒュルと庇護人」Der wahre Jacob [102頁]

1章の後半で，ドイツ帝国時代の全体的把握のためヴォルフガング・J・モムゼンの「権威主義的国民国家」の述語が有益である旨を記した。この用語は『ドイツ帝国　1867～1918年』(1995年) を総括する題名として使われている。それは，モムゼンが主に1970年代後半から80年代にかけてドイツ帝国時代の政治・文化・社会・経済を分析した13論文を収録した論文集であり，ドイツ語の原著『権威主義的国民国家』(1990年) とは編成が多少異なるものの，それをベースとする英語版である。本書の内容を補足するため，以下では主にその論文集を手掛かりとして，モムゼンのドイツ帝国史研究の紹介を試みたい (注はすべて省略した)。

1．W. J. モムゼンの経歴

　ヴォルフガング・J・モムゼン (1930年11月5日～2004年8月11日) の経歴と人物は，その諸業績の一部の翻訳や来日を通じてすでに知れ渡っていると思われるが，必要な範囲で概略を記しておく。彼は歴史家ヴィルヘルム・モムゼン (1892～1966年) の子としてドイツ中部のマールブルクで誕生した (双子の弟ハンス・モムゼンはナチス時代の歴史研究者)。父はビスマルク政治論で学位を取得し，その業績を「その時代」から理解すべきという立場をとった。ナチスに入党した経歴のため，第二次世界大戦後に職務停止処分をうけて息子たちの生活は苦しかったという。彼はマールブルク大学からリーズ大学 (イギリス) で学び (1951～59年)，ケルン大学のテーオドーア・シーダー教授のもとでヴェーバー研究で博士号を取得した (1958年)。カールスルーエ工科大学助手の後，デュッセルドルフ大学教授に就任した (1968～1996年)。ロンドンのドイツ歴史研究所の所長 (1977～1985年)，ドイツ歴史学会会長 (1988～92年) を歴任し，『マックス・ヴェーバー全集』の責任編集者として晩年までその刊行に尽力したが，バルト海遊泳中に不慮の死を遂げた。

以上の略歴によれば，ドイツ敗戦時にモムゼンは15歳であり，いわゆる「零時（Stunde Null）」の廃墟のただなかで，経済的にも苦しい青年期を送ったことになる。彼の学生時代は，連合軍の占領期（1945～49年）を経て，基本法の採択（1949年）に基づく分断国家西ドイツが発足した時以降であった。ちょうどそれはアデナウアー首相の在任中（1949～63年）と重なった。アデナウアーは連邦議会の初演説で，「連合国とどこまでも共に道を歩む」と宣言して，「宰相民主主義」といわれる権威主義的な統治スタイルで「西側結合」の外交政策を強引に進めた。その指導下に1950年代の西ドイツ社会は「経済の奇跡」を遂げて，衣食住の生活環境で大きく変化した。経済復興と豊かな生活のなか，多くの西ドイツ人は直近の「過去」を忘却し，幸福感にひたって輝かしい未来を夢見たが，その50年代前半は，旧ナチ関係者をいち早く西ドイツ社会に統合する措置がとられた時期でもあったのである。
　おそらくこうした復興期の雰囲気と西側軍事機構への編入に戸惑いをおぼえながら，モムゼンは学究生活をスタートさせ，そのさなかにイギリスに留学した。その体験も与かったと思われるが，ヴェーバーの政治論に関する初期の論文では，ヴェーバーの議会制民主主義的の信条を自明なものとして受け取らず，諸種の発展段階を批判的に究明する立場から権威主義的思想の混入に注意を払うべきである，とヴァイマル民主主義体制の欠陥をつく姿勢をとっていた。
　後年モムゼンは，50年代の若い世代が「西側に民主主義体制を作ること」を自覚的に認識して，「その目的のためにどのように歴史記述を修正していくか」と考えていたと語るように，彼は近代西欧社会を準備した諸思想に学びながら，ドイツの伝統的価値観を批判的に克服する立場を最初から鮮明に表明していた。彼は「親英家（Anglophile）」で「論争好き（Konfliktfreudig）」な性格の人と評されたそうであるが，それは，彼がドイツの保守的な学風の壁に突き当たりつつも，それに風穴をあけようと苦闘したことによると思われる。そしてこの苦闘は旧西ドイツ社会の転換を促した50年代末以降の動きに連なるものであった。

2. 学界デビューと歴史家としての立脚点

　モムゼンの学会デビュー作『マックス・ヴェーバーとドイツ政治』(初版，1959年) は，マックス・ヴェーバーの政治思想の展開過程を豊富な一次資料を駆使して具体的に跡づけ，折々になされた発言と政治分析の意味をドイツ帝国時代の背景と結びつけて解明しようとした歴史書である。それは，マリアンネ夫人の伝記がもたらしたヴェーバー像の神話化にブレーキをかけるとともに，とりわけヴェーバー晩年の「人民投票による指導者民主主義 (die plebiszitäre Führerdemokratie)」論をヴァイマル共和国大統領制度と関連づける論点を提起して，大きな衝撃を与えた。しかしながら，留意すべきなのは，彼の手法が歴史家のものであって，ヴェーバーの著作を土台に一般理論を構成するか，その思想を現代の予言として読み込むような論述はなされてない点である。

　モムゼンの名を一躍轟かせたのは，ヴェーバー生誕百年 (1964年) を記念した第15回ドイツ社会学会大会における発言であった。「ヴェーバーと権力政治」のテーマをめぐる討論において，モムゼンは，ヴェーバーの思考に帝国主義的な要素があること，そしてその見解は当時ごくありふれた現象であったこと，だが第一次世界大戦を境目として，彼が「狭い意味での経済的な帝国主義理論の信奉者」から「民族的または権力政治的な要素」に重きをおく権力思想家へと変化していったことなど，ヴェーバーの「権力の社会学」が自然法の制約をうけない点に注意すべきであるとの趣旨を発言した。つまり，ヴェーバーの中核には，将来列強が経済闘争を行う世界を想定して，その場でドイツが文化的独自性を含めた覇権的地位を確保すべきだという考え方があり，さらには彼が貴族主義的な個人主義の思想から支配の正統性 (権力論) を扱っている点にも留意すべきである，というのであった。ここでも，「ヴェーバーを制約している時代的な係数を確定することが大切と思う」という立場が貫かれ，「歴史家として」ヴェーバーの著作から主観的な表明を分別することに意義がある，と彼は力説していた。この時以降モムゼンは権力政治思想家ヴェーバー批判の急先鋒と見なされて，正統派の歴史

学会から反撥をうけることになった。

　今日では，ドイツ歴史学が19世紀後半からドイツ帝国の「体制を正統化する学問（Legitimationswissenschaft）」であったと，その護教的役割を批判する動きが起きている。この旧流派は第二次大戦後の冷戦体制のなかで生き続け，「ナショナルな保守主義の潮流」は西ドイツ社会に強固に根を張っていた。モムゼンの学会デビュー当時も，大学教授が高級官吏として学界に君臨した戦前の権威主義的雰囲気がまだ濃厚であった。学界の西側志向も状況に促されたものであって，保守的な歴史観が冷戦構造のなかで生き残っていた。直近の過去をタブー視する旧世代の学者が多数残っていた状況を考えると，彼の学位論文審査が難航したのもうなずけるところである。

　学界における戦後世代の台頭は1960年代であった。そのきっかけをつくったのは，第一次世界大戦時におけるドイツの一貫した戦争目的を実証したフィッシャーの研究をめぐる論争であり，この「フィッシャー論争」の結果，60年代に彼の解釈は是認されに至り，旧世代の歴史家の没落を告げる潮目となった。

　この第一次世界大戦勃発の歴史的原因をめぐって「合理的な議論ができるようになった」と記されたのは，1966年のことである。この年，モムゼンはフッシャー論争を総括する論文（「ドイツの戦争目的論争」）を著した。モムゼンは，第一次世界大戦を勃発せしめた決定的責任をドイツの権力政治やドイツ国民の露骨な権力意志にあるとするフィッシャーの主張が，先行研究に「恐るべき挑戦状を突き付けるもの」であったという。というのも，少なくとも開戦1年目においてドイツ知識人や民衆は，指導部内に穏健な講和派と強硬な併合派とが対立するという状況認識をもっていて，この同時代人の白黒図式をもとに，ヴァイマル議会の調査委員会では元宰相ベートマン＝ホルヴェークを「交渉による講和派」「合意の追及者」，軍部を過激な併合推進派と振り分ける見解が支持され，それは第二次世界大戦後も諸歴史家の定説とされていたからである。

これに対してモムゼンは，フィッシャーが両陣営ともドイツの併合目的を共有したとする「満場一致」説を打ち出して，先行研究の壁を打破した，とフィッシャーを評価する。他方で，彼は自らを「国民社会主義の温床をなしたドイツ社会の感染源を特定する」課題を担う者と位置づけて，フィッシャーの方法論が政治状況の説明抜きの文書解読主義に陥っているという欠陥を指摘し，それとともに，戦争目的で大戦前のドイツ政治のすべてを説明することや，大戦中のドイツ政治そのものを戦争目的から評定することに無理があることを指摘する。その論点は多岐にわたるが，大戦前に戦争待望論を指導者と大衆が共有したこと，右翼の併合目的とその社会的・経済的利害関係とのつながりは周知されていたこと，宰相の政治基盤が弱かったことなどを踏まえて，戦争目的をヴィルヘルム帝国末期の政治的・社会的条件の枠組みのなかで分析する必要性を説いている。この見方は社会構造史家のものであった。

　1975年の『歴史と社会』誌の旗揚げに際して，モムゼンはその創刊者の列に連なり，社会学・政治学・経済学など隣接諸科学を援用する社会構造と歴史的分析の結合をめざす立場を共にした。この社会科学的歴史学の構築を標榜した季刊誌に集った人々は，ナチズムを出現させた近現代ドイツの発展過程を西欧のそれと比較対照して，その偏りを摘出する問題意識で共通していた。いわゆる「ドイツ特有の道(Sonderweg)」論の立場である。彼はドイツの近代化が不徹底であるとの観点を鮮明にして，19世紀のドイツはその経済発展にもかかわらず市民階級の勢力が弱く，保守的統治エリートの強固な支配構造は揺らがなかったと主張した。この分析視点が『権威主義的国民国家』全体のトーンをなしている。

　その間，モムゼンは研究対象の範囲を外交・社会・思想・経済へと広げた。自由主義の比較史的分析，帝国主義と植民地支配の歴史的考察，ドイツ帝国時代から第一次世界大戦期にかけての知識人の活動についての分析，ビスマルク外交から世界政策に至る強国外交の軌跡など，彼は次々と著書を発表した。ヴェーバー論に関しても，官僚制化する現代社

会と知のあり方について，ニーチェを援用しつつヴェーバーの思想を自由主義的価値観の危機状況を表したものと解釈した。こうした研究力点の推移は，政治論から大衆社会論へ，または現代史や帝国主義研究から史学史論へと研究領域を移動させたとか，あるいはヴェーバーの自由主義的側面を強調する立場へと傾斜したとか，研究力点の変化を云々する性質のものではない。最初から彼はドイツの過去に対する責任意識や精神的な対決意識をもって，護教論的な歴史解釈に挑んできたのである。ここでは，この姿勢が諸種の研究分野の通奏低音として一貫して流れている点に注目しておきたい。1980年代後半の「歴史家論争(Historikerstreit)」において，彼はこの立場を鮮明に表明したのである。

3．歴史家論争における発言

　モムゼンは，「歴史家論争」が起きるまでの西ドイツ国民の歴史への関心を次のように振り返っている。すなわち，フッシャー論争を契機として，60年代に若い世代の歴史学者はドイツに民主的伝統を生み出す目的に沿って，社会学的思考を援用した——徹底した経験的研究の積み重ねから過去を解明できるとし，主流派社会学のテクノクラシー的な新実証主義には反対しつつ——研究成果を発表した。公的な啓蒙機関も，ヴァイマル共和国の諸制度の欠陥を踏まえて，若い世代に伝統的歴史像の修正を伝えようと努力したが，そうした専門家レベルでの動きをよそに，一般の中高年読者は過去の歴史に触れまいとする態度をとって，歴史への関心を薄めていった。彼はこれを「歴史の喪失」と呼んだ。

　こうした世代間ギャップが，60年代末に学生が反乱を起こした理由の一つであった。69年に社民党・自民党のブラント連立政権が成立し，「接近を通じての変化」という外交政策は成果をあげたものの，内政面では過激派条例によって若い世代の信頼を失った。70年代半ばから80年代にかけて，近代工業社会への幻滅と懐疑が若い世代の心をとらえた反面，それへの対症療法として伝統回帰を求める声が国民に浸透して

いった。82年の保守党政権の成立は，一般の関心がドイツ人の歴史的アイデンティティに向かい，歴史博覧会が大人気となるような思潮の転換に支えられたものであった。85年の戦後40周年に際してヴァイツゼッカー大統領が「歴史の忘却」を戒める演説を行ったにもかかわらず，過去に向き合うのはうんざりだ，という修正主義的気分に一般市民が浸っていることが「歴史家論争」の背景にあった。

　論争の直接のきっかけはフランクフルト市が定期開催するレーマーベルク討論会（1986年）であり，モムゼンは当日の発表者であった。保守派歴史家のシュテュルマーは「歴史なき国」における歴史意識の再生を訴え，また同じ立場のノルテも自らの招待が解消されたとして，その原稿「過ぎ去ろうとしない過去」を保守派新聞に公表し，ナチスによるユダヤ人絶滅政策をボリシェヴィキなどによる大量報復・虐殺と同列に論じた（1986年初夏）。特にノルテの論法は，ナチスの蛮行を遠い過去に根をもつものだとして，歴史的・発生的に論ずる必要を説くとともに，この「アジア的蛮行」をドイツだけではないと相対化する居直り論であった。過去の重荷を清算すべき時が来た，と言わんばかりの主張に対してハーバーマスが痛烈な批判論を浴びせたことから，この白熱した論争が始まった。

　この論争の前年，モムゼンは「日本とドイツ」と題する戦後50年シンポジウムのため来日し，次のような趣旨の基調講演を行っていた。50年代末以降，ドイツ現代史を民主的な歴史観の立場から批判する努力が積み重ねられた結果，80年代初めには，正しい道は自らの歴史との精神的な対決であって，その精神こそ偏見を克服して，隣国との関係を築き直すことを可能とした。また過去への責任意識は自由主義体制の存続基盤であり，東西ドイツの統一へと道を開くものであるのだ，と。モムゼンはすでに70年代末のドイツ現代史に関する放映番組において，ナチスによる政権掌握の問題に答えることは，我々すべてにとって「人間としての態度決定（persönliche Einstellung）」に他ならないと語っていた。そうであればこそモムゼンは，ナチズムの最終責任をスターリンとソ連邦に押し付ける——ノルテによれば，ナチズムはボリシェヴィズ

ムに対する防衛運動であったという——責任回避的な新保守主義の傾向に憤慨し，糾弾したのである。

以下に引用する文は，歴史家アンドレアス・ヒルグルーバーが，1944年夏以降の東部戦線におけるドイツ軍の防衛戦に共感すべきだと発言したことに対して，モムゼンが反論した箇所である（「否定の言葉も忘却も我々を自由にしない」，『フランクフルター・ルントシャウ』1986年12月1日号）。

「A. ヒルグルーバーによれば，その作戦目的はドイツ民衆が赤軍の手に落ちるのを防ぐためであったが，その作戦を弁護する理由として，東部諸都市の防衛が西欧文明を守ることに等しいからだという。つまり，連合国の戦争目的——スターリンの最終プランとは独立した——は，プロイセンを解体して，ボリシェヴィズムの防壁とし手役立つはずの強大な，プロイセンが主導する中欧国家を打倒することを想定していたが，この目的に照らせば，東部における戦争続行は当事者の観点からすると正しいものだ，というのである。今日から見ても，こうしたヒルグルーバーの議論が示すような，東部における戦争続行は，ホロコーストの巨大な殺人機械が作動し続けることを許すことになるのではないか。----西欧のモラルと政治基準を基づいて民主的に構成された共同体の立場から見ると，ヒルグルーバーの評論は極度に問題多いものである。----

前記した歴史番組の執筆者たち（社会史派）にとって，連邦共和国の成立は「ドイツ特有の道」の終焉を告げる，ドイツ史上の「きわめて深い切れ目」と自覚されていた。モムゼンも同様な感想を述べ，ドイツ人は過去の「重荷」が幸福な未来の建設を触発するものとして，それを受け入れるべきである，と諭すようにして稿を閉じていた。連邦共和国の存在基盤や西ドイツ国民のアイデンティティをめぐるイデオロギー抗争は東ドイツの吸収による統一の過程（1990年前後）で激しさを増したが，それ以前の時点でモムゼンは，ハーバーマスのいう「憲法パトリオティズム」の党派に連なることを表明していたのである。

4.「社会史」の分析方法

　モムゼンの研究方法は「穏健な『社会史』派」のそれであると評されている。彼の歴史アプローチはどのような特色をもつのだろうか。社会構造史の流れを組み，歴史的社会科学とか批判的社会史と称される，この社会史学派（ケーア派，ビーレフェルト派）は，前述したように『歴史と社会』を拠点に成立した。以下では，モムゼンの研究方法に限ってその特徴を記すことにしたい。

　まず第一に指摘できるのは，西欧の発展過程を分析の軸とする比較史の観点から，ドイツ帝国の時代相を浮き彫りにする手法である。この比較史的方法は「ドイツ特有の道」論と関係する論点をなすが，おそらく彼ら社会史派が戦後ドイツの海外留学第1期生であったことと関係するのであろう。さらにモムゼンの場合は指導教授T・シーダーの比較史の手法も影響したと思われる。モムゼンの論文には近代イギリス史への言及が散見している。たとえば，「自由主義時代のヨーロッパ（1870～1890年）」の叙述は，自由主義運動を先導したイギリス近代史上の出来事を軸にして展開されている。

　モムゼンによれば，19世紀のヨーロッパは西側から東側へと，工業化の発展模様が地域的偏差を伴いながらも流れるように続くのが確認できるという。いわゆる発展段階の横倒し状況において，いち早く立憲制民主主義を樹立させ，「新しい中産階級」が台頭したイギリスと，工業体制の外側にあった帝政ロシアとを挟んで，異質な農業・中小企業・巨大産業・第三次産業が混在する中間地帯という近代ヨーロッパ像である。70年代に中産階級の自由主義運動は国民全体の代表を自負していたが，80年代となると大衆的な政治参加の要求が強まった結果，自由主義運動はその圧力を回避するために，国民の理念を民族的・文化的な同質論へと機能転換させた。1879年を境目として，自由主義勢力を支えた中産階級の多くは保守的ナショナリズムに吸引されていった。この構造変動は，「大不況」期（1873～96年）に市場経済への信頼が崩れ，

自由主義勢力も国家介入への期待を強めたために生じた。90年代に提起された「自由帝国主義」は，新興中産階級に伝統的統治エリートとの提携を用意する統合イデオロギーであった。ヨーロッパ自由主義運動がこのように90年代にその政治的優位を失い，長期低落傾向に陥った分水嶺は，1879年におけるドイツの国民自由党の保護関税容認への転換や，イギリスのJ・チェンバリン（自由統一党）による帝国主義政策の展開であるとみなされている。

　自由主義運動の変質という現象は，ナショナリズムが噴出した1880年代以降のヨーロッパ諸国で広くみられたが，モムゼンによれば，それが取り返しのつかないほど重大な結果を招いたのがドイツであった。その主な理由は，ドイツ自由主義が常にナショナルな理念と密接な関係にあったことや，西欧の自然法理念と常に距離をとったこと，そして自由貿易の理念がさほど深く根付かなかったことによるという。とはいえ，それはなによりも帝国主義への対応如何という問題と関係していた。こうしてモムゼンは自由主義陣営の対帝国主義の立場を4類型——「原理に忠実な急進派」「プラグマティックな反帝国主義派」「自由帝国主義派」「現実政治的な帝国主義派」——に分類し，その準拠枠でドイツ帝国時代の多様な自由主義者の活動を考察した。

　以上の類型論による帝国主義の分析を踏まえて，モムゼンはドイツ第二帝政の対外政策を「内政の優位（Primat der Innenpolitik）」の観点から考察する。これが2番目の特徴点としてあげられるべき彼の分析方法である。

　「内政の優位」の立場は伝統史学の「外政の優位（Primat der Außenpolitik）」に対置されるものであり，ケアに始まる社会史派，特にヴェーラーがビスマルクの同盟政策やヴィルヘルム2世の個人外交を分析する時の視点である。支配階級が国民の内政上の関心を対外的要求へとそらして，帝国主義政策の大衆基盤をつくろうとする政治手法は，一般に社会帝国主義（sozialimperialismus）とよばれる。ヴェーラーによれば，ビスマルクの植民地政策は，大不況期以降の経済的停滞

に対処するために，新たな対外市場を確保することに関する「イデオロギー的合意」を国民からとりつけるためのものであったという。ケーアは，ドイツ帝国時代の外交が社会的・経済的構造，特に統治エリートの社会的・政治的利害によって決定されると考えたが，モムゼンによれば，こうした内政上の利害関心による外交政策の誘導という命題は，いまや（70年代半ば）大多数の歴史家が支持するものとなったという。

モムゼンはこの観点から，「ヴィルヘルム時代の潜在的危機」（1974年）のテーマで第一次世界大戦を招いたドイツ帝国の構造的欠陥を次のように論じている。

ビスマルク憲法体制はその似非立憲制を非難されてきたが，その多元的体制は政治的・社会的な妥協の産物とみたほうがよい。問題点は，その憲法体制が70年代以降の政党政治化と工業化の進展に伴う多様な利害関係の発生，農業危機や中産階級の分裂，労働者階級の大衆的結集の動きなどに対応できなかったことにある。右翼・中間派・左翼の諸党派が勢力を相殺する状況にあって，民主的な帝国議会と反動的なプロイセン下院との二元構造の食い違いは，カプリーヴィ政権（1990～94年）からビューロー政権（1900～09年）にかけて顕在化していったが，改革派議会勢力の未結集や帝国憲法の権力分割規定のため，統治不能には至らなかった。実務派官僚派のヴェートマン＝ホルヴェーク政権（1909～1917年）は，内政基盤の弱さを「議会超然」でカヴァーする立場をとり，穏健保守の妥協勢力を集めるビスマルク流の議会操縦術に戻った。プロイセン選挙法改正案の撤回や緊縮財政策など傍観者的な現状維持策は，諸政党・諸圧力団体・軍部から不評判を買い，外相ヴェヒターはナショナリズムを喚起して第二次モロッコ事件（1911年）を起こしたが，外交的敗北を喫した。帝国議会選挙（1912年）の結果，社会民主党が第一党に躍進したものの，議会主義化する見通しは立たず，政党政治が麻痺状態に陥ったなか，軍事的・経済的な諸圧力団体が政治主導権を握った。確固たる支持基盤を欠く政権は，それだけ益々宮廷勢力や高級官僚層・ブルジョア上層部の意向に依存せざるえなくなり，政権の権力源である外交で成果をあげて。皇帝の信頼に答える必要に迫ら

れた。統治エリートの多くは戦争が社会民主党を粉砕する絶好の機会となると考え、軍指導部は積年の対ロシア戦略を踏まえて予防戦争の賭けに傾いていった。だが、軍事指導部の早期開戦論に宰相が与したという証拠はなく、1912年以後に、モロッコ問題の処理に失敗したため英独間の関係だけでなく、ドイツ国内の反英感情を悪化させたという情勢となるなかで、追い詰められた政府はセルヴィア問題で強攻策をとらざるをえなかった。

　以上のように、第一次世界大戦勃発に至るドイツ外交の強硬路線は政権の弱い内政基盤と関連づけて把握され、大枠で「内政の優位」論の観点が保たれている。しかしモムゼンの結論は、大戦勃発の責任を、独占資本や軍需産業トップの策動に帰させる（東ドイツ歴史学やハルガルテン）のでもなく、また事前に政府の開戦意志が確定済み（フィッシャー）とするのでもなかった。保守・中産階級の連合が対社会民主党対策として帝国主義的諸事業を推進した（ケーア学派）としても、その「結集政策」は一貫したものではなかったのであり、ドイツ帝国創建以来の統治体制の諸欠陥と、1911年以降の最高指導部内における混乱とが問われるべきだというものである。すなわち、内政上の諸要因のなかでも、社会諸勢力（諸政党、諸圧力団体、軍部と宮廷、ジャーナリズム）からの批判や大衆的ナショナリズムの圧力に直面して、なぜ既存の統治体制（政府要人や議会指導部）が「暗中への飛躍」を敢行せざるをえなかったのか、歴史家モムゼンはその決断を促した制度的背景を具体的事実に即して検証する。

　彼は1909年後のドイツ外交分析には「社会帝国主義」の視点は役立たないという。というのも、攻撃的な「世界政策」に熱狂したのは、上層中産階級（国民自由党）とナショナリスト圧力団体に所属した知識人会員であり、それに扇動された下層中産階級であった。それに対して保守的貴族階級は、工業化を加速する世界政策が農業利害に反すると見なして、海軍拡張にも無条件支持を与えなかったからである。モロッコにおける帝国主義的冒険策動と対英外交の失敗や断固たる社会民主党弾圧策の拒否、これによる優柔不断で無能な政府だという印象こそが保守派

も政府批判へと立ち向かわせたのであった。

　外交を規定する内政上の諸制度（構造）と社会集団の利害状況，この関係のなかでキーパースンが決断し，状況の変化を招く。こうしたモムゼンの分析手法が第3の注目点である。
　社会史派は，歴史上の出来事を材料として一般的・体系的な歴史理論を構築しようとしたわけではない。リーダーのヴェーラーは近代化理論を扱っているが，それは近代化（工業化）過程のサブ・プロセスには経済変動・分業体系・価値変動・動員・参加・紛争の制度化があり，その分析枠組みを通して「伝統」から「近代」へと社会発展の総体に迫る社会学理論の動向を紹介・整理するにとどまっている。モムゼンの場合，シーダーの提起した「構造史（Strukturgeschichte）」を擁護する立場からドイツ伝統の歴史主義の問題点を次のようにあげている（「現代工業社会における歴史学」1974年）。すなわち，歴史的世界に意味が内在すると確信していること，過去の出来事への理解と感情移入が歴史研究の正統な方法であるとみなすこと，歴史現象を現在との関連から切り離して内在的に解釈すべきだとしたこと，そしてこれらの克服をめざして社会諸科学を援用する歴史学の方向が「歴史主義の彼方」に指し示されていたのである。その具体的な展開を「ドイツ帝国の経済，社会，国家」（1990年）の叙述で確認してみよう。
　まず，ドイツ帝国時代は19世紀後半以降の経済発展期であり，その社会構造や政治文化は経済成長に大きく影響されたととらえられる。経済発展は3区分され，「持続的成長への離陸期（1850～73年）」「会社設立ブーム後の大不況期（1873～96年）」「第二次産業革命期（1896～1913年）」に分けて，それぞれの構造的特徴が描かれる。発展初期はプロイセンの自由貿易政策期，大農場経営の黄金期であり，上層中産階級も官界に進出したが，そこで出現した政治体制の評価は歴史家によって異なる。モムゼンは保守派と自由主義派の妥協で政治が動いたとみている。次の大不況期に帝国主義政策の合意形成がなったと社会史はみるが，新興産業と手工業の没落，業種間の格差，新旧技術の共存が顕著と

なった，全体として工業化の進んだ時であった。保護関税下でも農業危機が続いたが，保守基盤は揺るがなかった。世紀末以降，新興工業部門が経済発展を加速させた。国内経済における企業連合の出現や銀行の役割を重視する組織資本主義論に対して，モムゼンは，経済的自由主義の立場を保った銀行，帝国主義的拡張政策に共鳴した重工業と国民自由党右派などと，個別的な事例をあげて反論し，ヴィルヘルム時代は大企業と零細企業が共存し，農業・工業・銀行など諸経済部門が独自の活動領域をもつ分節的な社会であったとみている。

　次にモムゼンは統計分析に基づいて工業化の社会的影響を分析し，ヴィルヘルム時代の社会をこう説明する。全般的な生活水準の向上にもかかわらず，工業の成長は所得再分配を生まなかった。貴族階級の農業収入は低下し，中産階級出の地主との社会的融和は進まなかった。貧窮化した下層中産階級は，国民国家との一体化を宣伝した右翼団体を支持した一方，教養と財産ある中産階級は行政と都市文化に活躍の場を広げて，ナショナリズムに訴えて貴族文化から自立をはかるとともに，社会民主党の国際主義と対決した。こうしてモムゼンは，貴族階級の権威主義国家が強固に存続するなか，中産階級の自由主義と労働者階級の大衆運動が平行し，農業・工業の非和解状態が続いたのがドイツ帝国後期の社会であった，と結論づけている。

　さらに，ビスマルク政治の分析においても，権威主義的でありながら妥協性を帯びていた特徴（「回り道」の決断）は，次のような経済的・社会的構造との関連性で把握された。すなわち，ドイツの「離陸期」における工業化の進展は緩慢であり，ドイツ帝国前期の80年代まで政治勢力は三すくみ状態（農業貴族の保守派・上層中産階級の自由主義派・下層中産階級のカトリック中央党，後に労働者階級の社会民主党が加わって四すくみ状態）が続いて，ドイツ帝国建設期には多元的な勢力配置となっていた。通説では，ビスマルクが社会保守主義の立場から「上からの革命」を導いたとしているが，個人的な政治的力量（個人外交，ボナパルティストの策謀）を可能にした社会集団と政党・組織の役割と関連づける必要がある。諸社会集団に加えて，帝国政府と帝国議会，行政機関と

227

諸政党，帝国とプロイセン，といった対抗関係のなかで政治過程を考えると，ビスマルクの保守主義体制は不安定な権力基盤上にあったといえる。保守派と国民自由党の「カルテル」政治は成功したかにみえたが，90年の選挙敗北・辞任は議会主義が既成事実化した結果であった。

　モムゼンの歴史分析の着眼点は，これ以外にも，ドイツ帝国の終着点をヴァイマル共和国末期のパーペン・クーデタ（1932年年7月）とする時代区分や，ドイツ革命時における評議会運動の自然発生性を強調する見方など，示唆に富むものが随所に確認できる。しかし，90年代以降のドイツ歴史学界は，ドイツ民主共和国を吸収した新しい国民国家の誕生とヨーロッパ統合の進展という事態を迎えて，「過去の克服」に務めた社会史派の中からもその旗振り役を演じる歴史家が現れている状況となっている。この情勢下に歴史学は，新生ドイツ国民国家に正統性を与える「政治教育」の役割をはたすものともされている。地域社会と「民衆」の日常世界に着目する新潮流も台頭して，ドイツ歴史学は新しい局面に立ち入ったと思われる。

5．「権威主義」の社会構造とその自滅への道筋

　ハインリヒ・マンが1914年に書いた『臣民（Der Untertan』の邦訳は1978年であった（小栗浩訳『世界文学全集45』筑摩書房）。ドイツ帝国時代のブルジョアが権威に柔順な気質の持ち主であったことは，ドイツ軍における厳格な服務規律にとどまらず，貴族的血統や名誉を尊重する社会的ミリタリズムの風潮を通じて周知の事実であったと思われるが，改めて我々は邦訳によって，上に卑屈で下に冷酷なブルジョア出の主人公が「予備役将校」資格を振りかざして庶民に君臨する——戯画的な——世相をリアルに実感できたのである。

　憲法構造や皇帝の側近（内局）政治，軍部・官僚の社会構成，さらには末端の地方自治制度に至るまでの「権威的非民主的な諸要因」は，第

二帝政時代の全体を通じて摘出できるのである。国民を軍国主義的心性にからめとった諸圧力団体の活動や民族主義的風潮の浸透の過程は，広く考察されて周知のものとなっている。さらに市民社会の「封建化」の問題に関しても，ドイツの上層市民階級と貴族階級との共生は英仏ほど進まなかったにもかかわらず，社会的ミリタリズムは深く根を張っていて，ヴィルヘルム時代の「階級的断層」と官憲国家的特徴は明確であった。

以上のようなドイツ帝国の権威主義的社会像に対して，ニッパーダイは少なくともヴィルヘルム時代に関して，それを臣民社会像一色で塗ることに異議を唱えている（坂井榮八郎訳『ドイツ史を考える』）。その理由はおよそ次の諸点を論拠とするとみてよいだろう。

1．それは文化的自由を許容していった社会であった。2．1つの分節化した，地域・宗教・階級・文化など異質な社会環境からなる社会であった。3．農業優位の自由主義国家から工業優位の干渉国家へと移行する，新旧産業諸部門間の優劣が激しく変わっていく社会であった。4．上流階級や市民階級の規範・価値に対して反逆した，モデルネへの突破をはかった文化改革期の社会であった。5．個人批判にとどまらず，批評が世論を結集していった社会であった。6．政治の重心が左へ動いて帝国議会の重みが増した一方で，帝国主義を扇動する新右翼が形成されて保守勢力を批判した社会であった。

かくしてニッパーダイは，第一次世界大戦直前のドイツが「一種独特の停滞と八方塞がり感で特徴づけられる」，市民社会への移行期にあったと位置づけ，それだけに，「権威と服従に方向づけられた臣民社会」だけをクローズアップするよりも，その危機の時代特有の「改革のポテンシャル」の側面に着目する方がはるかに重要だと述べている。こう主張することの意味は，まさに過去の負い目を払いのけるために，現代ドイツ国民国家のルーツが第二帝政の「権威主義」よりも「国民国家」に力点をおくほうが生産的だとする立場を表明した点にあると思われる。だが，「ドイツ特有の道」論争から積極的に学ぶとすれば，「権威的非自由主義的体質とそれの歴史的負債」を究明する姿勢こそが，問題提起を

豊かに結実させる道ではないだろうか。

　さて，以上の反論にうかがえるように，ヴィルヘルム2世が統治した30年間（1888〜1918年）は複合的な時代であった。一方で君主主義的統治構造を存続させた農業貴族的・軍事的な諸要因，他方で議会主義的な統治体制を前進させた工業的・市民的な諸要因が併存したが，この二極状況にプロテスタント対カトリックの文化的要因と社会主義運動を支えた労働者的要因とが絡み合って，三極ないし四極化の事態となった。ヴィルヘルム時代は，ビスマルク時代を支えた君主主義的諸要因は守勢にまわったものの，工業的・市民的諸要因が優越していく趨勢にあった。この事態に直面した前工業的エリートがその伝統的地位を擁護する防衛闘争を展開したため，体制は長期的・断続的な諸危機に遭遇した。こうした見方の普及に貢献したのがヴェーラーらの社会史派であり，さらにその歴史アプローチに対する批判（「ドイツ特有の道」論争）によって，ヴィルヘルム時代がこれまでよりも市民的社会であったと考えられるようになった。

　これら「ドイツ特有の道」への批判論に対して，モムゼンは自らの見方を次のように提示する。たしかにドイツ中産階級の封建化を強調する見方は誤っているが，ブルジョア的支配秩序が全般的に優勢であったものの，それは権威主義的な歪みを伴っていた点で独自性をもつものであるのだから，この点を踏まえて「特有の道」論を展開しなければならない。たとえば，19世紀を通じて官僚制機構は「普遍身分」とみなされ，「1914年の理念」が西欧民主主義に対置されたが，この国家観のイデオロギーは何なのか，それを問うべきではないのか，と。

　標準的なドイツ史概説書（たとえばケンブリッジ版世界各国史の『ドイツの歴史』）においても，ヴェーラーによるドイツ帝国の解釈を踏まえて，「歪み」という「一貫した構造上の特徴」をもつ社会政治制度は，「最後にはドイツ帝国に対して自己破壊的な作用を及ぼす」結果となったと記述されているのであるが，この構造破壊を始動した要因は具体的にどう把握されているのだろうか。

中産階級の文化と政治の関係に関して，モムゼンは，小説・絵画・建築・音楽・演劇など多方面にわたって分析しているが，ここで逐一検討することは不可能である。とりあえずその最後に，世紀末に自然主義論争が起きた後の中産階級文化の考察を手掛かりにしよう。そこでは，古典的様式美や伝統・神話に基づく規範主義的芸術観（皇帝の公認芸術）に対抗してモダン・アート運動（教育活動や出版事業・得意客市場）が興隆したものの，中産階級がそれに拒否的態度をとった結末が次のように論じられている。

　労働者階級に窮乏を強いる社会的条件を描く自然主義文学（ハウプトマン『織工たち』）は，疑似理想主義的なサロン文化に対する反乱を意味し，演劇に良民育成を望む皇帝の憤激を買った（「社会底辺の芸術」！）。しかし，この上演禁止問題を契機に，ユーゲント・シュティール運動を皮切りにさまざまなモダンアート運動が登場した。中産階級やカトリックも，「客観的な文化価値」に背を向ける高級ブルジョア文化人のモダン・アート運動に反撥し，通俗的な公認芸術・建築物・彫刻に共感を示した。前衛芸術家の運動は中産階級の文化価値からの断絶を自負し，高度資本主義の搾取体制・官僚制的権威機構・業績本位社会から解放された芸術表現をめざしたものであって，中産階級の文化と政治的自由主義とを遊離させる結果を生んだ。これは中産階級的自由主義社会の危機を示していて，中産階級の心理的空隙はニーチェ崇拝や疑似宗教運動によって埋められ，さらにナショナリズムが浸透して攻撃的な帝国主義の下地が整えられた。

　モムゼンによれば，ヴィルヘルム時代における中産階級の脱政治化現象こそが構造変動を招いた重要な要因であった。たとえば，国民自由党は長期低落傾向に悩み，帝国主義政策と議会改良策に活路を見いだしていた。それによって保守派貴族層の支配に終止符を打てるし，中産階級の旧支持層を取り戻せるし，議会外の右翼ナショナリズム大衆運動に引き寄せられた下層中産階級も取り込めるというのであった。しかし，1912年の帝国議会選挙で社会民主党は躍進した反面，議会内諸政党は政治的方向性を見失った。この膠着状態のなかで政府は皇帝・行政官

僚・軍部への依存を深め，右翼扇動団体による議会外運動と攻撃的ナショナリズムにさらされた。世界強国の夢を吹き込まれた中産階級大衆と保守派にとって，戦争不可避論は事態打開の道と思われたのである。

　このように中産階級は全体としてナショナリズム運動に流されるとともに，その渦巻きの中心ともなったのであるが，それは次のように工業化の進展と関係づけられている。
　ドイツ帝国時代の全般を通じて次第に生活水準は向上し，狭義の工場労働者の実質賃金も増えたが，家事労働者・農場労働者・奉公人・零細企業などの被雇用者ら（国民の三割）は窮乏状態のままであって，広範な大衆が所得を改善したとは言えない。教養と財産ある上層中産階級は，その一部が地主化して貴族との融合（「大邸宅と溶鉱炉」）や将校団や官庁への進出をはかり，行政と都市文化のなかで活躍の場を得た。彼らはナショナリズムを基調として帝国主義政策による国内緊張の緩和を期待する一方，貴族文化や社会民主党の国際主義との対決をはかった。これに対して下層中産階級，特に手工業者や零細商人などのカトリックの旧中間層は，伝統的な生活環境を揺るがされて強力な国民国家との一体化を宣伝する，議会外の右翼大衆団体を支持した，と。ヴィルヘルム時代の高度経済成長は社会全体の生活水準を高めたものの，19世紀半ば以降の急勾配の社会階層分布を変えるものではなく，危機にさらされた下層中産層は体制疎外感を強めたのであった。
　下層民衆のために領土併合の必要性を訴える「自由帝国主義」はヨーロッパの90年代に登場したが，ドイツでは国民自由党が帝国主義を担う政権政党への脱皮をはかり，さらにプロテスタント教養人層の圧倒的多数やナウマンの「国民社会協会」も既存体制側と提携する道を探っていた。20世紀初頭には，「中間身分層」が自己の存在意識を先鋭化し，右翼団体からナショナリズムを吹き込まれて，大国ドイツという「権威主義国家」の担い手たらんと能動化する新たな事態が加わった。こうして保守派貴族層や上層中産階級も労働運動の対抗軸としての利用価値を認めて中間層の保護政策に合意したが，社会的敵対関係を反映して議会

政治が膠着状態に陥ったなかで，宮廷筋に受けのよい外交成果に頼るベートマン政権は，「権威主義国家」内で立ち往生することを避けるとすれば，のるかそるかの賭け（「暗闇での跳躍」）に出るしかなかったのである。

6．おわりに

モムゼンはなによりもまず「政治家マックス・ヴェーバーの脱神話化」をはかった研究者と紹介されるが，宰相ベートマン=ホルヴェーク研究による教授資格取得や広くヨーロッパを視野に入れた自由主義運動の比較研究が示すように，その本領はドイツ帝国時代の歴史研究にあった。彼の「権威主義」の用語は，ドイツ帝国やロシア帝国などにおいて自由主義運動を抑圧した構造的特徴を示す普通名詞として使っているだけで，特にその概念を説明しているわけではない。「権威主義」を歴史術語として深めようとするならば，政治学や社会心理学，国家学など隣接する社会諸科学の先行業績によってその概念を深める必要があろう。他方で，ヴェーバー論に関しても，ポイカートのいう第四期のヴェーバー論――「文化批判的見地から，西欧合理化過程の矛盾，パラドックスの問題と取り組んだヴェーバー」――にモムゼンも参画している点も視野に入れなければならない（『ドイツ帝国の知識人たち』1993年）。

以上の課題を確認したうえで，モムゼンの立脚点を確認するためにも，『自由主義と帝国主義国家』（1975年）の末尾の文を引用しよう。自由主義運動の隘路はこう記されている。「同時代の人々は，経済構造と政治構造のひどいアンバランスがヴィルヘルム帝国の本質をなすことを自覚していたが，それにもかかわらず，それを是正する力を自由主義はもたなかった。-----その理由の一部は，中産層の社会経済的格差が増大したため，市民階級内部のさまざまな分派を共通の政治路線に統合することが困難になったことによるが，他方では，自由主義がその綱領の根幹部分をプラグマティックな妥協のため唯々諾々と放擲したからでもあった。」

そして彼はドイツ帝国時代をナチスの前史とみなし，一貫してその忍び寄る影を探ろうと努めた。「ヴィルヘルム帝国の潜在的危機」は，近代ドイツが誤った道を歩んだことを慨嘆し，警鐘を鳴らす文で閉じられている。「この戦争［第一次世界大戦］は何か間違った音を鳴らしている。1815年の戦争，また1866年や1870年も，そうではなかった。この戦争のようなやり方で戦争すべきではなかったのである。」

ドイツ帝国史略年表

※A～Zは引用資料中の出来事が生じた頃を示す。

1815.	ウィーン会議の結果，ドイツ連邦（34君主国と4自由都市）が成立。[人口2480万]
1834.	プロイセン主導下にドイツ関税同盟が発足。☆最初の鉄道開通（35）。
1848.	各地で民衆蜂起（三月革命）。フランクフルト国民会議はプロイセン王を皇帝に推挙するが王が拒否。プロイセン欽定憲法。プロイセン三級選挙法（49）。海外移民（～50年代）。
1850年代	〈工業化の始動：製鉄・鉱山業〉〈経済恐慌（1857～59）〉[人口3600万] ヴィルヘルム一世，プロイセン王に即位。自由主義左派が進歩党を結成。
1861.	ビスマルク，プロイセン首相に就任。予算なしの統治を強行して憲法紛争となる。
1862.	普墺戦争にプロイセン勝利。予算事後承諾法で進歩党分裂。右派は国民自由党を結成（67）。
1866.	北ドイツ連邦の成立。ラサール派（63）に対抗してマルクス派は社会民主労働党を結成（69）。
1867.	独仏戦争勃発。[人口4106万] ※M
1871.	ドイツ帝国の創立。プロイセン王ヴィルヘルム一世，ドイツ皇帝に即位。ドイツ帝国憲法発布。帝国宰相ビスマルク，カトリック弾圧諸法発令。カトリックの中央党結成。仏からの賠償金で景気過熱（会社設立ブーム時代）。通貨単位マルク。※F
1873.	〈「大不況」の始まり（1895年まで）〉。金本位制の採用。社会政策学会の創立。
1874.	帝国議会，7年制軍事予算案を可決。※I
1876.	ドイツ工業家中央連盟の結成。☆ベルリンに電話網敷設。露土戦争（77）。
1878.	帝国議会，社会主義者鎮圧法を可決。バルカン半島に関する利害調整のためベルリン会議。
1879.	帝国議会，保護関税諸法案を可決（「保守的再編」）。「文化闘争」終結へ。独墺同盟。※H
1880.	国民自由党から左派が脱退，進歩党と合体してドイツ自由思想家党となる（84）。

1882.	独墺伊三国同盟。海外移住者増加（80年代）。ドイツ植民地協会の創立。	
1883.	帝国議会，労働者疾病保険法を可決。☆対仏戦勝を記念するニーダーヴァルト記念碑。	
1884.	帝国議会，災害保険法を可決。コンゴ領有問題でベルリン国際会議（先取優先原理の確認）。	
1885.	☆ガソリン自動車。〈機械・電機・化学・光学など新しい産業分野の発達〉	※C
1887.	保守党・帝国党・国民自由党で選挙協定。独露再保障条約。☆AEG（電気会社）設立	※N
1888.	フリードリヒ三世即位するが病没。ヴィルヘルム二世即位。	※B
1889.	ルール炭鉱などでストライキ。帝国議会，老年・廃疾保険法案を可決。	※A
1890.	帝国議会，社会主義者鎮圧法延長を否決。ヴィルヘルム二世の２月勅令。	※O
	カルテル３党，総選挙で大敗。ビスマルクが帝国宰相辞任，後任はカプリーヴィ（〜94）。	
1891.	「新航路」政策：新工場法（少年・婦人労働規制）。墺伊，露（94）と新通商条約。	
1892.	露仏軍事協約の締結（対三国同盟の成立）。	
1893.	陸軍兵力増強案をめぐり自由思想家党分裂。２年兵役制・４年制軍事予算。農業家同盟。	
1894.	全ドイツ連盟，婦人協会連盟の結成。宰相カプリーヴィ解任，後任にホーエンローエ（〜1900）。	
1895.	帝国議会，転覆法案を否決。〈高度成長期へ〉	※G
1896.	クリューガー電報事件で対英関係悪化。国民社会協会の結成。☆レントゲン発明	※P
1897.	ティルピッツ海相，艦隊建造を提唱。青島占領，清朝と膠州湾租借条約（98）。	※D．R
1898.	帝国議会，第一次艦隊法案を可決。ドイツ艦隊協会，世界政策を扇動。	
1899.	帝国議会，反体制運動を取り締まる懲役場法案を否決。☆アスピリン発売。	※Q
1900.	帝国議会，第二次艦隊法案を可決。義和団の乱鎮圧のため中国派兵。	※R

	ビューローが帝国宰相へ（〜09）。☆民法典の施行。［人口5640万］
1901.	ポーゼン州でドイツ語教育強制、ポーランド人の学校ストライキ。☆デパート営業。
	バグダード鉄道建設（3B政策）をトルコが認可。☆ヴァンダーフォーゲル運動。　　　　　　　　　　　　　　　　　　　　　※（Z）
1903.	農業利害をくみ取り新穀物輸入関税へ（1891年以前の水準に戻し、大幅引き上げ）。　　　　　　　　　　　　　　　　　　　　※V
1904.	ドイツ領西南アフリカでヘレロ族蜂起、大量虐殺。英仏協商の成立。　　　　　　　　　　　　　　　　　　　　　　　　　　　　※U
1905.	ヴィルヘルム二世がモロッコのタンジールを訪問、アルヘシラス列国会議で孤立（06）。
1906.	帝国議会、第二次艦隊法修正案を可決。その財源確保のため相続税（最初の帝国直接税）を承認。　　　　　　　　　　　　　　　※K
	西南アフリカ駐留軍追加予算案に中央党が反対、総選挙（「ホッテントット選挙」）へ。
1907.	保守・自由の連合である議会多数派（「ビューロー＝ブロック」）が成立。　　　　　　　　　　　　　　　　　　　　　　　　　　※X
	英露協商の成立（外向的「包囲網」形成の意識を生む）。
1908.	デイリー・テレグラフ事件。墺、ボスニア・ヘルツェゴヴィナ併合。
1909.	宰相ビューロー辞任、後任にベートマン＝ホルヴェーク（〜17）。
1910.	自由主義3派が進歩人民党を結成。プロイセン議会、三級選挙法改定に反対。
1911.	モロッコのアガディールに砲艦派遣（第二次モロッコ事件）。仏のモロッコ保護支配。
	官製の青年ドイツ連盟が発足。☆カイザー・ヴィルヘルム学術振興協会の設立。［人口6500万］
1912.	帝国議会選挙で社会民主党が最大議席獲得。ルール炭鉱で大規模スト。　　　　　　　　　　　　　　　　　　　　　　　　　　　※S
	労働組合員300万（社民系自由労働組合員250万）。国防協会の結成。　　　　　　　　　　　　　　　　　　　　　　　　　　　※Y
1913.	陸軍大増強法可決（陸軍兵力74万）。エルザスでツァーベルン事件。　　　　　　　　　　　　　　　　　　　　　　　　　　※L・Z
	多数の労働者教育協会が活動（会員：体育18.7万、合唱16.4万・自転車14万など）。

1914.	サライェヴォ暗殺事件（6.28）。独・墺とセルヴィア・露・仏・英で開戦（7.28～8.4）。帝国議会，満場一致で戦時公債を承認（城内平和）。ドイツ軍，東西で電撃作戦（シュリーフェン作戦）展開：中立国ベルギーに進攻するがマルヌの戦いで西部戦線膠着（塹壕戦）。東部でタンネンベルクの戦いで勝利するが持久戦へ。　　※J
1915.	毒ガス兵器の使用。英の海上封鎖に対抗してUボート作戦展開，ルシタニア号撃沈にアメリカ抗議。イタリア，連合国側にたって参戦。リープクネヒトら戦時公債反対投票。各地で豚の大量殺害，飢餓暴動発生（16～17年：「カブラの冬」，大戦中の餓死者76万）。
1916.	スパルタクス団の結成。戦時食糧管理局の設置。ヴェルダンの戦い。ユドランド沖海戦。ソンムの戦い。ヒンデンブルク，参謀総長に就任（参謀次長ルーデンドルフの独裁体制）。
1917.	無制限Uボート作戦。アメリカ，ドイツに宣戦。独立社会民主党の結成。　　※W 工業都市で大衆ストライキ。宰相ベートマン罷免。議会で「妥協の平和」決議。
1918.	ソ連とブレスト・リトフスク講和条約。西部戦線での大攻勢に失敗，軍部は敗北容認。バーデン公マックス，議会多数派による内閣を組閣。ルーデンドルフ罷免。キール軍港で水兵が蜂起，労兵評議会運動が高揚し，バイエルン共和国宣言。ドイツ共和国宣言。ヴィルヘルム二世亡命。人民代表委員政府が成立（エーベルト＝グレナー同盟）。休戦条約調印（11.11）。全国労兵評議会大会。独立社会民主党は政府離脱。共産党の創立大会。［ドイツ軍動員兵力1100万，戦死203万，戦傷420万］
1919.	共産党の武力闘争，帰還兵の反革命軍によって鎮圧。国民議会選挙の結果，初代大統領をエーベルトとする「ヴァイマル連合」内閣（社会民主党・民主党・中央党）。国民議会，講和条約を承認，調印（6.28）。ヴァイマル憲法採択（7.31）：国民主権・男女普通平等選挙・国民投票による大統領選出（首相任免権・緊急権）。
1920.	カップ一揆，労働者ゼネストで失敗。ルールのゼネストを国防軍が鎮圧。ヴァイマル連合，選挙で後退。
1923.	仏軍のルール占領。〈インフレ破局的昂進〉ヒトラーらミュンヘン一揆。〈レンテンマルク発行，アメリカ資本流入〉　　※E
1925.	大統領選挙でヒンデンブルク当選。　　※T

あとがき

　近代立憲主義の統治体制下で議会政治が機能不全に陥る場合，それが立憲主義ルールを無視する傲慢かつ怠惰な政治家・官僚の仕業によるとみるのは当然であるが，国民多数の政治的無関心や無知——共存共栄の名のもとにお上の権威に順応する心理状況も含めて——がそれを下支えする作用も無視できない。ナチの蛮行を直接・間接に推進した要因については数多く研究されてきたが，その前段階の国民文化・生活態度に蛮行の道案内役を探る研究はあまり注目されない。その僅少な事例をフリッツ・スターンの「非政治的ドイツ人の政治的結果」にみることができる。近代ドイツには平和的な「良きドイツ人」と攻撃的な暴徒がいて，少数の後者が多数の前者を支配したとするのが通例だが，その見方はドイツ国内の社会的・政治的対立を実際以上に過大評価している。とくにドイツ帝国時代の教養ブルジョア層は文化尊重の個人主義的生き方を掲げて，政治拒否・放棄の姿勢を鮮明にしたのだから，彼らエリート層が信奉した「俗流理想主義(Vulgaridealismus)」を批判の俎上にあげるべきである，というのがスターン論文の主旨であった。

　この論文は1960年（英文）に発表され，1970年に独訳された。筆者はそれを1977年の廉価本で知った。スターンが論旨を支える素材に用いたと思われるトレルチの論文「ドイツ文化の形而上学的宗教精神」と「自由のドイツ的思想」（1916年）は，「組織された理性総体」の国家に個人が「義務的協力」する態度を「ドイツ的自由」と強弁する戦時下での言説であり，『ドイツ精神と西欧』（西村貞二訳，筑摩書房，1970年）に収録されている。メモ書きによれば，筆者は1972年に読んだ。1960年代後半に知的トレーニングをうけた筆者は，こうした近代ドイツにおける知識人層の思想に対する批判的な考察に学び，歴史を見る目を養った。そしてその観点は，近代日本の歩みを「歪んだ近代」と表象してその変革を志す「戦後歴史学」の課題意識と親和性をもつことに気づかさ

れた。

　初学生への講義録とも読本とも判然としない本書は，以上の既知の観点から編成された。この点の理解を得るためにも，以下に筆者の略歴を記して「あとがき」に代えることにしたい。

　近代ドイツ史の叢林に分けいった当時の筆者がまず読んだのは，A. J. P. テイラー『ドイツ史のコース』（1961年）やハンス・コーン『ドイツのマインド』（1960年）であった。彼ら先学者たちは第二次世界大戦期の苛烈な体験を踏まえて，近代ドイツの道程を糾弾する研究姿勢を鮮明にしていた。学生時代に聴講した家永三郎先生の太平洋戦争史論も忘れられない。敗戦に至る戦前日本の問題点を切々と訴えられる語り口は，折から取り組まれた教科書検定訴訟と関連して，学問の実践的課題意識を筆者の心に刻み込んだ。1960年代は「ヴェーバーとマルクス」や「市民社会とマルクス主義」を論じる熱気が論壇に満ちあふれていた。しかし，個別的事実を立脚する歴史学徒らしく，歴史の普遍的法則性を云々する風潮に閉口し，ヴェーバーの所説を一般理論に読み込む傾向にも違和感を覚えた。他方で，井上幸治先生がフランス革命史の講義で，小農民分解に基づく図式的な近代社会成立論に対して実証研究の立場から疑義を呈せられた。初学生には理解が難しかったが，「近代モデル」としての西欧社会像を再検討する意気込みが心に残った。

　筆者が初めてふれたドイツ史は穂積重行先生のドイツ社会経済史家の講義であったが，ドイツ史専門家に師事する機会を得なかった。ドイツ語を読めるようになったころ，なにかの折りに新進歴史家W. J. モムゼンの名を目にした。さっそく社会学研究室から『ケルン雑誌』（1963年）を借りて，モムゼン論文—「人民投票的指導者民主制」を提案したヴェーバーの思想的根拠を問う刺激的な内容—を手にした。マリアンネ夫人のマックス・ヴェーバー伝を再検討した研究書（『マックス・ヴェーバーとドイツ政治』）がその論拠であることを知り，東大図書館から借り出して大部の卒論を書き上げた。穂積先生は「論文ではない」と苦笑されたが，大学院入学を許された。ちょうどその時に教育大学の筑波移転

反対闘争が起きて，筆者もいつしかその渦中にいた。

　大学のロックアウト中は弓削達先生宅でヴェーバーの都市論を読んだりしたが，勉強には手がつかず，モムゼンのドイツ自由主義論を下敷きとして『「戦闘的な後期リベラリズム」のアポリア』と題する修士論文を忽々に提出して，高校の教壇に立った。幸いなことに，70年代の埼玉県西部の県立高校には教育労働者としての連帯感と討議を重んずる職場の気風が残っていた。本務と組合活動，そして連れ合いと共に保育園・学童保育にかかわりながらも，80年代までは，ヴェーラーなどの著書を道案内にして諸論文（社会帝国主義論，社会ダーウィニズム論，バウムガルテン論，自由主義の方向転換論や党内論争など）を勤務校の紀要に載せた。シュミット研究で教えをうけた田中浩先生の推薦で，安世舟先生を補佐してモムゼンの大著を訳出・出版することができた。これが90年代初めであり，これを境にして筆者が欧文を読む時間的・精神的余裕はなくなった。教材研究の成果を生かして『近代の光芒』（日本評論社）を出し，その延長線上で『ドリコムニュース高校生』に連載記事（近代の歩き方，異文化体験，運動会，時間意識）を書くのが精一杯であった。転勤に伴う生徒対応や校務運営，カリキュラムの変転や同僚関係の変質に振り回される日々であった。

　高校を定年退職後，大学生に講義する機会を得たものの，主な担当科目は日本近代史と生涯学習概論であった。社会教育の現場と縁遠かった筆者にとって後者は新鮮な分野であったが，ドイツ史と無縁なまま終わるのも残念であった。少し早めに退職し，手元に積んだままのドイツ史関係の本に集中することを余生の課題と決めた。20数年ぶりに欧文と付き合うことになったが，なんとかモムゼンの論文集『帝政ドイツ』（1995年）と『ドイツ帝国の知識人』（1993年）をすべて訳出し，70歳までにウォームアップすることができた。したがって，本書の内容は1990年代初めころまでの文献に依拠し，7〜80年代のドイツ社会史研究の成果に頼るものでしかない。しかし，現下の世界的な趨勢は虚言と強圧的手法を事とする権威主義的統治体制を蘇らせつつある。それと軌を一にして，国民統合に都合よく史実を「修正する」妄言も流布してい

る。「近代の歪み」を質そうとする研究姿勢とその分析装置は切れ味を失っていない，と考える次第である。

　本書の着想はジョン・ゴードン編『ドイツ史と社会』を読み進むなかで得られた。ちょうど講義シラバスを作成するように，各種の資料集から文章を抜き出し，それをテーマ別に並べ変えて題名と解説を加えてみた。それが本書の骨格をなしている。それにしても，図書館や書店の書架にヒトラー関係本がひしめく一方で，その前史をなすドイツ帝国時代の本がなんと僅少なことか。児童文学作家ケストナーはドイツ帝国時代を振り返って，「怒鳴られる前にこけた教師たち」が「こわれた時代」を道ならしした と言っている。同時代者たちの体験談にもっと耳を貸すべきではないか，という思いも本書執筆の刺激材となった。もちろん筆者は先行研究の成果に目が届かず，穴だらけの叙述となっているはずである。季節はずれな本書の内容については，ご笑覧と寛恕をお願いするしかない。

　原稿が一応の形を整えつつあった昨年末，たまたま旧知の野中文江さんが拙宅を訪問された。連れ合いの学友で出版業界に詳しい元三冬社の社主である。初夏にかけて原稿を完成し，野中さんに原稿の閲読を依頼するとともに，社会評論社に紹介の労をとっていただいた。社主の松田健二氏には自ら編集にあたられた。ここにあらためて両者に御礼を申し上げます。

　2018年8月，酷暑のなかで記す。
　　　　　　　　　　　　　五十嵐一郎

人名索引

ア～オ
アインシュタイン,アルベルト（Albert Einstein）：192.
アウグスプルク,アニタ（Anita Augspurg）：110～111.
ヴァルダーゼー,アルフレート・フォン（Alfred von Waldersee）：131.
ヴィクトリア（Victoria）：91.
ウィトゲンシュタイン,ルートヴィヒ（Ludwig Wittgenstein）：166, 184.
ヴィーネケン,グスタフ（Gustav Wynecken）：200.
ヴィルヘルム一世（Wilhelm I）：36, 39.
ヴィルヘルム二世（Wilhelm II）：21, 25, 27, 42, 45～49, 56, 88, 92～93, 98, 130, 132, 135～136, 148, 179, 186, 190, 195, 203.
ウェッブ,シドニー・ジェームズ（Sidney James Webb）：154.
ヴェーバー,アルフレート（Alfred Weber）：200, 209.
ヴェーバー,マックス（Max Weber）
：27, 42, 44, 52, 60, 63, 77, 83～84, 101, 121, 123, 125, 145, 156, 161～164, 166, 168, 170, 172, 175, 182, 185, 187, 192, 195, 198～199, 202～206.
ヴェーバー,マリアンネ（Marianne Weber）：60, 170, 198.
ウェルズ,ハーバート・ジョージ（Herbert George Wells）：154.
ヴェルナー,アントン・フォン（Anton von Werner）：35, 46.
エンゲルス,フリードリヒ（Friedrich Engels）：115, 117, 142.
エンドレス,フランツ・カール（Franz Carl Endres）：90, 101.
オイレンブルク,フィリップ・フォン（Philipp von Eulenburg）：48.
オンケン,ヘルマン（Hermann Oncken）：137～138.

カ～コ
ガイウス（Gaius）：46.
ガイベル,エマニュエル（Emanuel Geibel）：139.
カウツキー,カール（Karl Kautsky）：115, 156, 186.
金井延：29.
カプリーヴィ,ゲオルク・レオ・フォン（Georg Leo von Caprivi）：47.
河上肇：193.
キーダレン＝ヴェヒター,アルフレート・フォン
　（Alfred von Kiderlen-Wächter）：136.
キルマッハー,ケーテ（Kaethe Kirmacher）：120, 125.
クヴィッデ,ルートヴィヒ（Ludwig Quidde）：46, 62.
久米邦武：14, 16～18.

クラウス，カール（Karl Kraus）：155.
クラース，ハインリヒ（Heinrich Class）：141, 192.
クリューガー，ステファヌス・ヨハネス・パウルス
　　（Stephanus Johannes Paulus Kruger）：46.
グルバー，マックス・フォン（Max von Gruber）：143.
グルリット，ルートヴィヒ（Ludwig Gulritt）：96.
クレマンソー，ジョルジュ（George Clemenceau）：154.
桑田熊蔵：29.
ケイ，エレン（Ellen Key）：98.
ケストナー，エーリヒ（Erick Kästner）：103〜104.
ゲーテ，ヨハン・ヴォルフガンク・フォン
　　（Johann Wolfgang von Goethe）：143〜144, 178, 188, 193.
ケメーリヒ，マックス（Max Kemmerich）：143.
ゲルラハ，ヘルムート・フォン（Helmut von Gerlach）：43〜44, 49.
ゴールトン，フランシス（Francis Galton）：151.
コンラート，ヨハネス（Johannes Conrad）：145, 152, 170.

サ〜ソ

シェーラー，マックス（Max Scheler）：164〜165.
柴五郎：131.
シャイデマン，フィリップ（Philipp Scheidemann）：174.
シュタインベルク，アーロン（Aaron Z. Steinberg）：183.
シュトラウス，リヒャルト（Richard Strauss）：168.
シュトリット，マリー（Marie Stritt）：109.
シュトレーゼマン，グスタフ（Gustav Stresemann）：204.
シュペングラー，オズヴァルト（Oswald Spengler）：143.
シュモラー，グスタフ（Gustav Schmoller）：173, 185, 192.
シラー，ヨハン・クリストフ・フリートドリヒ・フォン
　　（Johann Christoph Friedrich von Schiller）：188.
ジンメル，ゲオルク（Georg Simmel）：156.
ストルーヴェ，ピョートル（Petr Struve）：154.
ゼーベルク，ラインホルト（Reinhold Seeberg）：191〜192.
ゾラ，エミール（Emile Zola）：154.
ゾンバルト，ヴェルナー（Werner Sombart）：90, 168〜173, 178〜180, 184〜185,
　　　　　　　　187, 193〜194, 208.

タ〜ト

ダーウィン，チャールズ・ロバート（Charles Bobert Darwin）：141〜142, 151.

ダマシュケ,アードルフ(Adolf Damaschke):70.
ツェトキン,クララ(Klara Zetkin):72.
ディズレーリ,ベンジャミン(Benjamin Disraeli):70.
ディーデリヒス,オイゲン(Eugen Diederichs):198.
ディベリウス,ヴィルヘルム(Wilhelm Dibelius):197.
ティルピッツ,アルフレート・フォン(Alfred von Tirpitz):46, 53, 133〜135.
デヒーオ,ルートヴィヒ(Ludwig Dehio):137, 149〜150.
デルブリック,ハンス(Hans Delbrück):137〜138, 192〜193.
トラー,エルンスト(Ernst Toller):167, 199〜200, 209.
トライチュケ,ハインリヒ・フォン(Heinrich von Treitschke):137.
トルストーイ,レフ・ニコラーエヴィチ(Lev Nikolajewitsch Tolstoi)
  :166〜167.
ドルナー,アウグスト(August Dorner):119.
トレルチ,エルンスト(Ernst Troelsch):191〜192.
ドロイゼン,ヨハン・グスタフ(Johann Gustav Droysen):137.

  ナ〜ノ
ナウマン,フリードリヒ(Friedrich Naumann):44, 52, 63, 132, 150, 172〜175, 185, 200.

夏目漱石:128, 146.
ニーチェ,フリードリヒ・ヴィルヘルム(Friedrich Wilhelm Nietzsche)
  :98, 199.

  ハ〜ホ
ハイマン,リーダ・グスタファ(Lida Gustava Heimann):110.
ハウプトマン,ゲルハルト(Gerhart Hauptmann):200.
パウルゼン,フリードリヒ(Friedrich Paulsen):96.
ハーゼンクレーファー,ヴィルヘルム(Wilhelm Hasenclever):116.
パーソンズ,タルコット(Talcott Parsons):159〜160.
バッサーマン,エルンスト(Ernst Bassermann):52.
ハルデン,マキシミーリアン(Maximilian Harden = Witkowski):48, 52, 155.
バルト,テーオドール(Theodor Barth):49.
ハルナック,アードルフ・フォン(Adolf von Harnack):56, 192.
ピウスーツキ,ヨーゼフ(Józef Pilsudski):59.
ビゴー,ジョルジュ(George Bigot):129, 147.
ビスマルク,オットー・フォン(Otto von Bismarck)
  :14〜15, 17, 21〜22, 25, 34〜36, 38, 42, 45, 48, 56, 88, 92, 117, 136〜137, 162〜163, 179.

ビューロー, ベルンハルト・フォン (Bernhard von Bülow)
　：47〜49, 51〜52, 55, 77, 132〜133, 136, 148, 177, 179.
ヒンツェ, オットー (Otto Hintze)：138〜139, 150.
ヒンデンブルク, パウル・フォン・ベネッケンドルフ
　(Paul von Beneckendorf und Hindenburg)：202.
フォンターネ, テーオドール (Theodor Fontane)：93.
福田徳蔵：29.
ブラウン, ハインリヒ (Heinrich Braun)：83, 193.
ブラウン, リリー (Lily Braun)：71〜74, 84, 193.
ブランデス, ゲオルク (Georg Brandes)：168.
フリードリヒ三世 (Friedrich III)：91.
ブレーマー, フレドリカ (Fredrika Bremer)：122.
ブレンターノ, ルーヨ (Lujo Brentano)：49, 192.
プロイス, フーゴ (Hugo Preuss)：144, 176, 186.
ヘッセ, ヘルマン (Hermann Hesse)：103.
ベートマン＝ホルヴェーク, テーオバルト・フォン
　(Theobald von Bethmann-Hollweg)：136, 180, 190, 192〜193, 203.
ベーベル, アウグスト (August Bebel)：69, 71, 117.
ベル, アレクサンダー・グラハム (Alexander Graham Bell)：161.
ベルレープシュ, ハンス・ヘルマン・フォン
　(Hans Hermann von Berlepsch)：76.
ベルンシュタイン, エードゥアルト (Eduard Bernstein)：115.
ベルンハルディ, フリードリヒ・フォン (Friedrich von Bernhardi)
　：139, 141, 196〜197.
ボイマー, ゲルトルート (Gertrud Bäumer)：109, 121, 200.
ホーエンローエ, クロードヴィヒ・ツウ
　(Chlodwig zu Hohenlohe-Schillingfürst)：47, 53.
ホーフマンスタール, フーゴ (Hugo Hofmannsthal)：168.
ホルシュタイン, フリードリヒ・フォン (Friedrich von Holstein)：186.

マ〜モ

マイネッケ, フリードリヒ (Friedrich Meinecke)：137〜139, 187.
マルクス, エーリヒ (Erich Marcks)：137〜138.
マルクス, カール (Karl Marx)：142, 184, 208.
マン, トーマス (Thomas Mann)：94, 102, 115.
マン, ハインリヒ (Heinrich Mann)：88, 112, 115.
マンハイム, カール (Karl Mannheim)：163, 183.
ミーケル, ヨハネス・フォン (Johannes von Miquel)：53.

ミヘルス, ローベルト (Robert Michels):210.
ミューザム, エーリヒ (Erich Mühsam):199.
ミュラー＝マイニンゲン, エルンスト (Ernst Müller-Meiningen):182.
ムター, リヒャルト (Richard Muther):168.
メッケル, クレメンス・ヴィルヘルム・ヤーコプ
　　(Klemens Wilhelm Jacob Meckel):16.
森鴎外:56.
モルトケ, ヘルムート・フォン (Helmut von Moltoke):15〜16.

ヤ〜ヨ

ヤッフェ, エトガール (Edgar Jaffé):83.
ヤッフェ, エルゼ (Else Jaffé):125.
ヤーン, フリードリヒ・ルートヴィヒ (Friedrich Ludwig Jahn):140.

ラ〜ワ

ラサール, フェルディナント (Ferdinand Lassalle):116, 186.
ラッセル, バートランド (Bertrand Russell):37.
ランケ, レーオポルト・フォン (Leopold von Ranke):137〜138, 149.
ランゲ, ヘレーネ (Helene Lange):118〜119, 197〜198.
ランダウアー, グスタフ (Gustav Landauer):167.
リッター, ゲルハルト (Gerhard Ritter):100.
リッテルマイアー, フリードリヒ (Friedrich Rittelmeier):167.
リヒター, オイゲン (Eugen Richter):53〜55, 63, 133, 173.
リープクネヒト, ヴィルヘルム (Wilhelm Liebknecht):116, 155.
ルクセンブルク, ローザ (Rosa Luxemburg):80.
ルーデンドルフ, エーリヒ (Erich Ludendorf):202〜203.
ルートヴィヒ, エミール (Emil Ludwig＝Cohn):57.
レヴァルト, ファニー (Fanny Lewald):110.
レギーン, カール (Karl Legien):79〜80.
レーデブーア, ゲオルク (Georg Ledebour):52.
レマルク, エーリヒ・マリーア (Erich Maria Remarque):57.
レンツ, フリッツ (Fritz Lenz):143, 151.
レンツ, マックス (Max Lenz):137〜138.

［著者紹介］

五十嵐一郎（いがらし　いちろう）

　1946年福島県会津若松市に生まれる。東京教育大学大学院文学研究科西洋史専攻修士課程を終了。埼玉県立高等学校の社会科教諭として五校に勤務。定年退職後，神奈川工科大学非常勤講師として日本近代史，歴史学，生涯学習概論などを担当（2007〜14年）。

［著書］『近代の光芒―国家の原風景』（日本評論社，2000年）

［訳書］カール・レヴィット「ウェーバーとシュミット」（『政治神学』未来社，1971年），ヴォルフガング・J・モムゼン『マックス・ヴェーバーとドイツ政治1890〜1920』Ⅰ，Ⅱ（未来社，1993〜94年，共訳）

［論文］「国民自由主義的権力国家像―ドイツ自由主義の思潮と初期ヴェーバーの国民国家論」（田中浩編『現代世界と国民国家の将来』御茶の水書房，1990年）など

ドイツ帝国時代を読む
――権威主義的国民国家の岩盤とその揺らぎ

2018年12月10日　初版第1刷発行

著　者＊五十嵐一郎
発行人＊松田健二
装　幀＊右澤康之

発行所＊株式会社社会評論社
　　　　東京都文京区本郷 2-3-10　tel.03-3814-3861/fax.03-3818-2808
　　　　　　http://www.shahyo.com/
印刷・製本＊倉敷印刷株式会社

Printed in Japan